法 学 研 究 文 丛
——保险法学——

保险法理论与前沿问题研究

胡鹏　方乐◉主编

知识产权出版社
全国百佳图书出版单位
——北京——

图书在版编目（CIP）数据

保险法理论与前沿问题研究／胡鹏，方乐主编．—北京：知识产权出版社，2023.11
ISBN 978－7－5130－8968－5

Ⅰ.①保…　Ⅱ.①胡…②方…　Ⅲ.①保险法—研究—中国　Ⅳ.①D922.284.4

中国国家版本馆 CIP 数据核字（2023）第 214924 号

责任编辑：彭小华　　　　　　　　　责任校对：王　岩
封面设计：智兴设计室　　　　　　　责任印制：孙婷婷

保险法理论与前沿问题研究

胡　鹏　方　乐　主编

出版发行：**知识产权出版社**有限责任公司	网　　址：http://www.ipph.cn
社　　址：北京市海淀区气象路 50 号院	邮　　编：100081
责编电话：010－82000860 转 8115	责编邮箱：huapxh@sina.com
发行电话：010－82000860 转 8101/8102	发行传真：010－82000893/82005070/82000270
印　　刷：北京中献拓方科技发展有限公司	经　　销：新华书店、各大网上书店及相关专业书店
开　　本：880mm×1230mm　1/32	印　　张：10.25
版　　次：2023 年 11 月第 1 版	印　　次：2023 年 11 月第 1 次印刷
字　　数：248 千字	定　　价：78.00 元

ISBN 978－7－5130－8968－5

谨以此书恭祝李伟群教授六十华诞

序　言

保险业既是国计民生的风险"缓冲垫"，又是实体经济的发展"推进器"。改革开放以来，我国保险业实现了快速发展、取得了辉煌成就，建成了全球第二大保险市场。我国保险业的蓬勃健康发展离不开法学界对保险法理论与实务的研究支持。

李伟群教授是我母校——华东政法大学的教授、博士研究生导师，他同时担任保险法研究所所长和日本法研究中心主任的职务。我闻其盛名多时，但直到 2022 年才终于第一次见面。彼时原银保监会（现国家金融监督管理总局）在上海组织了关于保险法修改的座谈会，由我担任主持人。在座谈会上，李伟群教授针对保险法的修改提出了诸多富有前瞻性的真知灼见。会后，在与李伟群教授的交流中，我们还探讨了诸多保险法领域的前沿问题。久闻李伟群教授是保险法、票据法领域的杰出专家，当日一见，更令我领略到教授的学术造诣之深厚、实践经验之丰富，可以说相见恨晚。2023 年是李伟群教授从教二十周年，值此特殊时刻，李伟群教授门下弟子广泛邀集有保险法专长的青年学者及实务界人士，就各自熟悉的领域撰写学术论文，不断探索研究保险法的理论与实践问题。研究文集邀请我撰写序言，对此我深感荣幸。

文集共包含20篇论文，所有论文均由李伟群教授所指导的硕士生和博士生撰写。文集聚焦于保险法领域，涵盖"保险法基础理论""责任保险""保险法与社会保障""保险业法"等多个方面。文集不仅为法学院师生深入了解、学习中国保险法律体系提供了有益的启发与指导，也足可为金融监管机构、保险从业人员、保险消费者提供宝贵经验借鉴。

当前，面对错综复杂的国内外形势与云谲波诡的市场环境，保险业发展仍然存在着重重挑战。保险市场规模快速发展，保险市场风险和不确定性不断增加，保险科技的创新应用日益广泛，对市场主体、监管机构和学术研究都提出了更高的要求。

首先，保险法律制度健全完善需要继续秉持促进市场竞争、保护消费者权益和维护金融稳定的原则，坚持与时俱进，加强立法和监管的时代性和系统性，确保法律的科学性和可操作性。其次，需要更加重视对保险法典型案例的分析和研究，以个案为切入点，对保险法的立法精神、法律原则、法律价值取向、法律权利义务关系进行仔细的斟酌，通过实施和运用，赋予保险法以蓬勃的生命力。再次，需要提高对保险科技和数字化新业态的研究和应用能力，推动保险业与科技的深度融合，提升服务效率，满足人民需求。需要进一步提高学术界的研究深度和创新热度，培养更多高水平的金融法、保险法领域的专业骨干，为行业的发展提供强有力的人才支持、智力支持。最后，养老健康、资产管理等与保险密切相关领域，将稳步推进高水平对外开放，更需要深度加强国际学术交流和监管合作，积极借鉴国际经验，建立健全的跨境监管机制，以充分应对全球化风险的挑战。

　　李伟群教授是保险法研究学者中的佼佼者，他的学术研究兼顾国际国内两个视野，理论创新和实践应用并重，用自己的身体力行践行着我国当代学者的社会使命与时代担当。李伟群教授用日复一日、年复一年的笔耕不辍，为建设健全我国金融法律体系贡献了卓越的智慧成果，也为加快建设社会主义法治国家培育了一批又一批杰出的人才。值此李伟群教授从教 20 周年之际，衷心祝愿文集能激发更多学者和从业人员对保险法和金融法的关注，推动我国保险法、金融法事业的繁荣发展，使金融法律制度更好地满足人民群众的实际需求，为实现中国式现代化作出应有的贡献。

刘福军

二〇二三.八月二日 于北京

目录

CONTENTS

保险法基础理论 ‖ 001

侵权生效判决未经充分抗辩确认损失金额对后续保险

诉讼无预决效力——王某龙诉中国人寿财产保险

股份有限公司芜湖市中心支公司财产保险合同

纠纷案 / 沈竹莺　王泽涛 ‖ 003

交强险保险人追偿权的制度缺失

及其矫正 / 沈志康 ‖ 016

突破健康告知中"全赔全不赔"

的思维障碍 / 殷跃平 ‖ 036

浅析车辆停运损失能否获得

保险理赔 / 李虎广 ‖ 052

保险欺诈的风险防范及处理——以车辆

保险欺诈为路径 / 尤冰宁 ‖ 062

责任保险 ‖ 077

论双重给付功能构造下责任保险法律制度
的重构 / 方 乐 ‖ 079

董事责任保险全球化风险治理模式构建 / 王学士 ‖ 096

论责任保险中受害人直接请求权制度的完善——兼论《保险法》
第六十五条之不足 / 胡文韬 ‖ 112

继续执行责任保险面临的问题及破局之策 / 林一青 ‖ 130

继续执行责任保险发展前景分析
与建议 / 韩 亮 余夏敏 ‖ 142

保险法与社会保障 ‖ 155

健康医疗数据商业化运用法律问题研究 / 郭 宇 ‖ 157

中日私人养老金法律制度对比研究 / 马禄伟 ‖ 175

我国保险金信托税务问题研究——以英美国家相关税制
为借鉴 / 仲 杨 ‖ 189

保险业法 ‖ 203

保险业数据安全与《个人信息保护法》合规要点
解析 / 李伟华 ‖ 205

大数据背景下保险消费者数据的合法利用 / 王 晨 ‖ 222

金融服务实体经济导向下保险资金投资股票的

　　法律监管 ／ 胡　鹏 ‖ 239

海峡两岸互联网保险监管制度比较研究 ／ 丁旭明 ‖ 257

存款保险制度之功能辨析及影响 ／ 朱耀文 ‖ 273

我国相互保险制度规范建议——以日本相互保险制度

　　为鉴 ／ 李嘉雯 ‖ 287

引领改革之风　强化金融创新——从再保险和金融风险监管

　　角度看自贸试验区十年的改革与发展历程 ／ 林雪涵 ‖ 303

保险法基础理论

侵权生效判决未经充分抗辩确认损失金额对后续保险诉讼无预决效力

——王某龙诉中国人寿财产保险股份有限公司芜湖市中心支公司财产保险合同纠纷案

沈竹莺　王泽涛*

一、案情

上诉人（原审被告）：中国人寿财产保险股份有限公司芜湖市中心支公司

被上诉人（原审原告）：王某龙

2016年11月10日，王某龙就被保险车辆向中国人寿财产保险股份有限公司芜湖市中心支公司（以下简称人寿财保公司）投保机动车损失险、第三者责任险，双方达成《中国人寿财产保险股份有限

---

* 作者简介：沈竹莺，法学硕士，现为光明食品（集团）有限公司总部合规风控部副总经理。王泽涛，法学硕士，现为福建天衡联合律师事务所律师。原文载于《上海保险》2019年第10期，收录于本书时又作了部分修改。

公司家庭自用车汽车损失保险条款》（以下简称保险合同），保险期间为 2016 年 12 月 7 日至 2017 年 12 月 6 日。保险合同第 18 条约定："发生保险事故时，被保险人……在保险事故后 48 小时内通知保险人。故意或因重大过失未及时通知，致使保险事故的性质、原因、损失程度等难以确定的，保险人对无法确定的部分不承担赔偿责任，但保险人通过其他途径已经及时知道或者应当知道保险事故发生的除外。"保险合同第 24 条约定："因保险事故损坏的被保险机动车，应当尽量修复。修理前被保险人应当会同保险人检验，协商确定修理项目、方式和费用。否则，保险人有权重新核定；无法重新核定的，保险人有权拒绝赔偿。"

2017 年 4 月 16 日，案外人周某国驾驶的小型客车与被保险车辆发生碰撞，造成被保险车辆受损，交警部门认定周某国负事故全部责任。因周某国的事故车辆在中国平安财产保险股份有限公司天津分公司（以下简称平安财保公司）投保交强险，王某龙遂起诉要求周某国和平安财保公司赔偿损失。侵权案件审理过程中，王某龙提供了其单方委托鉴定机构出具的鉴定意见，用以证明被保险车辆的损失金额。周某国申请对车损重新进行鉴定，但未缴纳鉴定费，并缺席案件审理，上海市闵行区人民法院（以下简称闵行法院）根据王某龙单方委托评估结论认定车损金额为 322 333 元，并据此作出（2017）沪 0112 民初 23597 号民事判决（以下简称前案），判令平安财保公司在交强险范围内赔偿 2 000 元，周某国赔偿 320 333 元。判决生效后，平安财保履行了赔付义务，周某国无财产可供执行，闵行法院裁定终结本次执行。王某龙遂提起本案诉讼。人寿财保公司答辩认为，被保险人对侵权人的侵权赔偿请求权与对保险人的保险赔付请求权存在竞合，王某龙提起侵权之诉获胜，则其保险请求权归于消灭，本案诉讼违反"一事不再理"原则，判决人寿财保公司支付保险理赔款将使王某龙双重获赔。且王某龙在保险事故发生后未通知人寿财保公司，致使人寿财保公司未能对被保险车辆损失进行核定，其有权依保险合同约定申请重新鉴定。

二、审判结果

闵行法院审理后认为，保险合同约定发生保险事故后被保险人应及时通知保险人，其目的是让保险人查明保险事故的性质、原因和损失程度，保险人亦仅是对无法确定的损失不承担赔偿责任。本案中，被保险车辆的损失通过侵权生效判决已经确定，故人寿财保公司应当依约赔付。闵行法院据此于2019年1月28日作出（2018）沪0112民初34823号民事判决：人寿财保公司支付王某龙理赔款314 673元。判决后，人寿财保公司提起上诉。

上海金融法院经审理后认为，系争事故造成被保险车辆损失，属于保险合同约定的保险责任范围，王某龙起诉要求侵权人承担侵权赔偿责任虽获生效判决支持，但未实际执行到位，故其损失尚未获得填补，仍属于保险人应予理赔的情形。侵权之诉与保险之诉分属不同法律关系，因此本案诉讼不违反"一事不再理"原则。人寿财保公司可在支付保险理赔款的范围内依法取得王某龙经由生效判决确定的对周某国享有的赔偿请求权。

保险合同约定，保险事故发生后，王某龙应及时向人寿财保公司报案，会同人寿财保公司检验，协商确定修理项目、方式和费用，否则人寿财保公司有权重新核定，未能重新核定的，人寿财保公司可免予赔偿，上述约定合法有效。侵权案件中的车损金额系王某龙单方委托鉴定机构评估而来，作为王某龙向侵权人索赔的依据，在侵权人未提出相反证据，且因缺席审理而未发表反驳意见的情况下，法院依据王某龙单方委托鉴定的车损金额判定侵权赔偿的范围，于法有据。但本案系保险合同纠纷，王某龙系依据保险合同主张保险理赔，则应当遵守保险合同关于保险报案与损失核定的相关约定，保障人寿财保公司的知情权和定损参与权。本案中，王某龙在保险事故发生后未向人寿财保公司报案，而是待侵权案件生效后依据生效判决所认定的车损金额向人寿财保申请理赔，违反了保险合同的约定，有违诚实信用，损害了人寿财保公司在保险合同项下的权利，致使其无法在法定期限内对标的车辆进行定损。王某龙在侵权案件中主张的车损金额对人寿财保公司不发生法律效力，人寿财保公司有权依据保险合同约定申请重新核定被保险车辆的损失。重新鉴定的费用作为查明和确定事故的性质、原因和保险标的的损失程度所支付的必要、合理的费用，应由人寿财保公司承担。

二审期间，法院根据人寿财保公司的申请，对被保险车辆损失进行重新鉴定，认定车损金额为 222 900 元，于 2019 年 6 月 21 日作出（2019）沪 74 民终 238 号终审判决：撤销一审判决，改判人寿财保公司支付王某龙理赔款 220 900 元。

三、评析

（一）前诉侵权生效判决确认的损失金额对后续保险诉讼有无预决效力

1. 生效判决所确认事实的证明效力

依据《最高人民法院关于适用〈中华人民共和国民事诉讼法〉的解释》（以下简称《民诉法解释》）第 93 条的规定，❶ 除有相反证据的例外情形，生效判决中所确认的事实是当事人免于举证的

---

❶ 《最高人民法院关于适用〈中华人民共和国民事诉讼法〉的解释》第 93 条规定：下列事实，当事人无须举证证明……（五）已为人民法院发生法律效力的裁判所确认的事实……第五项至第七项规定的事实，当事人有相反证据足以推翻的除外。

事项之一。从法理上来说，由于人民法院的裁判文书具有公文书证的性质，系司法机关遵循严格诉讼程序所查明的事实，具有较强的客观性和公允性，因此证明力较高，对于已裁决事实具有预决性的涵摄作用。❶ 故而，上述司法解释条文所确立的规则一般被称为预决效力理论。❷ 具体来说，预决效力是指前诉已确定的事项对后诉有约束力，后诉法院不得随意更改前诉确定事项的法律效力。❸ 在我国民事诉讼活动中，援引生效判决所确认的事实作为后案证据可有效减轻当事人的举证负担，是司法实践的常见现象。

但是，并非所有的生效判决确认之事实对后诉都会发生预决效力。通说理论认为，生效判决的预决效力理论一般要求前后诉的当事人相同，或者后诉当事人是前诉当事人的诉讼继承人，❹ 其还强调正当程序对当事人的保障，对于前诉生效判决中未经充分辩论质证的事实不能赋予其预决效力。❺ 而本案的当事人与前案生效判决的当事人并不相同也不是前案当事人的诉讼继承人，并且本案的特殊之处恰恰在于，由于侵权案件的被告未缴纳鉴定费用，亦未参与法庭审理，导致侵权生效判决据以确认车辆损失金额的依据——王某龙单方委托评估的鉴定意见——未经诉辩双方实质对抗。车辆损失金额不仅关系到侵权人赔偿损失范围的确定，还关系到保险人理赔责任范围的确定，故而保险人对车损金额亦应

❶ 江伟、常延彬：《论已确认事实的预决力》，载《中国法学》2008年第3期。
❷ 王亚新、陈晓彤：《前诉裁判对后诉的影响——〈民诉法解释〉第93条和第247条解析》，载《华东政法大学学报》2015年第6期。
❸ 黄锡鑫：《论已决事实的预决效力》，载《重庆交通大学学报》（社会科学版）2018年第6期。
❹ 邵明：《论法院民事预决事实的效力及其采用规则》，载《人民司法》2009年第15期。
❺ 李靖轩：《〈民诉法解释〉第93条第1款第5项语境下之预决效力再检视》，载《和田师范专科学校学报》2017年第5期。

享有实质抗辩权，不能因侵权人在侵权案件中怠于抗辩而承受不利后果。从这一角度而言，前诉生效判决所认定的事实既然未经当事人展开实际的"攻击—防御"，那么本着当事人程序保障和辩论主义的逻辑，就无法在本案中被赋予预决效力。本案中被保险车辆的损失金额的确定应当遵循保险合同关于损失核定的条款约定。

需要注意的是，发生预决效力仅意味着生效判决确认的事实作为证据具有较高的证明力，并不意味着不能被推翻——《民诉法解释》第93条的但书规定也表明预决效力具有相对性，有相反证据可以推翻。《中华人民共和国民事诉讼法》（以下简称《民事诉讼法》）第66条规定："证据包括：……鉴定意见……证据必须查证属实，才能作为认定事实的根据。"然而，鉴定意见系由具有专门知识和技能的鉴定机构作出，法官和当事人并不具备鉴定工作所需要的专业知识和技能，依靠他们来"查证"鉴定意见是否"属实"未免强人所难。❶ 故对于鉴定意见（评估报告）的查证与质证，主要是通过申请重新鉴定、要求鉴定人及专家辅助人出庭作证等方式进行。❷

2. 保险人依法享有知情权和定损参与权

当前司法实践中，保险人与被保险人对于定损结果的纷争根源即在于对于定损的性质认识不清。对此，保险公司一般认为，定损系保险公司的权利，而被保险人却认为车损金额应当以有资质的评估机构所作出的结论为准。本文认为，定损是保险公司和被保险人

---

❶ 上海市保险学会等主编：《保险典型案例评析》，上海人民出版社2016年版，第148页。

❷ 如《中华人民共和国民事诉讼法》第79条规定，当事人可以申请人民法院通知有专门知识的人出庭，就鉴定人作出的鉴定意见或者专业问题提出意见。

双方互负不同内容的权利义务综合体，其中保险公司享有知情权和定损参与权，[1] 被保险人怠于通知保险人而自行单方委托定损的，保险人有权重新核定，主要依据如下。

（1）法律上的依据。

王某龙与人寿财保公司所签订的保险合同第 24 条约定："因保险事故损坏的被保险机动车，应当尽量修复。修理前被保险人应当会同保险人检验，协商确定修理项目、方式和费用。否则，保险人有权重新核定；无法重新核定的，保险人有权拒绝赔偿。"根据这一约定，被保险人王某龙有配合检验的义务，保险公司有重新核定权，双方均有一定的权利义务。需要特别指出的是，保险合同的核心目的为确定保险责任及范围，在车险中主要涉及修理项目、修理方式以及修理费用的确定，双方应在遵循平等、自愿的基础上协商确定。亦即，不仅被保险人有对金额的不认可权，保险人同样有对定损金额的不认可权。

此外，根据我国《中华人民共和国保险法》（以下简称《保险法》）的有关规定，[2] 保险人在收到被保险人的赔偿请求后，应当在不超过三十日的时间内作出损失核定，这明确了保险公司具有及时定损的义务，也从侧面肯定了保险人的知情权和定损参与权。还有，我国《中华人民共和国民法典》（以下简称《民法典》）也规定了合同当事人的全面履行义务，[3] 由于保险合同也属于合同的一种，故此

---

[1] 许张莉：《机动车辆理赔过程中定损问题研究》，华东政法大学 2013 年硕士学位论文。

[2] 《中华人民共和国保险法》第 23 条规定，保险人收到被保险人或者受益人的赔偿或者给付保险金的请求后，应当及时作出核定；情形复杂的，应当在三十日内作出核定，但合同另有约定的除外。

[3] 《中华人民共和国民法典》第 509 条规定，当事人应当按照约定全面履行自己的义务。当事人应当遵循诚实信用原则，根据合同的性质、目的和交易习惯履行通知、协助、保密等义务。

被保险人王某龙也有通知人寿财保公司参与定损的义务。

（2）客观现实依据。

从大量的司法案例中可以看出，在当前车辆损失鉴定实践中，不同鉴定机构出具的鉴定意见相差较大，差距源于鉴定机构所采用的勘验方法和比照的评估标准不同。车辆的损失金额取决于维修费用，不同的勘验方法可能导致维修项目存在差异，而车辆的维修方法更是决定了维修费用的高低，如特约维修点的人工费高于普通维修点，更换零部件的费用高于修补费用，进口零部件的费用高于国产零部件的费用，等等。

本文认为，首先，保险是以大数法则作为数理基础，[1] 在"概率论"的科学基础上，以对保险费率的精算为前提开展业务。易言之，保险公司的展业必须对风险发生概率、损失大致范围、成本与收益等要素进行精确预测。[2] 这点体现在保险制度上即为收支相等原则与给付反给付均等原则，[3] 以法律术语表述即为对价平衡原则。对价平衡原则，是指保险人所承担的风险，与投保人所交付之保险费具有对价，二者在精算上实现平衡，也即保险人所收取的保险费用，对应被保险标的的风险程度，足以反映保险人承保所负担的风险大小，[4] 这一原则在保险司法实践中，也经常被用

---

[1] 大数法则，指在对某一现象观察的次数尽可能多时，所统计出的这一现象发生的概率将会接近真实概率。保险依据这一数理基础可以将个别危险单位遭受损失的不确定性转变为多数危险单位可以预见的损失，从而计算出损失的概率和程度，进而计算出相对公平、合理及稳定的保险费率。参见韩长印、韩永强编著：《保险法新论》，中国政法大学出版社 2010 年版，第 5 页。

[2] 曹兴权：《保险法学》，华中科技大学出版社 2014 年版，第 8 页。

[3] 武亦文、杨勇：《保险法对价平衡原则论》，载《华东政法大学学报》2018 年第 2 期。

[4] 刘学生：《保险法上对价平衡原则初探》，载尹田主编：《保险法前沿（第三辑）》，知识产权出版社 2015 年版，第 34 页。

来作为证成判决合理性的依据。❶ 将这一原则落实到本案所涉的汽车财产保险而言，投保人（车主）所缴纳的保费与出险后保险人（保险公司）所负担的赔偿费用应当具有保险意义上的对价。而保险人在设计汽车财产保险产品之初，厘定保险费率之时的依据是受损被保险车辆采用市场普通标准修理所花费的金额数据，若是在出险之后采用被保险人或投保人单方核定的车损金额来进行理赔，则可能发生超出普通标准维修的情况，此时将无法实现保费与赔偿费用之间的平衡。故而从保险行业运营的基本逻辑——对价平衡的角度而言，应当在程序上保障保险人对于保险事故的定损参与权，以实现投保人或被保险人与保险人之间的利益衡平。

其次，可观的经济利益在一定程度上导致当下车辆损失核定中的乱象，车辆损失核定所涉各环节包括修理厂、鉴定机构、评估机构等良莠不齐，❷ 部分修理厂为获得非法利益，与鉴定、评估机构恶意串通，在维修过程中偷梁换柱，致使评估金额过高，主要表现为以次充好、以换代修、对明显未损坏零件进行更换等形式。❸ 甚至部分修理厂在维修之初就和车主协商，以较低价格受让了车辆的所有权和对保险公司的申请理赔权，然后在定损过程中对保险公司设置重重障碍，使得车损评估金额往往存在水分。❹ 部分被保险人、保险中介或索赔代理人存在夸大损失、恶意索赔甚至是保险欺诈的行为。❺ 据上海等地的保险监管部门估计，我国车

---

❶ 如黑龙江省牡丹江市中级人民法院（2017）黑 10 民终 261 号民事判决书、山东省青岛市市南区人民法院（2016）鲁 0202 民初 3753 号民事判决书等。

❷ 姜鹏：《车险理赔难问题的几点思考》，载《上海保险》2012 年第 7 期。

❸ 朱奇：《商业保险语境下的车辆定损若干问题的思考》，载《上海保险》2013 年第 6 期。

❹ 同上注。

❺ 王建勇：《防范财产保险理赔纠纷的几点思考》，载《中国保险》2013 年第 6 期。

险理赔中约有二成案件存在欺诈现象，如何运用法律手段防范车险欺诈，化解车险赔付率常年居高不下的困境是司法实践部门无法回避的问题。❶ 此外，在出险车辆的修理费构成中，超过一半的比重为零配件费用所占据，而由于保险公司的报价系统缺乏权威性，在车辆实际维修之时往往只能被动接受 4S 店或者修理厂偏高的价格或者定损人员的盲目定价，这在无形中也容易导致道德风险。❷ 概言之，即车辆定损中存在较大的外部性——一方面是市场环境缺乏诚实信用，被保险人和汽修厂容易合谋；另一方面是汽修市场的相对垄断，价格机制无法做到统一公开，市场信号扭曲。因此，有必要赋予保险人以知情权和定损参与权，以防止和减少车辆损失核定中的道德风险，确保车辆损失核定的及时、真实、合理。本案二审法院准许保险人对车辆损失进行重新鉴定的申请，依法保障了保险公司的知情权和定损参与权，符合对价平衡原则，防范被保险人逆向选择的道德风险，也向以普通民众为主体的被保险人释放方向性的司法信号。被保险人应当遵守保险合同的约定，在保险事故发生后及时通知保险人，并与保险人协商妥善核定财产损失，如此方能促进保险业特别是汽车财产保险理赔业务的有序、和谐发展。

（二）重复主张权利与双重赔偿的认定问题❸

1. 重复主张权利

被保险人投保财产保险的目的在于分散风险，即当保险事故

---

❶ 2012 年和 2013 年我国车险赔付率均超过行业公认的 55% 的安全线，2014 年至 2016 年均接近 55% 的安全线。详情参见白玉：《汽车保险理赔中的欺诈与防范》，载《常州工学院学报》2018 年第 3 期。

❷ 尹会岩：《车险理赔工作中的问题与对策》，载《保险职业学院学报》2014 年第 3 期。

❸ 此章节部分观点主要以上海金融法院（2019）沪 74 民终 520 号民事判决书为参考。

发生后，可通过保险理赔使自己的经济损失能够在一定程度上获得补偿。根据《保险法》的有关规定可以推出，❶ 保险人不承担保险赔偿责任的前提，应是被保险人对第三者的赔偿请求权予以放弃或者已获得全额赔偿两者之一。但在本案中，王某龙并未放弃对第三者（实际侵权人）请求赔偿的权利，并在胜诉判决后申请强制执行，只是因为第三者无可供执行的财产而未获得足额赔偿。故此，保险人即人寿财保公司不承担赔偿责任的合法前提在本案中并不存在，根据有关司法解释，❷ 王某龙有权提起本案诉讼。

此外，人寿财保公司认为本案合同之诉的请求已归于消灭，这一主张本质上指向了民事诉讼中"一事不再理"原则。"一事不再理"也被称为消极既判力，主观上表现为当事人相同，客观上表现为诉讼对象具有同一性。换言之，即法院不得对已经裁判并已确定的实体争议事项再行审理或裁判，同一当事人对已经作出裁判的同一诉讼标的再次提起诉讼的或者后诉诉讼请求在实质上否定前诉的裁判结果，后诉法院应当裁定不予受理。❸

具体到本案，王某龙以案外人周某国和平安财产保险为被告提起的机动车交通事故责任纠纷案件，是其基于侵权法律关系产

---

❶ 《中华人民共和国保险法》第 60 条第 2 款规定，保险事故发生后，被保险人已经从第三者取得损害赔偿的，保险人赔偿保险金时，可以相应扣减被保险人从第三者已取得的赔偿金额；第 61 条第 1 款规定，保险事故发生后，保险人未赔偿保险金之前，被保险人放弃对第三者的请求赔偿的权利的，保险人不承担赔偿保险金的责任。

❷ 《最高人民法院关于适用〈中华人民共和国保险法〉若干问题的解释（二）》第 19 条第 2 款规定，财产保险事故发生后，被保险人就其所受损失从第三者取得赔偿后的不足部分提起诉讼，请求保险人赔偿的，人民法院应予依法受理。

❸ 张卫平：《既判力相对性原则：根据、例外与制度化》，载《法学研究》2015 年第 1 期。

生的损害赔偿请求权而提起。而本案案由为保险合同纠纷，则是王某龙作为被保险人，行使其基于保险合同法律关系而享有的保险金赔付请求权——两者在诉讼主体、诉讼标的以及案件相关事实等方面均存在显著差异，并且本案原告诉讼请求并非在实质上否定前案侵权之诉的判决，故不属于《民事诉讼法》及相关司法解释中所规定的"同一"诉讼，❶ 因此人寿财保公司认为王某龙属于重复主张权利的观点没有事实和法律依据。

2. 双重赔偿

损失填补原则是保险利益原则最核心的原则之一，其包括保险用以填补被保险人因保险事故之发生所遭受的实际损失、禁止被保险人经由保险制度获取超过其所受实际损失的保险金等基本含义，具有禁止不当得利、控制道德风险和维护保险制度等基本功能。❷ 还有学者认为，保险人仅对保险期间内被保险人的实际损失进行赔付，而不会使其额外获利，在一定程度上可以消除投保人、被保险人侥幸获利的心理，防止其假借保险之形式以达赌博之目的。❸

本案涉及被保险人（即被上诉人王某龙）向侵权第三人（即案外人周某国）请求赔偿并获得生效判决支持是否有违损失填补原则的问题。对此，本文认为，王某龙行使侵权赔偿请求权虽然获得胜诉判决，但是并未全额执行到位，即被保险人的损失没有

---

❶ 《最高人民法院关于适用〈中华人民共和国民事诉讼法〉的解释》第 247 条规定，当事人就已经提起诉讼的事项在诉讼过程中或者裁判生效后再次起诉，同时符合下列条件的，构成重复起诉：（一）后诉与前诉的当事人相同；（二）后诉与前诉的诉讼标的相同；（三）后诉与前诉的诉讼请求相同，或者后诉的诉讼请求实质上否定前诉裁判结果。

❷ 黄军、李琛：《损失补偿原则探微》，载《法学评论》2006 年第 2 期。

❸ 韩长印、韩永强编著：《保险法新论》，中国政法大学出版社 2010 年版，第 41 页。

全部填补。因此，对于被保险人择一行使请求权后未能实际赔偿的损失，如果在保险责任范围内或者第三者的赔偿责任范围内，被保险人仍有权就其未能获得实际赔偿的部分向保险人或者第三者请求赔偿。鉴于本案判决仅要求保险人对被保险人未获得实际赔偿的部分承担责任，因此并不违背保险法的损失填补原则。并且，综观《保险法》及相关法律法规的规定，❶ 前案判决要求实际侵权人向被保险人承担赔偿责任与保险人的代位求偿权之间并无实际关联，相反，正如判决理由中所述，已有的道路交通事故侵权案件生效判决并不影响人寿财保公司在履行保险赔偿责任后依法获得保险代位求偿权，在支付保险理赔款的范围内取得王某龙依生效判决对侵权人所享有的赔偿请求权。

---

❶ 如《保险法》第 62 条对保险人行使代位求偿权的限制等，参见安建主编：《中华人民共和国保险法（修订）释义》，法律出版社 2009 年版，第 103 页。

交强险保险人追偿权的制度缺失及其矫正

沈志康*

一、问题的提出

交通事故中，驾驶人员肇事后逃逸的事件时有发生。逃逸者通常会面临吊销驾驶证、罚款等行政处罚；造成人身伤害的场合下，则被科以民事赔偿责任；对于构成交通肇事逃逸罪的，更将面临严厉的刑事处罚。然而，交通肇事逃逸后，交强险保险人能否对逃逸者进行追偿，正是本文所要研究的核心内容。为了便于理解，在此有必要先对交强险保险人追偿权的概念进行界定。所称交强险保险人追偿权，是指第三者（受害人）因交通事故对被保险人（侵权人）享有损害赔偿请求权，交强险保险人按照保险合同约定向第三者赔付保险金后，再对保

---

* 作者简介：沈志康，上海市高级人民法院法官助理，研究方向为经济法。该文原载于《上海保险》2022 年第 10 期，收录于本书时又作了部分修改。

险事故的发生和保险标的损失负有民事赔偿责任的侵权人要求偿
还已支付保险金的权利。

笔者从机动车交通事故责任强制保险（以下简称交强险）视
角进行考察后发现，当发生交通肇事逃逸的场合，我国采取了
"只赔不追"办法。根据我国《民法典》第 1216 条，一方面要求
交强险保险人向受害人赔偿，另一方面却未赋予其向逃逸者追偿
的权利，使保险人成为交通事故损失的终局承担者。虽然这一结
论属于严格适用现行法的结果，但交通肇事逃逸作为一种严重的
违法及违背善良风俗的行为，在该类案件中由毫无过错的保险人
充当终局责任承担人，实为不妥。

本文以最高人民法院公报上刊登的一起指导性案例作为切入
点，从法理、交强险业务发展、保险消费者权益保护等角度对该
问题进行全面审视，既为破解保险人向逃逸者进行追偿的障碍与
困境寻找有效的解决方法，也为弥补交强险立法上的一些缺陷，
更为我国交强险制度的进一步完善奠定必要的基础。

二、司法争议、法律适用与现行法基本立场

（一）最高人民法院指导性案例案情及裁判观点

就交强险保险人是否有权向逃逸者追偿的问题，最高人民法
院公报 2018 年第 5 期曾将一起追偿权纠纷案件作为指导性案例，
该案件对此作出了详细阐述。该案中，王某某在天平汽车保险股
份有限公司（以下简称天平公司）为其自有汽车投保了交强险，
2012 年 4 月，其驾驶该车时致人受伤并逃逸。受害人起诉至苏州
市吴江区人民法院，法院判决天平公司应在交强险范围内向受害
人赔偿 76 700 元，天平公司向受害人足额支付了上述款项。此后，

天平公司认为其有权向王某某追偿该笔费用，但遭其拒绝，故诉至法院要求王某某支付该笔赔款。❶

一审及二审法院均认为，根据《机动车交通事故责任强制保险条例》（以下简称《交强险条例》）第21条和第22条，只有在驾驶人无证驾驶或醉酒、被保险机动车被盗抢期间肇事、被保险人故意制造交通事故三种情形下，保险人才对因人身伤亡产生的抢救费用具有追偿权。虽然王某某不存在上述无证驾驶、酒驾等情形，但其逃逸行为使部分证据永久性灭失，加大了公安机关查证难度，故逃逸行为较上述所列的无证驾驶等三种不法行为社会危害性更大。在此情形下，应参照适用《交强险条例》第22条，天平公司有权对王某某进行追偿，由逃逸者对保险公司先予赔付的保险金承担终局责任。

然而，再审法院认为：第一，《交强险条例》第22条所列举的保险人具有追偿权的情形是封闭式的，并不包含肇事逃逸的情形；第二，原《中华人民共和国侵权责任法》（以下简称《侵权责任法》）第53条（现《民法典》第1216条）明确了在驾驶人逃逸情形下，保险人应在交强险责任限额内予以赔偿，同时未规定其享有追偿权；第三，肇事逃逸是事故发生之后的情形，不会增加事故发生的风险，而《交强险条例》第22条之所以赋予保险人追偿权，是因其所列举的驾驶人无证驾驶、酒驾等情形会显著提高事故发生的风险，二者存在本质区别，故不可将此条文参照适用于本案。最高人民法院对此持相同立场，并在该案例之裁判摘要中作了明确阐明。

---

❶ 最高人民法院 2018 年第 5 期公报，http://gongbao.court.gov.cn/Details/60f38240 73a05844a4f444b0c91b36.html，访问日期：2022 年 1 月 22 日。

（二）现行法适用分析

1. 驾驶人逃逸，保险人负有赔偿保险金的法定责任

本案核心争议点在于，交强险中，若驾驶人交通肇事后逃逸，承保该交强险之保险公司在向受害人支付保险金后，是否有权向驾驶人追偿。该争议有一个重要前提，即交通肇事逃逸情形下，保险人是否还负有向受害人支付保险金的义务。在原《侵权责任法》实施前，司法实践对此没有统一答案。但在 2010 年 7 月 1 日原《侵权责任法》正式实施后，其中的第 53 条（现《民法典》第 1216 条）明确，在交通肇事驾驶人逃逸情形下：（1）若能确定肇事车辆且该车参加了交强险，保险人应在赔偿限额内向受害人赔偿；（2）若无法确定肇事车辆，或确定了肇事车辆但该车未参加交强险，对受害人因人身伤亡所需抢救、丧葬费用，由道路交通事故社会救助基金先予垫付，之后其管理机构有权向致害人追偿。

因此，驾驶人逃逸情形下，保险人向受害人作出赔偿，是原《侵权责任法》赋予的法定责任。

2. 司法解释对交强险中保险人享有追偿权作封闭式列举

根据 2021 年 1 月实施的《最高人民法院关于审理道路交通事故损害赔偿案件适用法律若干问题的解释》（以下简称《交通事故解释》）第 15 条相关规定，保险人在以下三种情形中，应承担赔偿保险金的责任，并有权向致害人追偿：（1）驾驶人未取得驾驶资格或者未取得相应驾驶资格的；（2）醉酒、服用国家管制的精神药品或者麻醉药品后驾驶机动车发生交通事故的；（3）驾驶人故意制造交通事故的。

《交强险条例》第 22 条与《交通事故解释》第 15 条，都对交强险保险人就事故抢救费用或保险金享有追偿权的情形作出了封

闭式列举，也未规定其他情形可以参照适用，也都没有将交通肇事后逃逸这一情形纳入其中。

综上所述，在目前的法律体系下，我国司法实践为确保裁判的统一及严谨性，在交通肇事后逃逸，保险人应承担赔付保险金责任的前提下，因为法律对此时保险人是否享有追偿权未作明确规定，所以认定其不享有追偿权，并无不当。笔者认为，本案一审及二审法院所谓交通肇事后逃逸可参照《交强险条例》第 22 条适用的裁判理由，确实略显牵强。不仅如此，还需指出的是，即便参照适用第 22 条的规定，保险公司有权向致害人追偿的金额，也仅限定在机动车交通事故责任强制保险责任限额范围内的垫付抢救费用这部分，而并不包括伤残费和财产损失费，可见，一审及二审法院的法律适用也存在明显的偏差。

三、赋权的正当性与现实价值

如上所述，虽然依现行法认定保险人不能对肇事逃逸者追偿并无不当，但其合理性大有可商榷之地。而从指导性案例制度的起源来看，"同案同判"原则是司法的本质属性，因此要求司法"先例"在司法裁判中承担构成性的功能，而此种构成性的功能又必然要求"先例"具有某种实质性的法源地位。于是，我国的案例指导制度就在最高人民法院追求与探索"同案同判"原则的过程中应运而生。结合上述制度背景，再来考察天平公司案历经三级审理的曲折过程，不难推究出，在司法实践中交强险保险人对肇事逃逸者是否可追偿这一问题必然存在争议，否则也无须将天平公司案作为指导性案例供各级法院参照。有鉴于此，为使支持交强险保险人向逃逸者追偿的立论能获得更多的支撑，笔者将先对相关理论观点进行整合梳理，在此基础上，再对交强险保险人向逃逸者追偿的正当性展开多角度的探究。

（一）近期的追偿赋权学说值得关注

由于现行法律和司法解释均规定保险人"只赔不追"，因此在我国当下的保险法学界，认为交强险保险人无权向肇事逃逸者追偿的观点占据着相对主流的地位。但是，近年来依然有少部分学者坚持交强险保险人应有权向逃逸者追偿的立场而备受关注，成为近期的有力说。此类观点大多从社会公平正义理念等角度进行阐述。如史卫进、毛金科❶认为，交通肇事逃逸行为客观上加大了还原案件事实、定责定损的难度，主观上逃逸者具有明显的逃避法律责任的故意，社会危害性十分明显，故不应由交通事故受害人及保险人为其买单。在交强险保险人向受害人作出赔付后，允许其向逃逸者追偿有十分之必要。张永顺❷指出，在现行交强险保险人无法向逃逸者追偿的规则下，若驾驶人存在无证驾驶、酒驾等情形，相较于肇事后留在原地等待处置，逃逸明显对其自身更有利，由此会对驾驶人恶意肇事后逃逸的行为产生不良激励。而若允许交强险保险人向逃逸者追偿，则将从民事赔偿负担方面对驾驶人形成有力约束。

还有观点认为，就此问题应区分不同情况对待。如颜培麟、文宏祥认为，一般情况下保险公司无权向逃逸者追偿，只有在逃逸的同时存在被保险人故意制造保险事故、无证驾驶、醉酒驾驶、被保险机动车被盗抢、人车分离等五种情形，交强险保险人才有权向逃逸者追偿。❸

---

❶ 史卫进、毛金科：《机动车责任保障的赔偿追偿与偿付追偿制度比较研究——以肇事逃逸等恶意交通肇事的保险责任承担为中心》，载任以顺主编：《保险案件裁判评析（第2辑）》，中国海洋大学出版社2018年版，第26－27页。

❷ 张永顺：《对交通肇事逃逸与交强险赔偿的探析》，载《商》2015年第8期。

❸ 颜培麟、文宏祥：《驾驶人肇事后逃逸情形下交强险的追偿权问题》，《湖北第二师范学院学报》2011年第11期。

（二）未赋予交强险保险人向逃逸者追偿权的弊害

1. 变相鼓励肇事逃逸

法律规定了几项由违法驾驶人作为交通事故损失的终局承担人的例外，即若驾驶人存在无证驾驶、酒驾、毒驾等情形时，保险人具有追偿权。理由在于这几种情形会大大提高事故发生的概率，使保险标的的危险程度显著增加，超出了交强险的正常承保范围，故让保险人成为终局赔偿人明显不合理。与此相对，一般认为肇事逃逸与上述情形具有本质区别，交通事故之后的逃逸行为不会增加事故发生的概率，故而最高人民法院在《交通事故解释》第15条中没有赋予保险人追偿权。

对此，笔者不能苟同。若对肇事逃逸行为的危害性作全面考察，上述结论显然失之偏颇，其理由如下。

第一，虽然逃逸行为不会增加事故发生的概率，但该行为往往会扩大交通事故本身造成的损失。若肇事者在事故发生后不逃离现场，配合救助伤员，很多伤者就可以得到及时的救治，而逃逸行为会让他们丧失宝贵的救治时间造成严重后果。更有甚者，很多受害人还可能因逃逸者的不管不顾而遭受后来车辆的二次撞击，导致重伤及死亡等严重后果。在以上两种情况下，受害人人身伤亡的扩大必然导致所需赔偿费用的增加。

故此，虽逃逸行为不会扩大事故发生的概率，但它往往和事故损害结果的扩大具有直接因果关系。即使保险人仍应当对事故产生的损失承担终局性赔偿责任，但让毫无过错的保险人承担因逃逸行为而扩大的损失，也是极其不合理的。

第二，若保险人不具有对肇事者的追偿权，则会变相鼓励驾驶人逃逸。交通肇事逃逸是一种违法行为，更是一种严重背离善良风俗的行为。更令人担忧的是，对于存在某些违法事由的驾驶人，这种不良激励会更为明显。如前文所述，现行法律规定，在驾驶人故意制造交通事故、醉驾、毒驾等情况下，保险人在赔付保险金后，有权对驾驶人进行追偿，可对肇事逃逸驾驶人的追偿权却不予支持，这无疑起到鼓励他逃逸的副作用。处于这种法律规则框架下的驾驶人，若存在醉驾、毒驾等上述几种情形并因此发生了交通事故，如果他不选择逃逸，留在现场等待警方处理，公安机关必然会发现他存在上述违法事实。他不仅要面临各项可能的刑事、行政处罚，还要面临受害人及其亲属的索赔或者是保险公司的追偿。

但如果选择逃逸并且未被公安机关抓获，他不仅不会面临任何处罚，而且在民事赔偿方面还会有保险公司向受害人及其家属出面赔付；即使事后被公安机关抓获，醉驾、毒驾等违法事由也会随着时间的推移，检测难度增加而更难被证明。二者相比，结果不言自明，逃逸者最终需承担的后果明显远远小于不逃逸的后果。人都具有趋利避害的本性，这种制度设计很容易起到鼓励存在违法事由的驾驶人，在发生交通事故后选择逃逸的不良效果，而不是配合公安机关调查，积极救助伤员。这样的法律规定，已演变为一种恶法，其弊端不言而喻。

2. 损害保险消费者权益

从保险消费者权益保护的角度考察，该种不合理的制度设计最终会侵害全体交强险投保人的正当权益。交强险作为一种以保障交通事故受害人利益为首要目的的制度，为避免长期亏损影响其功能发挥，《交强险条例》第 7 条明确规定保险公司可以根据交强险业务的盈利或亏损情况调整费率。虽然，形式上当保险人基于交强险法律关系向受害人作出赔付后，因法律不支持其向肇事逃逸者追偿而要承担终局性赔偿责任，但实质上，保险人作为专业的风险及保险资金管理者，必然会通过调整费率等方式将这部分损失转嫁给其他投保人。

因此，由绝大多数毫无过错的保险消费者为少数逃逸者一念之恶所造成的后果买单，不仅与法律最基本的公平正义理念相违背，也与金融监管部门保护消费者合法权益的监管理念相冲突。

3. 制约保险行业发展

除上述两点之外，若交强险保险人无法向肇事逃逸者追偿，还将严重阻碍我国交强险业务整体的健康发展。如前文所述，交强险制度自运行以来曾经历了长达八年之久的亏损期，而因赔付肇事逃逸类案件的保险金在其中就占到了相当一部分比例。虽然在 2016 年车险费率改革后情况略微有所改观，但近年交强险业务微薄的盈利远未能填补其历年累计的亏损。因此，若不支持保险人向逃逸者追偿，放任这种不合理赔付支出的持续，无疑会抑制交强险目前扭亏为盈的势头，也与最初设立的交强险不亏不盈、保本微利的经营原则背道而驰，❶ 其最终结果是阻碍我国交强险的健康发展，进而减损其对受害人权益保障功能的发挥。因此，从维护车险行业健康发展，保障交强险正常运转的角度，赋予保险人对肇事逃逸者的追偿权也具有相当的必要性。

四、借鉴其他国家和地区的立法经验、实现立法突破与赋权可行性

（一）其他国家和地区立法经验

经由上文论述，笔者已较为全面地对支持交强险保险人向逃逸者追偿的依据进行了分析，但要真正解决这一问题，除了理论

---

❶ 李玉泉：《保险法》，法律出版社 2019 年版，第 249 页。

分析之外，还需要有切实可行的修法方案。为保障修法方案之实践价值，笔者将先对其他国家及地区相关立法例进行充分的对比与借鉴，在吸收其先进经验的基础上，结合我国目前的现实国情，提出可落地的修法建议。

1. 日本的相关规定

在日本法下，若肇事车辆投保了汽车损害赔偿责任保险（以下简称自赔责保险，相当于我国的交强险），受害人有权向相应的保险公司直接请求给付；而若因肇事车辆逃逸无法找寻到责任人或者该车辆未投保，那么受伤或死亡的受害人就无法通过自赔责保险获得救济。在这种情况下，受害人可以向政府保障事业（国土交通省）提出请求，由政府赔偿。政府提供的赔偿金来源于交强险保费收入的税收。政府向受害人赔偿之后，根据《日本汽车损害赔偿保障法》第 72 条、73 条、76 条的规定有权向加害人进行追偿。若该赔偿责任人拒不承担责任的，政府有权以该责任人为被告，向法院提起损害赔偿请求之诉。❶

由此显见，在发生交通肇事逃逸对方车辆不明或者该车辆未参加自赔责保险的情况下，日本的保险公司是不承担赔付责任的，从而有效地避免了受害人与保险公司之间发生不必要的索赔纠纷。

2. 我国台湾地区的相关规定

我国台湾地区于 2005 年修改了所谓的"强制汽车责任保险法"，其规制的目的在于使汽车交通事故之受害人能迅速获得基本保障，并维护道路交通安全，全面保护受害人。不过，在诸多情形下，受害人仍有可能无法获得该保险所提供之保护，故参考美、

---

❶ 日本损害保险费率计算机构：《交通肇事逃逸事故及受害者赔偿》，政府社会保障事业档案 2020 年版，第 8-10 页。

英、日三国制度，台湾地区设置了"财团法人汽车交通事故特别补偿基金"，对事故汽车无法查究的、事故汽车未投保的、事故汽车系未经被保险人同意使用或管理之被保险汽车以及事故汽车全部或部分为无须订立本保险契约之汽车等情事所致汽车交通事故的受害人提供基本保障。其对应方法如下。

①事故汽车无法查究的情形：驾驶人逃逸而无法查究肇事汽车，若仅涉及一辆汽车，在排除事故后，受害人得向特别补偿基金申请补偿。

②事故汽车为未投保汽车的情形：基于使汽车交通事故之受害人能获得基本保障之目的，事故仅涉及一辆汽车的，受害人得向特别补偿基金申请补偿。

③事故汽车系未经被保险人同意使用或管理之被保险汽车的情形：未经被保险人同意使用或管理之被保险汽车案件（例如失窃车），因交通事故之发生系非属被保险人所能掌控，若由保险人理赔，恐有违责任保险法理，但基于保障受害人之目的，明确事故汽车系未经被保险人同意使用或管理之被保险汽车的，受害人得向特别补偿基金请求补偿。

④事故汽车全部或部分为无须订立本保险契约之汽车的情形：因非所有车辆皆需投保强制险，例如，农业机械车、坦克车不需要投保强制险，故若受害人在道路上遭这类车辆撞伤，受害人得向特别补偿基金请求补偿。

如上所见，驾驶人逃逸而无法查究肇事汽车的、事故汽车未投保的等四种情形，台湾地区的保险公司也是不承担赔付责任的，受害人可以通过特别补偿基金请求补偿。

对此，台湾地区学者施文森、林建智通过海峡两岸的对比分析后一针见血地指出："对于被保险人吸食毒品、迷幻药、麻醉毒品驾驶或从事犯罪行为、逃避合法拘捕、越级驾驶、降级驾驶等，解释上，大陆地区保险人须理赔且不得代位追偿。但这些行为亦属于被保险人重大可归责之行为，应由被保险人负终局责任，实不宜将此风险转嫁由保险人负担。"❶ 三年后，在最高人民法院2012 年发布的《交通事故解释》第 18 条第 1 款第 2 项中，明确规定了服用国家管制的精神药品或者麻醉药品后驾驶机动车发生交通事故的，保险公司向受害人支付保险金后可向被保险人追偿。在笔者看来，这是积极借鉴台湾地区经验的结果。未来，大陆地区可进一步参酌甚至超越台湾地区的做法，将被保险人故意犯罪、抗拒依法采取的刑事强制措施、越降级驾驶，乃至交通肇事逃逸等可归责于被保险人之行为，均纳入保险人可先赔付后追偿的范围，以彰显社会公平和正义。

3. 其他国家和地区经验借鉴及我国现实情况分析

虽然遍寻域外发达国家及地区的立法例，尚未有专门针对机动车强制保险保险人可向交通肇事逃逸者追偿所赔付保险金的规定，且有关学术研究也十分稀缺，但这与这些国家及地区机动车普及时间久、驾驶人守法意识高、交通事故逃逸率整体较低的社会因素密不可分。而在我国，肇事逃逸长久以来都是社会治理的一大顽疾。近十年中，保险车辆驾驶人在发生事故后逃逸的情况比较严重，每年均有 2 500 多起。2014 年至 2019 年，交通肇事逃逸的总数持续处于 30 000 多起的高位（详见图 1）。解决这个疑难问题固然需要借鉴反思，但更要有创新思维。邻国日本和我国台湾地区，至少明确规定了在发生交通肇事逃逸、对方车辆不明的情况下，或者驾驶人逃逸而无法查究肇事汽车的，保险公司不承

---

❶ 施文森、林建智：《强制汽车保险》，元照出版有限公司 2009 年版，第 188 页。

担赔付责任，也就是明确了交通肇事逃逸的风险不能也不应该转嫁给保险人的立场。这一点值得借鉴。

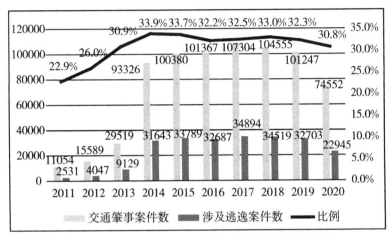

图 1　2011—2020 全国交通肇事逃逸案件数量及其在所有诉诸法院的交通肇事案件中所占比例❶

（二）我国司法实践的突破与说理

笔者在北大法宝案例库中共检索到 1 406 个相关案例，鉴于与该问题认定相关的法律法规中，最新的是 2012 年 12 月起实施的《交通事故解释》，故将在此之前的生效判决予以剔除，最终得到595 个案例。其中，仅有 20 个案例支持该项追偿权。虽然从数量上支持该项追偿权的案例不算多，但其对于本文观点之形成，却具有十分重要的启发意义。为使司法实践中支持该项追偿权的裁判依据呈现更为清晰，笔者将上述 20 个案例根据不同案由分为追偿权纠纷、保险合同纠纷、机动车交通事故责任纠纷、交通肇事罪案件四类。在依此逻辑开展类型化探讨的过程中，获得了不少

❶　数据来源：北大法宝案例库。

有价值的发现。

第一，在9起追偿权纠纷中，保险人是否对逃逸者享有追偿权属核心争议点，故相关论述十分翔实。笔者从其中总结出三点。首先，在说理结构上，有8份判决书都用了"虽然法律、司法解释未将肇事逃逸规定为保险公司可追偿的情形，但从交通肇事逃逸社会危害性等方面全面考虑，应支持保险公司向逃逸者追偿"。这说明法官们是明知尚未有明确的法律依据，但仍认为应支持该项追偿权。其次，在裁判依据上，被援用最多的法理依据主要有两点：其一，从肇事逃逸行为本身看，驾驶人弃车逃逸的行为，系《中华人民共和国道路交通安全法》明文禁止的违法行为，可能导致受害人不能得到及时救治、交通事故责任无法认定等危害后果，其违法程度与醉酒驾驶、无证驾驶相当，甚至更大；其二，从法律适用的社会效果来看，交通肇事逃逸行为既是严重违反道路交通法规的违法行为，也是违反社会公共道德的行为，如由保险公司对肇事逃逸行为承担终局性赔偿责任，不利于树立鼓励驾驶人谨慎守法驾驶车辆的司法导向。最后，在法律应用上，有5份判决都选择了与天平公司案一审及二审同样的审裁路径，参照适用了《交强险条例》第22条作为审理结果的实体法依据。至此，笔者认为，以上9个案例是我国司法实践中针对交通肇事者的保险责任在社会公平理念上的重大突破与创新，是一种具有开拓性和里程碑意义的尝试，也为笔者最后提出可操作的修法建议提供了有力的支撑。

第二，在7起保险合同纠纷中，部分法官选择绕开《民法典》第1216条的文义，直接作立法目的解释，即虽然上述条款对逃逸情形下保险人的赔偿责任作出了规定，但其目的仅在于保障交通事故受害人能获得及时足额的赔付，故不能得出肇事逃逸者也能以此向保险人主张赔偿的结论。❶ 另外，驾驶人的逃逸行为将不可避免地加大查明保险事故性质、原因，尤其是《交通事故解释》第 15 条所列举的驾驶人醉驾、毒驾等保险人免责情形是否存在的难度，而根据《保险法》第 21 条，投保人、被保险人或受益人因故意或重大过失未及时通知保险人，致使保险事故的性质、原因、损失程度等难以确定的，保险人对无法确定的部分，不承担赔偿或者给付保险金的责任。因此，即使肇事逃逸情形下保险人需向逃逸者支付保险金，但对于因逃逸行为而难以确定价值的损失部分，仍不应得到支持。❷

第三，在 3 份机动车交通事故责任纠纷民事判决书及 1 份交通肇事罪的刑事判决书中，由于其审理重点集中于对驾驶人民事、刑事责任的认定，所以对保险人是否可向逃逸者追偿这一问题，仅简略表示支持，并无详细论证。❸ 然而，司法部门在生效的裁判文书中明确自身立场，即便缺少了丰富的说理过程，也是对保险人该项追偿权利的权威支撑。再进一步分析，在案件的争议重点是交通事故责任分配及认定的前提下，这种以近乎"断言式"的语句支持保险人向逃逸者追偿的方式，更说明在这些裁判者看来，该项追偿权的存在具有"自然公理"般的正当性，不证自明。

综上所述，无论从前文最高人民法院在指导性案例中所表达的观点还是从全国各级法院大部分相关案件的裁判结果看，交强险保险人向逃逸者追偿在司法实践中很难得到支持。然而，在对 20 起支持保险人向逃逸者追偿的案件进行深入分析后，不难发现

---

❶ 参见（2017）苏 1002 民初 1547 号民事判决书。
❷ 参见（2017）苏 1002 民初 1547 号民事判决书。
❸ 参见（2013）彬刑初字第 00029 号刑事判决书"本院认为"部分，及（2015）宜琪民初字第 1469 号民事判决书的判决结果第一项。

其中大部分判决绝非出于裁判者一时的恣意擅断，而是法官们从逃逸行为性质、法对社会生活的指引作用、交强险制度的目标等角度作了全面分析和论证后，得出了即使在实体法未明确支持保险人向逃逸者追偿的情况下，在个案中仍应予以支持的结论。毫无疑问，以上这些在司法实践中进行突破的先例，无疑为交强险保险人追偿的赋权提供了一种可行性路径。

（三）现实需求：使交强险不再陷入亏损旋涡

从交强险业务自身运营的角度考察，我们发现，一方面交强险业务整体的亏损情况十分严重；另一方面，交强险在交通肇事逃逸类案件上的赔付成本也始终居高不下。从全国范围来看，交强险业务曾经历了长达 8 年的连续亏损，其中 2011 年度亏损额超过了 100 亿元，直至 2017 年起才开始实现小幅盈利（参见图 2，此处亏损数据不含交强险业务投资收益）。

图 2　2010—2019 全国交强险承保亏损/盈利情况❶

而就交通肇事逃逸类案件的赔付成本控制问题，虽然在全国

---

❶ 数据来源：根据 2010—2019 年银保监会《机动车交通事故责任强制保险业务情况的公告》整理。

范围内相关部门未就此作过专项统计，但在一些交强险业务发展较为成熟的地区，对与肇事逃逸案件相关的交强险赔付数据有较为系统的规整。为此，笔者通过对作为保险先锋的人保、太保、平安、国寿财、大地 5 家财险公司的上海分公司分别进行调研后得知，从 2014 年至 2018 年的 5 年内，5 家险企上海分公司承保的上海市内交强险与第三者责任险业务中，仅发生交通肇事逃逸类案件赔付一项，其支出总金额就为 914.182 万元（参见表 1）。

与此相应，上海地区人保、平安、太保、国寿财、大地 5 家分公司近 5 年交强险保费收入（2015—2019）为 174.486 1 亿元（参见表 2），而近 5 年全国交强险保费收入是上海 5 家保险分公司保费收入的 53.79 倍，故若以上海 5 家被调研险企的交通肇事逃逸赔付数额为参考基数进行推算，全国的保险公司在交强险和三者险业务中，近 5 年仅在肇事逃逸类案件上支出的保险金就超过了约 112.15 亿元，其在交强险历年整体亏损额中所占的比例不可谓之不大。因此，从交强险业务健康发展的现实需求来看，赋予保险公司向逃逸者进行追偿的权利，是交强险不再陷入亏损旋涡的有力保障。

表 1　2014 年 12 月—2018 年 12 月上海地区部分保险公司
交通肇事逃逸案件赔付情况

序号	公司名称	案件数	赔款金额（万元）	备注
1	人保上海分公司	21	60.49	
2	太保上海分公司	7	102	按当时交强险每个事故最高赔额 12.2 万元计算，7 件应为 85.4 万元，而超过部分的 16.6 万元应该理解为商业三责险。

续表

序号	公司名称	案件数	赔款金额（万元）	备注
3	平安上海分公司	61	256	
4	国寿财上海分公司	14	299.052	按当时交强险每个事故最高赔额12.2万元计算，14件应为170.8万元，而超过部分的128.252万元应该理解为商业三责险。
5	大地上海分公司	7	196.64	按当时交强险每个事故最高赔额12.2万元计算，7件应为85.4万元，而超过部分的111.24万元应该理解为商业三责险。
	合计	110	914.182	

以上数据是笔者通过上海市保险同业公会调研所得。

表2　上海地区5家保险公司近5年保费收入（2015—2019）

公司名称	人保	太保	平安	大地	国寿财	合计
保费收入（亿元）	37.389 1	45.356 1	75.209 9	6.800 2	9.730 8	174.486 1

数据来源：中国保险行业协会官网。

五、解决方案与修法建议

通过以上各章节的详细、严密的论证，笔者建议如下。

第一，从受害人权益保障的角度出发，在驾驶人逃逸情形下，交强险保险人仍应在限额内赔偿受害者的人身及财产损失，否则交通事故受害人就将失去一大可靠的保障来源，而这样也会与交强险本身的公益属性有所背离。因此，与此相关的法律内容，不应发生变动。

第二，遵循"不赔不追、谁赔谁追"的原则，应在立法及司法实践中明确赋予交强险保险人向肇事逃逸驾驶人的追偿权。如本文"法律适用之分析"部分所述，交强险保险人向逃逸者追偿在法律上最大的阻碍就是原《侵权责任法》第53条在追偿权问题上对交强险与救助基金作了区别对待，而该法现已被合并入《民法典》，短期内进行专项修改并不可行，而且也会影响到《民法典》作为我国法典的稳定性和权威性。因此，现阶段可先通过最高人民法院发布指导性案例等形式对交通肇事逃逸这一情形类推适用《交通事故解释》第15条，即保险人应承担赔偿保险金的责任，并有权向致害人追偿。这样的变动既不会给现有的保险司法体系带来太大的冲击，也能同时实现对交强险保险人向肇事逃逸者追偿的司法支持。

等若干年之后，《民法典》迎来其整体性修改契机时，再进一步对《民法典》第1216条做修改完善，规定交强险保险人可向逃逸者追偿。如此一来，既充分补正了制度缺陷，也使得我国交强险制度设计得更合理、更具层次性，最终实现公平正义这一人类社会的追求。

在我国，一方面，刑法上对交通肇事逃逸者要追究刑事责任，另一方面，交通事故造成受害人人身伤害和财产损失的，保险公司在交强险范围对受害人赔付保险金后，却不能对交通肇事逃逸者追偿。这一奇特的"失衡"现象，使得交通事故中的逃逸者可以免除相当一部分赔偿责任，而由交强险保险人为其逃逸行为买单。这一结果，严重有违社会的公平和正义。此外，保险公司可能通过调整费率系数等方式将该部分赔付成本再转嫁到广大的投保人身上，最后利益受损的仍是我国的每一位车主——这个巨大的交强险消费群体。目前，立法的不完善显然是这一正当权利行使的最大障碍，修订相关法律势在必行。为了破解这一困境，防止致害人推卸、逃脱责任的不法意图得逞，应尽快明确致害人在交通肇事后逃逸与醉驾、毒驾等情形一样，在承担刑事责任的同时，还要承担民事责任，允许保险人向其进行追偿。

突破健康告知中"全赔全不赔"的思维障碍

殷跃平 *

一、基本案情

一审原告（投保人、被保险人）、二审被上诉人：孟女士

一审被告、二审上诉人：甲保险公司

2017 年 7 月 7 日，孟女士在某银行销售专员推荐下投保了甲保险公司的高端个人医疗保障计划保险合同，该保险包括个人门诊保险、住院医疗保险等保障。保单于 2017 年 7 月 25 日生效，保险期限一年。首年保费逾 4.5 万元。

2018 年 2 月 6 日，孟女士发现右颈部出现不明肿块，即至其经常就诊的某外资医院就医。后又转至某三甲肿瘤医院就医，一个月后，经检查确诊为

---

* 作者简介：殷跃平，法律硕士，上海市康昕律师事务所律师。该文原载于《上海保险》2021 年第 5 期，收录于本书时作了部分修改。

鼻咽癌,并接受相关治疗。同年5月7日,孟女士就之前就医治疗的费用提出《索赔申请表》,提供的理赔申请病史等资料均未提及任何既往病史的情况。随后两天,孟女士又转至某市质子重离子医院寻求继续治疗。

甲保险公司在接到客户的理赔申请及资料后,结合客户投保时健康告知为"健康体"的背景基础,于受理日后的十日内就孟女士申请的5月7日前的理赔,尽速审核通过赔付孟女士各项治疗费用近4万元。

同年6月11日,孟女士按甲保险公司便利保户的续保要求签订并寄回续保申请,但孟女士却未告知甲保险公司其正于某市质子重离子医院接受住院治疗的事实,其住院治疗期为2018年5月23日至7月10日。同年7月3日,孟女士通过网银缴纳续保保费4.9万元。该续保的保险期间为2018年7月25日至2019年7月24日。

同年7月23日(续保生效的前两天),孟女士向甲保险公司再次提交《索赔申请表》,理赔申请范围为某市质子重离子医院的门诊、住院费用及部分肿瘤医院门诊费用,索赔金额合计逾60万元。一周后,孟女士向甲保险公司递交了理赔资料。同年8月1日,甲保险公司因索赔资料不齐发出补充资料通知。而8月10日,甲保险公司快速审核系统依孟女士提交的资料及高端医疗服务项目"直付服务"的要求,直接审核通过了孟女士于2018年5月3日在某肿瘤医院产生的门诊费用500元的"赔付"。

至8月底,孟女士补充提交了某市质子重离子医院的门诊病历等全套资料,其中明确记录有"2004年行腹腔镜下右侧卵巢囊肿切除术的手术外伤史"。这也为甲保险公司首次掌握的孟女士既往病史,且为健康告知中的未如实告知事项。同期,甲保险公司依照孟女士的查证授权至其就诊的外资医院调取病史资料,得知孟女士曾有淋巴结增大病史、子宫肌瘤手术史，以及相应的治疗史。但该医院拒绝提供进一步的详细病史材料。

同年 9 月 4 日，甲保险公司安排了客户面谈，孟女士在与访谈人员交流后签署了《客户陈述书》，其中孟女士称，因个人财务原因和服务考量，才从其他保险公司转投甲保险公司；其每年都接受正规的体检及基因检测，检查指标都正常，仅妇科方面有些许问题。9 月 10 日，甲保险公司征得孟女士授权，再次至其就诊的外资医院调取病史资料，获得了孟女士在该医院 2016—2018 年的部分病史材料，进一步确认孟女士既往的淋巴结增大、子宫肌瘤病史以及相应的治疗史。

同年 9 月 13 日，甲保险公司依掌握的病史资料，依照保险合同条款的约定和保险法的相关规定做出理赔审核决定，认为孟女士投保时存在"故意不如实告知"而予以解约拒赔。

其后，孟女士多次找甲保险公司沟通，并提供了其就诊的外资医院接诊医师出具的声明否认其既往的淋巴结增大和相应的治疗建议等，要求甲保险公司予以理赔并保证其续保。经保监部门投诉协调及人民调解委员会的调解下，甲保险公司释放了极大的善意，在突破核保常规的情形下，提出了一个拒赔但予以继续承保的"调解"方案，不过有个限缩承保条件——鼻咽癌及其并发症等，每一保单年度的医疗费用上限为 8 万元人民币。

孟女士拒绝接受该调解方案，并于 2019 年 7 月 17 日提起诉讼。同年 8 月 10 日，甲保险公司委托的诉讼代理人向一审法院申请调查令，持令赴某外资医院获取孟女士 2015 年 1 月后的"全部病历记录"，得知孟女士在投保前曾有诸多的病症就诊史，如先天性心脏缺损、子宫肌瘤、乳房肿块、舒张功能不全等心脏疾病等，更有在投保前的半年内（2017 年 3 月）就有舒张功能不全等心脏疾病的检查、会诊以及子宫切除术的治疗建议记录。前述病症在甲保险公司投保文件的《医疗问卷》中均有明确的告知栏位，但孟女士均告知为"否"。

二、争议焦点

甲保险公司在一审庭审辩论意见主要集中在以下三点。

（1）本案存在明显的故意违背诚信的行为。

①涉案保险合同"医疗问卷"中有明确的"子宫内膜异位症""手术史""建议但还未实施手术"等的询问，孟女士均告知为"否"。

诉讼中甲保险公司申请调查令得知孟女士在首次投保（2017年7月）前，在某外资医院已有18次就诊记录，其中因妇科方面疾病有5次就诊记录，因心脏方面疾病有3次就诊记录，因淋巴结有2次就诊记录。甲保险公司认为该10次就诊均属于健康告知的范畴。

②孟女士并非一般的保险消费者，对保险产品和操作流程有丰富的经验和认识，对于签名确认可能产生的法律后果有明显高于普通消费者的认识，对于自身及甲保险公司在保险合同订立及履行中的权利、义务和责任应有明确认知。

综上所述，孟女士有故意违背诚信的行为，甲保险公司以故意未如实告知而予以解约拒赔的处理是合理合法的。

（2）"医疗问卷"系书面询问形式，符合相关法律法规及管理办法中有关"询问"的要求，且"医疗问卷"中有明确的询问事项，并非"概括性条款"。

（3）虽甲保险公司已有前期"理赔"（含事先授权、医疗卡直接支付服务），但甲保险公司系限于审核理赔当时所获得的孟女士提供的申请资料及孟女士授权后第三方提供的有限资料作出的当时情形下的决定，若孟女士有欺诈或隐瞒情形，甲保险公司仍有行使维护自身权益的救济权利。

针对甲保险公司的答辩意见，孟女士则提出三个反对意见。

第一，根据双方保险合同条款及相关法律规定，如果甲保险公司没有询问，孟女士不负有如实告知义务。当事人对询问范围及内容有争议的，甲保险公司负举证责任。现甲保险公司无法举证其就"医疗问卷"向孟女士进行了询问，应承担举证不能的后果。

第二，关于淋巴结问题。首先，因"医疗问卷"中没有设置淋巴结这一项内容。根据最高人民法院司法解释，告知范围仅限于询问内容，故孟女士对曾有淋巴结肿大无须告知。其次，投保时，孟女士对于自身体内是否存在淋巴结肿大并不清楚。孟女士仅仅于 2015 年 2 月及 9 月两次检测出淋巴结肿大，孟女士认为该肿大属于感冒类的常见病，事实上孟女士在投保时淋巴结是正常的。C 医生用英文记录病人主诉"淋巴肿大两年"存在错误，应该是两年多以前，孟女士曾经有过淋巴结肿大；后孟女士在鼻咽癌的就诊记录中均主诉淋巴结肿大一两个月。至于甲保险公司提出 Z 医生曾建议手术事宜，孟女士认为并无事实依据，事实上 2015 年 Z 医生在两次就诊记录中均未建议手术，只建议随访。本案发生后，孟女士找到这位 Z 医生，由其出具书面证明，证明两次就诊均未向孟女士建议手术，并阐述了理由。故孟女士主张对"淋巴结肿大"的未告知一节，不具有故意或重大过失，不足以达到令甲保险公司拒绝承保或提高保险费率的程度。

第三，有关甲保险公司认为属于应当告知而孟女士未告知的其他疾病。对于子宫手术和心脏疾病等，甲保险公司并没有进行详细询问，在填写健康问卷时对孟女士具有诱导性，而孟女士认为子宫内膜异位症属于类似痛经一类的常见妇科问题与普通感冒发烧一样，是否告知该内容并不影响承保。

另外，不管是否曾经有过淋巴结肿大或是曾经有过子宫手术和心脏疾病等，这些疾病均非出险病症，与孟女士罹患鼻咽癌无直接因果关系，鼻咽癌既非孟女士"受保前病症"，淋巴、子宫、心脏疾病也非"鼻咽癌相关的或后续的病症"。故甲保险公司不能解约及拒绝理赔。

三、法院的立场

（一）一审法院的观点

1. 关于淋巴结肿大病史及健康告知的认定

C医生并非孟女士2015年因淋巴结肿大就诊的主治医生，由其记录的病人主诉情况并非一手的病程记录，且该记录未经病人签字确认，甲保险公司就该记录中有关Z医生建议手术的事实也未能进一步提供证据加以证明。况且，在2015年2月及9月孟女士至某外资医院就诊的病程记录中并无直接接诊的Z医生有关切除淋巴结的诊疗建议，故对于"Z医生建议做淋巴结切除手术"事实本院不予认定。至于淋巴结结节病史与本次鼻咽癌是否有直接因果关系，甲保险公司未能提供证据加以证明，本院对甲保险公司该项抗辩意见不予采纳。

2. 孟女士的告知义务

保险合同订立时，孟女士应当将其知道的或者应当知道的与保险标的或者与甲保险公司有关的情况向甲保险公司进行如实告知。但孟女士的告知义务限于甲保险公司询问的范围和内容。当事人对询问的范围和内容有争议的，由甲保险公司负举证责任。

综合本案当事人双方提供的相关证据，其中投保之前对甲保险公司所做的"医疗问卷"，几乎涵盖了人体所有部位的所有疾病，既未区分哪些是必须告知的重疾、哪些是无须告知的一般疾病，亦未留出必要空间用以具体陈述曾经罹患哪些重要疾病以及疾病的治疗情况等。

一审法院还认为，涉案保险为高端医疗保险，孟女士交纳高额保费，甲保险公司对于孟女士的健康状况的问询和了解相较于一般保险应更为详细和准确。本案中，孟女士在这份简单的"医疗问卷"中对所有疾病（包括一般常见病）均勾选了"否"，而保险代理销售人对"足以影响甲保险公司决定是否同意承保或者提高保险费率"的重要疾病是否已向孟女士作了明确具体的阐释和询问，针对这一点甲保险公司却未能进一步提供证据加以证明，甲保险公司现有证据不足以认定孟女士"故意或因重大过失"未履行如实告知义务。

根据相关法律规定，订立保险合同，采用甲保险公司提供的格式条款的，如甲保险公司认为被保险人患有问询事项中的各项疾病可能使保险公司免除保险责任，则其应在订立合同时在投保单、保险单或者其他保险凭证上作出足以引起孟女士注意的提示，并对相关内容以书面或者口头形式向孟女士作出明确说明，但现有证据显示甲保险公司在该方面是有所欠缺的。

3. 未告知事项与保险索赔事故间的因果关系

因果关系在未告知行为中应起重要作用，未告知的危险要么客观、直接地造成了损害或增加了损失，要么两者之间具有一定程度的关联性，否则甲保险公司不能免除赔付责任。本案中，甲保险公司未能举证证明孟女士曾经患有的淋巴结结节病、妇科手术、心脏病等疾病与罹患恶性肿瘤之间具有直接因果关系或者具有一定程度的关联性，足以影响合同的订立及履行，且双方保险合同的责任免除条款仅对"受保前病症或任何相关的或后续的病症"适用，故孟女士罹患鼻咽癌属于涉案保险合同的承保范围。

综上理由，对于甲保险公司抗辩孟女士故意违背诚信而未履行如实告知义务，足以影响甲保险公司决定是否同意承保或者提高保险费率，甲保险公司因此有权解除合同并拒赔的抗辩意见，一审法院不予采纳，判决甲保险公司支付孟女士保险金60余万元。

（二）二审的审理思路

一审判决后，甲保险公司不服该判决提起上诉。针对本案的前期争议焦点，孟女士在投保时的未告知行为是否构成未如实告知？是故意未如实告知还是重大过失未如实告知？甲保险公司据此能否解约拒赔？甲保险公司提出了上诉意见和二审庭审意见，理由归整如下。

1. 关于故意未如实告知的认定问题

保险最基本的原则之一是"最大诚信原则"，这与我国目前宣导的社会主义核心价值观中的"诚信"有着一致的含义和行为要求，甲保险公司认为一审未能认定在涉案保险合同成立过程和理赔过程中的孟女士存在明显的"故意"违背"诚信"的行为，属于误判。具体论述如下。

（1）甲保险公司依法有权在孟女士签订投保单时向其进行相关健康询问，孟女士有义务向甲保险公司如实告知。且孟女士未告知的内容在原合同投保书的"医疗问卷"中均有明确、具体的询问事项，内容清晰、文义上不存在歧义，且能为普通保险消费者所准确理解。

（2）本案中的孟女士有明显的"故意"违背"诚信"的行为。具体表现为其有诸多事项未如实告知。①孟女士在初次投保前就曾有诸多的病症就诊史，但孟女士在投保单的"医疗问卷"中却均告知为"否"。②在理赔处理过程中，孟女士仍对调查询问予以故意隐瞒。③前述未告知行为可以给孟女士带来保费的大幅降低等直接利益，是其故意隐瞒、故意不告知的动机，目的在于利己。这也是其积极想达成的目的。按孟女士方提交的既往投保资料证据显示：2016 年 7 月在前一家保险公司缴纳的保费为 7.9 万元，而其 2017 年 7 月 25 日转投至甲保险公司保障范围责任相近的保险产品时，其缴纳的保费仅为 4.5 万元，保险费大幅降低。更需要注意的是孟女士 2012 年 7 月在前一家保险公司早先缴纳的保费也仅为 4.3 万元，但三年后即 2016 年 7 月，前一家保险公司却将其保费调整到 7.9 万元。也正因如此，孟女士方有积极的意愿进行转投保至其他保险公司，这与 2018 年 9 月 4 日孟女士的《客户陈述书》中所称的因个人"财务原因及服务考量"转投甲保险公司处，就保险费的大幅降低来看，与其主观意愿是完全吻合的。④此案中的孟女士并非一般的保险消费者，其对身体健康的重视程度和认识程度以及对医疗保险操作的认识程度是远高于其他保险消费者的。a. 孟女士自 2012 年起即开始多年持续投保高端医疗险，可以表明，其对于自身的身体状况是"非常关注"的。从一般常理的理解，在曾经有过子宫肌瘤手术史和多次因为"异常出血"就医的前提下，孟女士是绝不会也不应该再出现所谓将"子宫肌瘤""子宫内膜异位症"等当作"痛经"常见病的狡辩，不会出现对于自身已有疾病和已有的健康问题"遗忘"的情形。而对于已经经过超声心动图检查诊断的"先天性心脏缺损"，孟女士就更不应该出现"遗忘"了。其次，孟女士对于医疗服务需要有明确的要求指向，其就医更多的是挑选到外资背景医院，而这些医院的医生确实有更为详细认真地解释说明服务，让就医者充分了解其自身疾病和健康状况。而这样的医疗服务也更加不会让孟女士出现对于自身已有疾病和已有的健康问题的所谓仅是常见病或"遗忘"的情形。b. 孟女士多年投保高端医疗险和接受保险服务的经验,对于医疗保险产品(费率厘定)和保险理赔及续保等操作流程,其已有丰富的经验和认识,其对于各项操作中可能出现的"时间差"有明确的掌握和把控力。孟女士于 2018 年 6 月 11 日签署续保,7 月 3 日完成续保缴费 4.9 万元,7 月 23 日提交理赔申请(申请的住院手术治疗的发生时间是 5 月 23 日—7 月 10 日),续期保险 7 月 25 日生效。可以明确的是孟女士于 2018 年 6 月 11 日签署续保时,也并未向甲保险公司告知其正在住院接受治疗的事实。从以上时间点的"控制"来看,孟女士的操作显示出其对保险理赔及续保等操作流程是极其熟悉的。假如没有此次的解约拒赔争议、不存在前述的未如实告知情形,假设甲保险公司在续保核保时知道、掌握了孟女士当时正在住院接受治疗的事实,续保保费也绝不会仅是 4.9 万元,而是必定会依新的理赔事由反映出的身体健康状况,厘定远高于该费率的费率或拒绝续保。但这绝不是孟女士所想要的,其追求的利益最大化必定是低的费率续保,为此,孟女士有充足的动力和意图而选择"隐瞒"。c. 孟女士投保时在某外资公司任总经理等职,对于其签名确认可能产生的法律后果有明显高于普通消费者的认识,更何况在原保险合同的"医疗问卷"后的投保人、被保险人签字栏前还有明确的"投保人声明"栏作为提示。

综合以上,甲保险公司认为孟女士有明显的"故意"违背"诚信"的行为,未如实告知诸多事项,目的就在于其明显的利己动机,其行为理应被认定为"故意未如实告知"。

2. 对于健康告知的形式要件要求

一审判决中认为的"医疗问卷"涵盖的范围、"重要疾病"询问等理据要求远远超越了保险法律法规对于保险人的规范要求，部分理据观点系对保险人正常核保经营权利的直接"干涉"和"束缚"。

对一审判决中就"医疗问卷"询问中是否要"区分哪些是必须告知的重疾""保险代理销售人对'足以影响甲保险公司决定是否同意承保或者提高保险费率的'的重要疾病是否已向孟女士做了明确具体的阐释和询问"等的认定理据，已超越了保险法律法规对于甲保险公司的规范要求。

甲保险公司认为判断未履行如实告知义务的事项是否"足以影响保险人决定是否同意承保或者提高保险费率的"，是属于保险人的"商业自治范畴"。甲保险公司应按照其保险产品厘定费率时设定的承保条件（核保要求），根据孟女士应该如实告知的事项内容，在平衡其大多数承保保户利益和公平合理的前提下，衡量甲保险公司自身所能承担的、被转嫁来"风险"后，最终作出承保与否及方式的决定，这是保险人核保权存在的意义，也是此保险人与彼保险人市场竞争的结果，可视为保险人的业务操作"机密"。

但是核保权行使时的前提条件和必要的要素之一，就是投保人对询问告知事项的回答，没有此告知事项，保险人的核保权就是"无米之炊"。在人身健康保险通常的运营处理操作中，保险人在投保时获知被保险人患有问询事项中的各种疾病是保险人在保险合同成立前厘定承保条件或费率的依据，是保险人的核保权的体现，是保险合同交易成立的"商业自治范畴"，也是投保人和保险人自由的"双向选择"，这是建立在诚信的如实告知基础上的，不存在所谓的单方免除保险人责任的情形。此外，投保人一旦诚信地履行了如实告知义务，而保险人已知晓但未有处理的事项，现行的保险法律法规是明确保障投保人（被保险人）权益的。

3. 对于《保险法》第 16 条适用时涉及的"因果关系"问题

一审判决中认为的"因果关系在未告知行为中应起重要作用"等理据，甲保险公司认为不符合本案证据证明的被上诉人存在"故意不如实告知"的事实，未能指出孟女士对于被保险人身体疾患的充分了解与其选择性告知带来的"道德风险"，系适用法律错误。《保险法》第 16 条对于"故意不如实告知"的处理规定是明确的，孟女士故意未履行如实告知义务，足以影响甲保险公司决定是否同意承保或者提高保险费率的，甲保险公司有权解除合同，甲保险公司对于合同解除前发生的保险事故，不承担赔偿或者给付保险金的责任。

但是，出于维护保险法中对于告知义务的立法宗旨和满足被上诉人方保险需求之间的平衡之考量，甲保险公司在二审实务的要求下认为本案结果不论是"全赔"或"全不赔"，可能都不会是一个"圆满的"结果。

通过对实务案例的研究，作为甲保险公司代理人的笔者发现：在相当数量的因"未如实告知"而解约拒赔的案件中，"未如实告知"的主观过错大多被认定为"重大过失"，依照《保险法》第 16 条第 2 款之规定，甲保险公司一般应可"解约"，但同条第 5 款规定其必须证明未履行如实告知的重要事项与保险事故的发生有因果关系，才不承担保险责任。从实际的裁判结果来看，很多判例是支持"解约"的，但不得"拒赔"。可见，在行使解除权与承担已经产生的保险责任之间采用不排斥的方法，这在扶弱维稳的前提要求下已视为一种常态。不过这种"简单"处理方式对"诚信"原则及"诚信"价值观建设是有一定损害的，并不利于"保险姓保"的初衷得以实现以及保险行业稳定有序发展。

在维护强化保险消费者保护和对价平衡原则下，对《保险法》

第16条规定的投保人违反告知义务的法律效果是否可以考虑作一定的分级处理，以避免单独适用解除权使得保险活动的裁判结果过于单一与简单，以期能更好地平衡符合保险双方的利益，让保险具有真正的现实意义。如以"比例原则"（意即保险人按照违反告知情形下实际收取的保险费与若如实告知应当收取的保险费的比例，对被保险人的保险索赔进行保险金赔付）代替，依告知义务人的过错程度，由保险人按比例给付保险金。

笔者认为这不失为一种可行的解决方案，可以兼顾投保人、被保险人和保险人的利益。而且，此种方式在法国、德国等一些欧洲国家的保险法中已有了相应的规定和司法实践判例。

况且，《保险法》第32条第2款也规定了与年龄相关的"比例赔付"，即在年龄未如实告知时，已引入了"比例赔付"的方式，无论投保人是否出于故意或过失，保险人一般不会因"误报或少报年龄问题"解除合同，而是通过对照"年龄/费率"表，调整保险费率，按照比例给付保险金，继续维持保险合同。这也是在实务中"比例赔付原则"（对应调整原则）应用的先例。

照此先例的模式，若适用到其他未如实告知的情况下，如果投保人（被保险人）和保险人协商达成一致共识，同样采用"比例赔付"方式协调处理，能够通过对应调整原则对最大诚信原则进行一定的修正，避免"全赔或者全不赔"过于机械式的"硬伤"，保险合同双方相对都具有缓冲余地，保险人对于保险责任的承担与否可以采取一种更合理和灵活的方法去解决相应难题，兼顾和满足保险合同双方的权益。

因此，笔者最后在代理意见中提出了以下倡议，上海法院作为我国专业金融法院的标杆之一，是"为推进国家金融战略实施，健全完善金融审判体系，营造良好金融法治环境，促进经济和金融健康发展"而生，更应在法律适用上起到标杆作用，在类案处理上有所"创新"，突破"全赔或者全不赔"的束缚，秉持法治精神，查明案件事实，智慧适用法律规定，平衡争议双方的利益得失，以本案的处置为今后的类案处置树立可参照的标杆，推动保险行业的健康发展。

本案上诉期间，在二审法院和一审法院的共同指导和协调下，甲保险公司也从充分考虑照顾孟女士的人格尊严及未来保险需求的满足角度出发，按照有据有节的原则，尽可能缩限了对于孟女士的负面影响，在突破核保常规的情形下，提出了一个"调解"方案，即甲保险公司予以继续承保。但针对孟女士未来的医疗保障有一个缩限承保条件——鼻咽癌及其并发症等，每一保单年度的医疗费用限额为 8 万元人民币。

后经再次协调，孟女士接受 20 万元的补偿，甲保险公司在解除合同的基础上，也"人性化"地退还了孟女士所缴的保费。

至此，本案案结事了。

四、案例评析

本案的争议焦点集中在：孟女士（被保险人）是否构成未如实告知，是"故意"未如实告知还是"重大过失"未如实告知，以及甲保险公司据此能否解约拒赔。从保险实务角度出发，前述焦点并不"新鲜"，它们是众多保险纠纷中显示出的"通病"，这与我国《保险法》第 16 条较为原则笼统的规定相关。

《保险法》第 16 条的规定，赋予了保险人在投保人"故意"未如实告知的情形下的解约拒赔权，即是"全不赔"的法律依据；也赋予了保险人在投保人"重大过失"未如实告知的情形下的解约权，但因"因果关系"的限制而无拒赔权，即是"全赔"的法律依据。

因此，《保险法》第 16 条较为原则笼统的规定，就留给了司法裁判者很大的自由心证空间，但却也让保险人在保险理赔处理中左右恍惚，稍有不慎即会引来非议，有损保险业的声誉。

五、本案启示

在保险行业的实务作业中，如何遵循保险法上的"最大诚信原则"这一基本原则，如何将之与我国目前宣导的社会主义核心价值观中的"诚信"保持一致的价值取向，在"保险姓保"的倡议要求下，是需要整个保险行业认真思索、认真规范的，也需要广大的投保人、被保险人在法治规则引领下理性投保，只有如此，保险市场才能有序稳妥地发展和繁荣，但这些都有赖于以法院为主体的司法机关予以正确的引导，树立正确的价值取向标杆，适度地进行创新发展。

当然，在目前的法律规制下，保险人的合规、内部稽核要求等，因"比例赔付"方式具体的尺度把握以及涉及的法律关系并不明确，势必在实务运作中会遇到较多的问题。因此，如何在制度上确立"比例赔付方式"的合规性、标准化等问题是亟待解决的。笔者认为可以从以下几个方面着手进行。

（一）应明确"比例赔付原则"的法理基础

按照我国《保险法》第 16 条的规定，保险人面临的就是"解约"与"赔付"，那么可否在一定的条件下，进行必要的保险合同变更呢？结合我国《民法典》中对于可变更可撤销合同的处理规则来看，在意思表示不真实的情况下，法定变更是不适用的，但是在合同双方在基于利益对等的妥协时并不排斥进行协商变更，当然该等变更应不涉及存在欺诈和重大误解的情形。

因此，若赋予保险合同中的当事人——投保人（被保险人）和保险人根据未履行如实告知的后果，分类考量义务履行及后果的程度，协商达成保险合同的变更应是符合法律规定的。这也是确立保险人在行使比例赔付时合法地位的法源。

（二）使用比例赔付方式时，保险人应注意自身的举证责任

保险人在准备使用比例赔付方式前，应就已掌握的投保人未履行如实告知义务的内容进行"二次核保"或"事后核保"，予以明确如果知道未被如实告知的情况下其会作出何种的承保决定选择，这种选择的结果也是决定进行比例赔付的依据。

保险人应为此承担相应的举证责任，同时也相应降低了保险人拒绝赔付的可能性，进而保护投保人或被保险人的利益。

（三）比例赔付的"标准化"建设，应注重公开化与客观化

保险人是保险合同的制定者，属于保险的专业人士，更应注意投保人（被保险人）在比例赔付时的权益保障，以免落入"以强欺弱"的非议。因而为防止保险人单方主导赔付，必须对保险人的行为进行有效监督规制，做到比例赔付的标准明确、细致，并以消费者认可的方式公开。

除此以外，通过对典型的司法案例的分析、演绎，可以在我国法治化建设的要求下，弥补某些法律制度细节的疏漏。另外，通过对典型案例开展普法宣传教育，可以降低比例赔付时涉及的法律关系复杂化所带来的不确定性与高成本，还可在司法实务中形成社会共识。

浅析车辆停运损失能否获得
保险理赔

李虎广*

一、问题的提出

原告某公司为其所有的货车在被告某保险公司处，投保了交通事故责任强制险、车辆损失险及商业第三者责任险。其中车损险保险金额为 203 000 元。保险期间内，原告方驾驶员江某驾驶被保险车辆沿国道由南向北行驶，因过度疲劳不慎撞到停在前方等待绿灯的货车的尾部，后货车又撞到红绿灯杆，致使车辆损坏。驾驶员江某、陈某及乘客唐某受伤。经交警部门认定，驾驶员江某负事故全部责任，陈某、唐某不承担责任。事故发生的当日，被保险人及时报险。被告方委托公估公司进行定损，定损人员在定损过程中仅按车辆进行维修的标准拟核定车损金额为 50 000 余元，且被告亦未能举证证明保险

---

* 作者简介：李虎广，江西省吉安市中级人民法院民二庭副庭长，华东政法大学经济法学硕士。

人及其委托的公估机构在定损过程中就被保险车辆已经达到推定全损标准，应按出险时车辆的实际价值理赔等事宜向被保险人进行说明。双方就被保险车辆的定损问题未达成一致意见，原告向交警大队出具鉴定申请书，委托价格论证中心对车损进行鉴定。鉴定机构出具的鉴定书载明的被保险车辆车损为 74 944 元。另法院查明，投保人未在投保单上签字，被告亦未能举证证明其对保险人免责条款向投保人履行了明确说明义务。事故发生后，经交警部门调解，原告赔付各项费用合计 46 646 元，另分别赔付驾驶员江某 17 776.16 元、乘客唐某 12 863.54 元。另外，货车作为原告的营运车辆，因被告长期（长达 67 天）不能定损，致使原告无法与修理厂结算、无法提车、无法理赔，给原告造成了多达 201 000 元的停运损失。原告据此向被告索赔未果，遂诉至法院，请求判令被告给付原告理赔款 146 646 元，判令被告赔付原告停运损失 201 000 元，并承担本案诉讼费用。被告保险公司辩称：对双方之间的保险合同关系、交通事故的发生不持异议。但认为，根据双方签订的车损险保险合同第 6 条第 8 款的规定，被保险车辆停运损失不属于保险责任范围，且投保人在投保车损险时，未投保附加险——车辆停驶损失险。因此不应对被保险车辆的停运损失进行理赔。

本案涉及车辆停运损失能否获得保险理赔的问题。一般认为，车辆停运损失是指营运车辆在道路交通事故中发生车辆的损坏，被损车辆在修复期间，因车辆无法进行正常运营而造成受害人的经济收入的减少。在交通事故中，由于被损车辆的定损往往需要一定的时间，此期间产生的停运损失构成受害人损失中相当大的一部分。对于该部分的损失能否获得赔偿，保险公司的通行做法是，认为停运损失是间接损失，不属于保险责任范围，因此，不对受损车辆的停运损失进行赔偿。但是，停运损失能否获得保险理赔，并非一个简单的问题，其涉及到保险人是否存在延迟定损、免责条款效力以及车损险与三责险中停运损失应区别对待等问题。以下笔者将从这些方面出发，对停运损失能否获得保险理赔这一问题作一些思考。

二、保险人延迟定损情况下的停运损失问题

责任核定即通常所说的"定损"，是保险理赔工作的主要内容，也是保险人的法定义务。保险事故发生后，保险人在接到报险后，应当根据保险人或者受益人提供的证明材料和自己掌握的情况，及时作出责任认定。我国保险法对此作了全面的规定。《保险法》第23条规定，保险人收到被保险人或者受益人的赔偿或者给付保险金的请求后，应当及时作出核定；情形复杂的，应当在三十日内作出核定，但合同另有约定的除外。保险人未及时履行前款规定义务的，除支付保险金外，应当赔偿被保险人或者受益人因此受到的损失。保险合同是调整投保人、被保险人与保险人之间权利义务的规范。双方应当按照保险合同的约定履行义务，享受权利。在保险人履行的义务中，不但包括保险人应当及时给付保险赔偿金的义务，还包括保险人应当及时履行定损的义务。《保险法》第23条，以法定的形式将保险人及时定损义务加以规定，目的就在于当保险合同未对保险人及时定损义务作出规定时，对投保人和被保险人给予保护。保险人及时定损是保险人的一项合同义务，如果保险人未履行该义务时，保险人就应当承担违约责任。

上述案件中，被保险人在事故发生的第一时间即向保险公司报险，但保险公司却未能在法定的时间内进行定损，因此，保险公司应当就其未及时履行定损义务给被保险人造成的损失承担赔

偿违约责任。

接下来的问题是保险公司赔偿的范围是什么？是否包括被损车辆的停运损失？对于这个问题，司法实践中存在两种不同的观点：第一种观点认为，在保险损害补偿原则下，保险一般只对直接损失进行赔偿，因此，只需赔偿保险公司延迟定损所造成被保险人的直接损失，如交通费的额外支出与延迟给付利息；第二种观点认为，除上述直接损失外，保险人还应当赔偿原告的停运损失。持第二种观点的学者，从合同法的理论出发，认为根据合同法的相关规定，当事人一方不履行合同义务或者履行义务不符合约定，给对方造成损失的，损失赔偿额应当相当于因违约造成的损失，包括合同履行后可以获得的利益；但不得超过违反合同一方订立合同时预见到或者应当预见到的因违反合同可能造成的损失。运营车辆停驶必然导致停驶损失，保险人在签订运营车辆的保险合同时应当能够预见。因此，根据保险法和合同法的上述规定，保险人对因其延迟定损的违约行为造成被保险人的停运损失，应当承担赔偿责任，即使被保险车辆未投保停驶损失险。❶

笔者赞同第二种观点。根据合同法原理，当一方当事人没有合法理由而未能全面、适当地履行其合同义务，应当赔偿对方因此而遭受的损失。对于赔偿损失的范围，我国《民法典》第584条规定为"相当于因违约所造成的损失，包括合同履行后可以获得的利益；但是，不得超过违约一方订立合同时预见到或者应当预见到的因违约可能造成的损失"。保险人延迟定损必然导致投保车辆不能及时投入运营，造成停运损失，保险人与投保人在签订合同时，对此是可以预见的。因而，将保险人因延迟定损给被保

---

❶ 邢嘉栋：《保险人延迟定损应赔偿运营车辆的停运损失》，载《人民法院报》2011年7月6日，第7版。

险人造成损失的赔偿范围延伸至车辆的停运损失是有法律依据的。这也符合新修订的《保险法》促使保险人及时定损理赔精神的要求。

三、车损险与三者险中停运损失理赔问题

停运损失能否获得理赔的另一个关键问题是，停运损失是否属于保险责任范围。通过研究，笔者认为，停运损失是否属于保险责任范围，能否获得保险理赔，在车辆损失险与商业第三者责任险中是不同的，我们应当加以区别对待。

一般认为，车辆损失保险即车损险是指，保险车辆遭受保险责任范围内的自然灾害或者意外事故，造成保险车辆本身损失，保险人依照保险合同的规定给予赔偿的一种保险。可以看出，车损险关注的是车辆本身的损失，不包括车上货物及停运损失等间接损失。这符合间接损失不予赔偿的保险原理与保险法损害补偿原则的精神。

在商业第三者责任险即三者险中，如果第三者车辆为运营车辆的话，同样存在停运损失能否获得保险理赔的问题。此时，保险人是否能像车损险一样，认为，保险公司只对被保险人给第三人造成的人身和财产的直接损失进行赔偿，而不对其间接损失即车辆停运损失进行赔偿？为了更好地进行探讨，笔者将结合实际的案例进行讨论。

被告某运输公司对其所有的豫 N 货车在被告某保险公司投保了商业第三者责任险。保险合同条款载明"下列损失和费用，保险人不负责赔偿：1. 被保险机动车发生意外事故，致使第三者停业、停驶、停电、停水、停气、通讯或者网络中断、数据丢失、电压变化等造成的损失以及其他各种间接损失……"保险期间内，

被告某运输公司驾驶员赵某驾驶被保险车辆豫 N 货车沿 209 国道由北向南行驶，行至 209 国道 929 km 处时，与相向而行原告黄某驾驶的大货车相撞，造成原告黄某受伤、两车损坏的交通事故。事故发生后，公安交警部门认定被告某保险公司驾驶员赵某承担事故全部责任，原告黄某不承担责任。司法鉴定中心对原告黄某的大货车受损情况及修复费用进行鉴定，鉴定结果为大货车的修复费用为 55 075 元。从事故发生次日至鉴定结论出来之日，原告黄某大货车停运共计 80 天，根据原告所提交的货物运输合同、结算凭证等有关证据，证明原告黄某正常运营时月均 25 天（趟），趟均 1 000 元，故停运损失共计 80 000 元。原告黄某诉至法院，要求被告某运输公司与被告某保险公司赔偿其车辆损失、施救费、停车费及车辆停运损失费共计 157 175 元。另外，经法院查明，被告某保险公司与被告某公司在订立商业第三者责任险投保单时，就商业第三者责任险的免责范围，虽在投保人声明中有相关的记载，但保险公司未就该免责范围向投保人履行明确说明的义务。❶

　　该案涉及的就是商业第三者责任险中第三人黄某运营车辆停运损失能否获得保险理赔的问题。在司法实践中存在这样一种观点，认为第三人的停运损失能否获得保险公司的赔偿，应当根据保险合同的约定来加以确定。保险合同对停运损失是否赔偿有明确的规定。《机动车第三者责任保险条款》第 7 条规定："下列损失和费用，保险人不负责赔偿：1. 被保险机动车发生意外事故，致使第三者停业、停驶、停电、停水、停气、通讯或者网络中断、数据丢失、电压变化等造成的损失以及其他各种间接损失……"因此，第三人的停运损失不属于保险责任范围，保险公司不承担

---

❶　中国保险行业协会：《保险诉讼典型案例年度报告（第三辑）》，法律出版社 2011 年版，第 411 页。

赔偿责任。❶

笔者认为，对于商业第三者责任险（以下简称三者险）中，第三人车辆的停运损失能否获得保险理赔，不应当简单地依照保险合同中是否将停运损失排除在保险责任范围之外，而草率地决定是否应对停运损失进行赔偿。我们首先应当明确三者险中，被保险人的保险利益为何，保险人在保险合同中将停运损失排除在保险责任范围之外是否为免责条款，该免责条款是否应当履行明确的说明义务等问题。只有在对这些问题进行思考之后，我们才能对三者险中第三人的停运损失能否获得赔偿作出明确的回答。

根据我国《保险法》第65条第4款规定："责任保险是指以被保险人对第三者依法应负的赔偿责任为保险标的的保险。"三者险属于责任保险中的一种，其是指以机动车驾驶员在使用车辆过程中发生意外事故，致使他人遭受人身伤亡或者财产损失，被保险人应负的相应民事责任为保险标的的一种保险。其主要保障的是当被保险人承担民事责任时，可将其民事责任转移于保险人。因此，我们要判断第三者被损车辆的停运损失是否属于三者险的保险责任范围，就应当明确停运损失是否属于被保险人对第三人所应承担的民事责任。

针对吉林省高级人民法院请示的人民法院在审理交通事故损害赔偿案件中机动车辆被损后修复期间的停运损失是否给予赔偿的问题，最高人民法院于1999年2月11日公布了原《关于交通事故中的财产损失是否包括被损车辆停运损失问题的批复》（法释〔1999〕5号），该批复规定："在交通事故损害赔偿案件中，如果受害人以被损车辆正用于货物运输或者旅客运输经营活动，要求

---

❶ 中国保险行业协会：《保险诉讼典型案例年度报告（第三辑）》，法律出版社2011年版，第414页。

赔偿被损车辆修复期间的停运损失的，交通事故责任者应当予以赔偿。"根据上述司法解释的规定，交通事故责任者，应对受害人的停运损失进行赔偿，停运损失是其所应承担的民事责任。由此观之，被保险人造成的停运损失责任为三者险中被保险人的保险利益。因此，从法理上讲，停运损失属于三者险的保险责任范围。然而，投保人与保险人签订的保险合同中，保险人往往将停运损失排除在保险责任范围之外，以免除其承担停运损失的保险责任。

保险合同作为一种商事合同，通常情况下以格式合同的形式出现。由于订约双方信息不对称，双方地位的强弱也有分别。这种情况下，应当加强对弱势方也即投保人和被保险人的保护。因此，我国《民法典》和《保险法》中都有对格式条款的特殊规定。我国《民法典》第 496 条规定："采用格式条款订立合同的，提供格式条款的一方应当遵循公平原则确定当事人之间的权利和义务，并采取合理的方式提示对方注意免除或者减轻其责任等与对方有重大利害关系的条款，按照对方的要求，对该条款予以说明。"我国《保险法》更进一步要求，保险人应当主动对免责条款履行说明义务。《保险法》第 17 条规定："订立保险合同，采用保险人提供的格式条款的，保险人向投保人提供的投保单应当附格式条款，保险人应当向投保人说明合同的内容。对保险合同中免除保险人责任的条款，保险人在订立合同时应当在投保单、保险单或者其他保险凭证上作出足以引起投保人注意的提示，并对该条款的内容以书面或者口头形式向投保人作出明确说明；未作提示或者明确说明的，该条款不产生效力。"

　　三者险中第三人车辆停运损失为被保险人（交通事故责任者）对第三人所应承担的赔偿责任，根据保险利益原则和责任保险的原理，该损失本应当由保险人进行理赔，但是保险人通过免责条款的方式，将该责任排除在保险责任范围之外。此时，应当根据《保险法》第 17 条的规定，对保险人是否履行了说明义务进行审查。如果保险人与投保人在订立保险合同时，就该条款向投保人或者被保险人履行了明确的说明义务，那么该条款对双方具有约束力，但如果保险人就该条款未与被保险人履行说明义务，该免责条款将不产生效力，保险公司应当对第三人的停运损失进行理赔。上述案件中，根据法院查明，被告某保险公司与被告某公司在订立商业第三者责任险投保单时，就商业第三者责任险的免责范围，虽在投保人声明中有相关的记载，但保险公司未就该免责范围向投保人履行明确说明的义务。因此，被告某保险公司应当对原告黄某的车辆停运损失进行理赔。

四、结语

　　在交通事故中，当被损车辆为运营车辆时，停运损失构成其损失中的很大一部分。停运损失能否获得合理的处理，关乎被损车辆受害人的利益，也关乎保险公司的利益。保险合同与保险法是平衡双方利益的依据。及时定损是保险公司的一项法定的义务，也是保险合同的应有之义，因此，保险公司未能及时定损给被保险人造成损失，就应当承担相应的违约责任。在车辆损失险中，停运损失不属于保险责任范围，也不存在为停运损失约定免责条款的问题，因此，车损险中停运损失不能获得保险理赔；但在商业第三者责任险中，停运损失为被保险人对第三人所应承担的民事责任，保险公司在保险合同中却以免责条款将其排除在保险责

任范围之外。虽然，被保险人的责任不一定就是保险责任，但保
险公司在约定免责条款时，应当履行明确说明的义务，以使被保
险人认识到其哪些责任不属于保险责任。若保险公司未就该免责
条款向被保险人或者投保人履行明确说明的义务，那么该条款就
具有约束力，保险公司就应当承担相应的责任。

保险欺诈的风险防范及处理

——以车辆保险欺诈为路径

尤冰宁 *

保险是通过建立合同把保险费集中起来作为风险基金，来赔付或补偿给投保人、被保险人或者受益人因自然灾害、意外事故或疾病造成经济损失的一种行为。保险行业作为集众人之力分散风险的行业，发挥着"一人为众，众人为一"的社会保障功能。保险欺诈是指利用或假借保险合同通过欺诈等手段骗取保险金的行为，主要有保险金诈骗、非法经营保险业务、保险合同诈骗等。保险欺诈不仅侵害保险人的权益，也侵害保险消费者的权利，其所带来的逆选择将严重破坏社会诚信，影响到保险业的健康发展和社会安全稳定。因此，保险欺诈已成为国际保险业非常关注的一个问题。本文旨在对国内近年来保险欺诈的现状进行梳理和分析，并以车

* 作者简介：尤冰宁，华东政法大学法学博士，现为厦门金圆集团法律事务部总经理。原载于《上海保险》2018 年第 3 期，收录于本书时作了部分修改。

险欺诈为切入点，总结常见车辆保险欺诈类型及特点，借鉴国外先进经验，提出建立我国反诈保风险防范体系。

一、我国保险欺诈的现状

根据中国理赔网的不完全统计，从 2005 年 3 月至 2006 年 3 月，保险欺诈案例共计 66 例，平均每月 5.5 起。另据业内专家估计，我国保险诈骗金额占赔付总额的 20% 到 30% 之间而全球此比例仅为 15%。❶ 近年来，保险欺诈案件更是显现出逐年快速上升的趋势。

（一）2013 年山东省保险欺诈案件情况

从原中国保监会山东监管局关于 2013 年涉嫌保险欺诈案件情况的通报数据显示（见表 1）：

表 1　山东保险业 2013 年涉嫌保险欺诈案件情况

涉案对象			业务类型			涉案金额			挽回损失		
类别	件数	占比	类别	件数	占比	类别	件数	占比	类别	金额	占比
个人	4 745	85%	财产险	5 540	99%	5 万元以下	4 699	84%	公司自行挽回损失	1.11 亿元	57%
单位	854	15%	人身险	59	1%	超过 100 万	8	9%	通过公安等部门	0.85 亿元	43%

山东省 2013 年发生涉嫌保险欺诈案件 5 599 件，同比增长 189%，涉案金额 1.97 亿元，同比增长 48%。业务险种主要涉及车险、企财险、意外险和健康险。其中，车险为保险欺诈案件的高发险种，具有涉嫌案件数量多，单笔案件金额小的特点，车险

---

❶　郭春燕：《国内外保险欺诈研究现状分析》，载《兰州学刊》2006 年第 9 期。

欺诈案件 5 366 件，占比 96%，案件数量为 2012 年的 2.87 倍，涉案金额 1.62 亿元，占比 82%。欺诈方式主要是保险金诈骗类欺诈，案件数量为 5 595 件，涉案金额 1.96 亿元，占案件总数和涉案总金额的比重均超过 99%。该类案件中主要的是编造虚假的事故原因，其金额占比和件数占比均为最高，分别占案件总数的 39%，占涉案总金额的 49%。车险案件中件均金额最高的是酒驾找人顶替案件，件均 4.73 万元。单件涉案金额最高的是一起意外险保险金欺诈案件，涉案金额 50 万元。2013 年，山东保险业打击保险欺诈行为挽回损失 1.95 亿元，挽回损失率为 99%，较 2012 年提升 40 个百分点。其中，保险公司自行挽回损失 1.11 亿元，占挽回损失的 57%；通过公安部门配合（未立案）追回损失 0.75 亿元，占挽回损失的 38%；通过公安部门立案追回损失 0.1 亿元，占挽回损失的 5%。❶

（二）2017 年陕西省保险行业协会通报保险欺诈的情况

根据陕西省保险行业协会通报，2017 年上半年陕西保险业涉嫌保险欺诈案件如表 2 所示。

表 2　陕西保险业 2017 年上半年涉嫌保险欺诈案件情况

类别		数量	金额（万元）	备注
险种	车险	1 243	4 318.41	占比 96.73%，总量大、涉案金额小
	其他			企财/货运、健康/意外险，环比明显增加，案均 30 万元

---

❶ 张福存：《保险欺诈风险防范对策研究——以山东省为例》，山东大学 2017 年硕士学位论文。

续表

	类别	数量	金额（万元）	备注
单位	财险 22 家	1 284	5 677.89	根据陕西保监局、陕西省公安厅联席会议建立的"大数据＋警保协作"新机制，陕西省保险行业协会向公安部门移交涉嫌保险诈骗专案专报案件 6 起，业内风险查询 4 次，疑似车险欺诈案件的理赔信息风险查询 5 次
	人身险 1 家	1	2.18	
	总计	1 285	5 680.07	案件数量同比增长 52.07%；金额增长 45.43%

从陕西省保险协会通报的数据来看，车险成了保险欺诈的重灾区，车险案件 1 243 件，占比 96.73%。车险领域呈现总量大、涉案金额小的特点。而企财险/货运险、健康险/意外险环比明显增加，案均 30 万元。

造成保险欺诈案件数量逐年上升，且车险成为重灾区的原因有多方面。一是车险投保率高。根据中国消费者协会近几年的统计，保险投诉一直处于各类投诉的前十名，其中车险投诉更为突出。车险不仅是保险投诉的多发领域，也是保险欺诈的多发领域。二是高额赔偿金的诱惑。三是保险公司在承保、理赔等关键环节管控不严，未建立科学的反保险欺诈识别体系，对于一些疑似案例因考虑到核查成本及无法查实带来的负面影响，从而停止调查，纵容了诈保行为。四是我国法律对于保险欺诈的犯罪主体、罪名界定和处罚措施等方面没有明确规定，保险公司对一些诈骗未遂的行为只是采取解除保险合同或拒赔等手段解决，欺诈者没有得到相应的惩罚；对于一些已识别但未进入刑事程序的保险欺诈案件，因公安、检察院、法院三部门各管一段，相互配合、协同打击保险欺诈的体系未能建立，案件无法进入刑事程序，导致这些案件往往以保险公司举证不足而败诉，助长了诈保人的嚣张气焰。

二、车辆保险欺诈类型及特点

1992 年，在蒙特利尔大学召开的国际保险学术会议上，对保险欺诈（Insurance Fraud）作出如下界定："保险欺诈是一个故意利用保险合约谋取利益的行为，这一行动基于投保方的不正当目的。"国际上通常根据性质将保险欺诈分为保险硬欺诈（Hard Fraud）和保险软欺诈（Soft Fraud）两种。保险硬欺诈是指投保方在保单承保的范围内，故意编造或制造保险事故；保险软欺诈，有时称之为机会欺诈，是指投保方夸大合法的索赔。❶

2014 年 5 月 20 日，中国保险行业协会正式发布了 2014 年十起反保险欺诈典型案例：（1）设局杀妻、骗取高额保险赔偿；（2）修理厂老板盗用客户信息虚构保险事故，骗取高额保金；（3）银保经理冒用客户名义，骗取保单贷款；（4）隐瞒标的受损事实，先出险后投保船舶建造险诈骗；（5）故意焚毁自有车辆，骗取高额保金；（6）篡改检查报告，夸大损伤程度，骗取高额赔付；（7）高空坠楼致死，伪造交通事故骗保；（8）医护人员利用职务之便，虚构住院事实进行保险欺诈；（9）多人团伙分工合作骗保；（10）酒后驾车互撞，合谋顶包骗保。该十起案例中属于故意编造或制造保险事故的有九起，属于夸大索赔的只有一起，即篡改检查报告，夸大损伤程度，骗取高额赔付，说明保险硬欺诈是目前保险欺诈中

---

❶ 叶明华：《构建我国机动车保险欺诈识别的指标体系》，载《保险研究》2010 年第 4 期。

较为典型且危害较为严重的欺诈类型。上述案例中涉及车险的有 5
起，说明车辆保险欺诈是保险欺诈的多发领域。

2015 年，在辽宁保监局指导下，辽宁保险业开展了"安宁行
动"，省市行业协会与公安部门联动共同建立反保险欺诈联合机
制，成效显著。为切实加大行业反保险欺诈工作成果宣传力度，
有效防范化解保险欺诈风险，辽宁省保险行业协会开展了 2016
年十大反保险欺诈典型案例评选。在 2017 年发布的 2016 年辽宁
省十大保险欺诈典型案例中：（1）故意制造交通事故、利用老旧
车型，故意制造理赔事故；（2）故意撞毁车辆；（3）宝马 X6 故意
碰撞案；（4）故意制造事故，产寿险通吃；（5）自导自演大货车
撞法拉利跑车骗保案；（6）自编自导宝马车被盗骗保案；（7）车
辆三者险死者家属隐瞒已流产事实骗保案；（8）玛莎拉蒂换驾案；
（9）车险换驾逃逸欺诈；（10）理赔人员调查确定户口性质减损
30 余万元。入选案例有九件是车险，一件是第三者责任险，均与
车险有关。其中属于保险硬欺诈的有九件，只有隐瞒被害人农村
户口身份以城市户口获赔，后经理赔人员调查确认后，双方和解，
减损 30 余万元的一件案例属于软欺诈，亦说明了保险硬欺诈的危
害及车辆保险欺诈的严重性。

（一）车辆保险欺诈的类型

从各省的数据和资料显示，目前车辆保险欺诈是保险欺诈的
重灾区，而且浮出水面的大多是故意制造保险事故的保险硬欺诈，
行为特别恶劣。综合上述案例范本，笔者对车辆保险欺诈类型和
特征归类如下。

（1）故意制造保险事故。即被保险人或投保人人为制造保险
事故，造成损失或人身伤害，以骗取保险金的行为。在 2014 年中
国保险行业协会发布的十大典型案例中，多人分工合作骗取保险

公司保险金是典型的故意制造保险事故的案件。而 2016 年辽宁省十大保险欺诈案例中前六件即均是此种类型。

（2）事后投保。汽车已经发生事故，而车主在这之前并没有为汽车投保，但是为了获得赔偿金，在此后投保，并且伪造事故发生在投保时间之内，从而获得理赔。

（3）编造虚假的事故成因。伪造事故，对未发生的事故向保险公司求偿，或虚构保险事故或将原不属于保险责任范围的事故，通过编造事故的虚假原因隐瞒真实情况，变成保险责任范围内的事故。如 2014 年中保协十大案例中的"高空坠楼致死，伪造交通事故骗保"一案，乔某向公安机关报案称，张某驾驶车险将骑车人徐某撞伤。保险公司出现场时发现徐某已死亡，交警大队处理时发现，徐某死前做过手术，系在拆迁过程中从厂房四楼坠楼重伤，并送医院抢救无效死亡，抢救期间家属与乔某达成赔偿 45 万元的协议。为减少损失，乔某伙同张某等人编造该交通事故，骗取保险赔款。

（4）提供虚假的事故材料。指投保人、被保险人或者受益人通过向保险人提交虚假的事故理赔证明材料等骗取保险金的一种行为。如涂改住院票据，虚报赔付数额等。如 2016 年辽宁省十大保险欺诈案例中，车辆三者险死者家属隐瞒被保险人已流产的事实，骗取胎儿抚养费。

（5）故意隐瞒重要信息。投保人、被保险人或者受益人在签订保险合同或履行过程中，没有履行如实告知义务，故意隐瞒保险标的真实情况，而使保险人（保险公司）不能正确判断保险标的的风险状况等。如酒后驾驶、吸食毒品、无证驾驶等。

（6）重复获赔。投保人或被保险人通过多处投保，获取多份赔偿，造成重复索赔的现象。

（二）车辆保险欺诈的特点

综合典型的车辆保险欺诈案例，可以发现属于保险软欺诈的比较少，多发的是保险硬欺诈，出现了职业保险诈骗团伙，显现出更加专业化、职业化、团体化的趋势。这些车辆保险欺诈呈以下特点。

（1）团伙诈骗。目前我国车辆保险欺诈呈现专业化、职业化、团体化的发展趋势，犯罪分子发展成职业诈骗分子，他们了解保险理赔漏洞，知道事故类型的索赔方式，善用现代信息技术手段，逐渐发展为专业化、职业化的团伙，诈骗手法不断翻新，与时俱进；诈骗不再局限于个人单干，而是有组织、有分工地合作，形成诈骗团伙。如2016年辽宁省十大反保险欺诈典型案例"故意制造交通事故、利用老旧车型，故意制造理赔事故"的案例中，以何某某等人为首的保险欺诈团伙即采用车辆两两出行，或在经常发生违章行驶车辆的路段蹲坑。一旦发现有违章行驶的车辆，故意加速与其碰撞，经交警认定无责的情况下要求公司赔偿。在使用副厂件（非汽车生产厂家授权的厂家生产的配件）、拆车件（二手车或报废车上的零部件）简单修理后，以同样的手法多次故意制造上述事故，以达到骗取保险赔款的目的。该团伙在2016年1—6月，仅在中国人保财险公司一家利用老旧车辆，以第三者身份制造交通事故16起，累计获取赔付修车费10多万元。经调查，该团伙还在平安、太平洋、华泰、永安、阳光财险等公司多次实施诈骗活动。初步统计，该团伙2015年1—6月累计作案39起，骗取保险赔款18.8万元。另一以崔某某、倪某某等为首的多人诈骗团伙或以老旧车型与违章行驶车辆碰撞，或以奔驰、奥迪等名贵车型追尾大货车、公交车，或倒车、单方故意碰撞障碍物等多种手法，导致标的车、第三者车辆严重受损，制造大额骗赔案件。

据对线索案件的统计，几年来累计作案 20 余起，累计诈骗金额 153.70 万元。

（2）有多次同类出险记录。在已有对车险保险欺诈识别指标的研究中显示，"已有索赔次数"对保险欺诈的识别有影响，过往的索赔次数越多的被保险人越容易实施保险欺诈，这可能和被保险人索赔次数多，对保险公司索赔流程较为熟悉，对保险公司在单证审核方面较为了解，可以更隐蔽地实施保险欺诈有关。在 2016 年辽宁省十大典型反保险诈骗案例中，宝马 X6 故意碰撞案的驾驶员有多次出险历史，曾发生过类似单方事故，并经保险公司赔付。警方根据同一驾驶员、同一投保地点、出险地点相近，均为本地承保，异地出险；保险标的均为二手车，保险价值较高；且均是车辆损失严重，无人伤，通过多方调查，查明被保险人伙同驾驶员等 4 人利用二手高端车进行保险诈骗的犯罪事实。

（3）诈骗车型多为老旧高档车型。根据保险欺诈识别指标研究，出险时车辆的"使用年限"具有显著相关性，被保险车辆使用年限越久，被保险人越倾向去实施保险欺诈。这主要基于以下动因：一是被保险车辆接近满期报废状态，被保险人有过欺诈获取购买新车费用的动机；二是被保险车辆即将到期，意味着保险合同通过提高下期保费的激励——约束机制即将失效。在 2016 年辽宁省十大典型反保险诈骗案例中的盘锦地区团伙保险诈骗案，即是利用购买老旧豪华车辆，在夜间或雨雪天驾驶车辆，选择偏僻处的树木、桥墩、石墩等物体，使车辆故意发生碰撞，制造事故，在多地作案，骗取保险金。仅涉及人保财险盘锦市分公司的案件就有 29 起。

通过以上的数据统计及分析可以得知对保险欺诈的防范和治理已经到了刻不容缓的地步。尽早对保险欺诈防范和治理将及时地防止保险公司损失的扩大。调查资料显示，美国保险欺诈犯罪防治的投入产出比为 1 : 27，意味着在防保险欺诈犯罪上，每投入 1 美元可挽回 27 美元的损失。为提高行业反保险欺诈能力，更好地保护保险消费者合法权益，提升保险行业抗风险能力，树立保险行业诚信经营的良好形象，原中国保监会 2012 年通过《关于加强反保险欺诈工作的指导意见》，对反保险欺诈工作进行指导。同时，原保监会负责人强调将进一步加大反欺诈组织机构、专业人员、专门资金、信息化建设等方面的支持和投入力度，着力构建加强反保险欺诈工作的长效机制。

三、建立我国反诈保风险防范体系

保险欺诈的风险防范是一项系统工程，单靠保险业自身力量是解决不了的，需要社会各部门的协同解决。近几年，保险协会、保险公司、司法机关通过建立反诈保体系，对保险欺诈行为给予了一定的打击。然而，相对目前保险欺诈的现状，还有待社会各部门在社会诚信领域、司法服务领域对保险欺诈进行协同合作，举全社会之力共同打击保险欺诈行为。

（一）树立诚信意识

目前社会公众对保险欺诈的认识较为模糊，一些人认为出险时夸大保险损失，带病投保等行为不是骗保，应该获得正常理赔。英国市民诚实度调查显示，37% 的市民认为夸大和虚构索赔欺诈保险公司是可以接受的，并且一部分人不排除未来有此行为。引导保险消费者树立诚信意识，对保险欺诈实行零容忍，对杜绝故意制造事故的保险硬欺诈，减少夸大保险索赔的软欺诈非常重要。保险领域各个险种覆盖的风险范围不一样，保险的险种、费率、保费也不一样。投保人、被保险人并非专业人员，若在投保时不能清晰知晓自己所投险种的风险与收益，必然对日后夸大和虚构索赔埋下伏笔。因此，保险公司除了自身不能进行销售误导之外，在承保时应当向投保人澄清各险种之间的差异及承保的风险，在保险经营过程中，注意提示诚实索赔的重要性及保险欺诈的法律后果，引导保险消费者对保险欺诈的危害性进行正确认识，树立诚信投保、诚信索赔的意识。

（二）建立风险内控制度

（1）完善保险条款。目前国际上对保险欺诈的定量研究主要有保险欺诈的测量（fraud measurement）、保险欺诈的识别（fraud detection）和保险欺诈的防范（fraud deterrence）。保险欺诈的测量是要衡量保险市场上的欺诈情况，而保险欺诈的识别和防范则是保险公司对待索赔欺诈的两种对策研究，前者主要是基于对索赔数据的统计分析产生能够有效识别欺诈的应用策略；相应后者主要是保险契约的理论研究或者是保险公司资源重新配置（measure relocation）问题，以及对最优审核策略的性质进行预测以制止索赔欺诈的发生。❶ 保险欺诈的防范必须从一开始就杜绝欺诈的发生，为此，要在保险契约中制定必要的条款防止索赔人欺骗保险公司。理论研究领域重视寻找最佳的审核策略，主要运用委托代理人的经济学理论假设保险人在收到任何索赔之前已经设计了审核方案。❷ 如此设计可以使保险人在保证总成本（保险公司的赔偿与审核成本之和）最小，设计既能维护被保险人利益，又能抑制被保险人欺诈动机的保险条款。

（2）加强保险公司内部管理。保险公司要规范投保、核保、

---

❶ 郭春燕：《国内外保险欺诈研究现状分析》，载《兰州学刊》2006 年第 9 期。
❷ 郭春燕：《国内外保险欺诈研究现状分析》，载《兰州学刊》2006 年第 9 期。

理赔等业务操作流程，加强保险从业人员的培训教育和督查，做好内控，防止"监守自盗"，杜绝内外勾结骗赔事件的发生。

（3）建立反诈保识别系统数据库，提升保险人员的反诈保素质。保险历史数据对未来预测和启示作用是至关重要的。分析保险欺诈的一个主要问题是缺乏关于欺诈方式和范围领域的系统性信息，索赔人不会向保险人说出他们是如何向保险公司成功骗保的，而保险人也不愿意在反欺诈这方面显示出自己的不足与短板，与同行分享更多的信息。保险数据匮乏是导致我国保险欺诈研究比较薄弱的原因之一。因此，建立科学的反诈保识别系统数据库至关重要。可以考虑配备反诈保研究分析人才，对保险欺诈案例进行认真分析，从中提取有用的欺诈标识字段建立保险欺诈案例数据库。这些人员要求具备人力资源、数据挖掘技术、保险外部顾问、统计分析技术和监测系统等方面的知识和能力，能够利用计算机软件、预设变量、统计学、数学分析技术和地理数据绘图等方法建立自动识别模型从而助力保险公司的保险理赔及其反欺诈。

（三）建立多部门、跨地区协同的反诈保体系

（1）建立信息共享平台。目前保险公司之间没有建立行业信息共享平台，信息共享机制的缺失为被保险人多人、多次在多家保险公司之间欺诈提供了便利，建立行业信息共享平台有利于对保险欺诈进行有效识别，提前进行预防和布控。信息平台可以将保险企业客户资源在互联网上共享，建立健全行业的保险理赔资料库和保险理赔金公布制度，防止重复保险及欺诈者连续作案。同时，在共享平台上建立保险欺诈者黑名单制度，将已有欺诈史或涉嫌欺诈者纳入黑名单管理，并在保险行业内予以通报。

（2）建立举报制度。根据国内学者对美国保险反欺诈体系的

研究发现，美国所采取的社会监督方式对保险欺诈具有良好效果。具体做法是保险反欺诈联盟定期通过广播和电视对保险欺诈的手段、危害和识别特征进行宣传，联合社会公众力量共同监督保险欺诈。❶ 建立举报制度，发动社会力量共同识别保险欺诈是一个很好的路径。

（3）建立全国性专门反保险欺诈机构。制止和杜绝保险欺诈单靠保险公司的力量难以解决问题，必须依靠社会力量通力合作，密切配合，成立由公检法参与的反诈保组织。美国是加强保险欺诈风险防范较早的国家之一，早在 1993 年就已成立保险反欺诈联盟，这是一个全国性的非营利性社会组织，人员由政府执法部门、消费者协会、保险机构、学术机构等多方机构的人员组成，主要工作职责是把全国有关部门和社会各界联合起来，共同做好全国保险欺诈风险的防范和严厉打击工作，每年发布工作情况报告，对保险欺诈案件进行详细分析，加强理论研究等。英国在 1995 年设立反保险欺诈与犯罪局，主要职责是开展打击保险欺诈犯罪活动，制定打击保险欺诈犯罪的工作机制。2012 年，原中国保险监督管理委员会出台《关于加强反保险欺诈工作的指导意见》后，全国各地保险协会在原中国保监会的指导下已开展多方的反保险欺诈工作，包括在各地成立反保险欺诈办公室，但这些办公室属于临时机构，在实操性和协调性上仍然显示出不足，碰到具体的问题仍然有互相推诿的现象存在。有鉴于此，建议我国借鉴英国的制度，建立全国性专门反保险欺诈官方机构，该机构负责进行保险欺诈案例的收集、整理及分析、发布；对平台信息的跟踪、更新；负责区域间或区域内多部门之间的分工和协调；加强打击

---

❶ 叶明华：《构建我国机动车保险欺诈识别的指标体系》，载《保险研究》2010 年第 4 期。

保险欺诈的力度，对于存在保险诈骗犯罪嫌疑的案件，及时移送公安机关侦查，做到有案必立，通力打造对保险欺诈零容忍的环境，建立信息互通、协作便利的反诈保体系。

我国保险行业虽起步较晚，但目前我国保险行业正处于高速扩张期。保险消费者日益增长的高质量、多层次的服务需求与我国保险业粗放的经营模式之间的矛盾日益凸显，这给保险欺诈带来了可乘之机，进一步加深了反保险欺诈工作困难。反保险欺诈工作的开展还有待于进一步地摸索、创新，并进一步规范化、制度化，形成全社会共同参与的长效机制。

责任保险

论双重给付功能构造下责任保险法律制度的重构

方　乐[*]

伴随着风险社会的到来与社会公众对责任保险本质理解的加深，现代责任保险的给付功能不再拘泥于纯粹的损失填补定位，而已经发展为责任免除与权利保护的双重定位。虽然在保险领域，保险功能的实现与相关主体行为边界的界定主要依靠保险人与投保人间的契约协定。然而，私主体间的协定一来往往偏惠一方，合同本身存有正当性的瑕疵；二来，当事方的协商非事无巨细，难对当事人的任意行为提供明确指引。[1] 因此，有必要通过《保险法》为民众提供"开放的标准合同"，继而填补保单条款的漏洞。同理，现代责任保险的双重给付功能虽始于保单条款，且符合保险人、被保险人、受害

　* 作者简介：方乐，上海大学法学院讲师，法学博士，研究方
　　向为保险法。

● 罗培新：《公司法强制性与任意性边界之厘定：一个法理分析
　框架》，载《中国法学》2007 年第 4 期。

人三元主体的最大化利益，但当事人的有限理性会出现在任一契约的订立与履行中，保单条款并不可为责任保险双重给付功能的实现提供有力保障。面对责任保险给付功能的演进，建构相应法制是发挥其应有效能的唯一路径。

一、因应双重给付功能的利益取向

即使保险人、被保险人、受害人三元主体可借由责任保险的双重给付功能达致"共赢"，然各利益主体的立场自始存在分歧。现代责任保险的功能愿景并不能阻抑各主体在现实复杂场景中产生利用优势地位实现自身利益诉求的意图。与此同时，具体法律制度固能以强制力为保障来限制法律主体的选择，可立法者的预见能力与承载立法意图的规范数量均是不完备的。是故，殊有必要在立法的利益衡量层面先予探讨多方主体间利益关系的调节问题，一为具体的制度取舍提供目标指向，二为发挥指导法律解释、助益法律推理和弥补法律漏洞等续造法律的功效。❶

（一）优先保障被保险人与受害人的权益

在三元法律关系中，被保险人与受害人处于毋庸置疑的弱势地位。此种弱势地位系由多重因素共同造成，既有被保险人与受害人无意愿或无能力参与条款制定等主观因素，也有保险合同本身的主体多元、权利交错等客观因素。

详言之，对于被保险人而言，首先，被保险人系保险合同的实际当事人，却并非必然为保险合同的形式当事人。❷ 采大陆法系

---

❶ ［德］卡尔·拉伦茨：《法学方法论》，陈爱娥译，商务印书馆 2003 年版，第254 页。

❷ 吴涵昱：《被保险人法律地位的反思与重构》，载《浙江大学学报》（人文社会科学版）2019 年第 4 期。

之国家往往以三元模式建构保险契约法律关系，即保险人和投保人为保险契约的当事人，被保险人为保险契约关系人。[1] 当被保险人与投保人身份并不重叠时，仅保险标的关涉被保险人人身权益之情形，为防范道德风险，被保险人才有知悉并否定保险契约效力的机会，如我国仅在《保险法》第31条和第34条规定了被保险人的知情同意权。[2] 更多的情形为被保险人权益与保险契约密切相关却无机会参与保险契约订立过程。此时，寄望投保人可设身处地为被保险人审阅、商议、修改合同条款并不真实。其次，即使被保险人亲自介入缔约过程，其是否具备足够意愿审阅、是否具备能力修正不合理条款值得商榷。原因在于，保险合同为保险人制定的高度附和性合同。除非被保险人亦为长期从事保险相关业务的专业人士，否则，保单冗长、内容复杂、充斥专业术语的合同特征会给被保险人设置难以跨越的理解鸿沟，即便保险人已竭力地简化保单内容。[3] 更何况，假定被保险人理解保单条款并企图用拒绝签订保单来达致修改条款的目的，在各保险人保单几近同质化的市场里，此种"威胁"也形同虚设。被保险人有的仅是"要么接受、要么拒绝"的有限自由。最后，保险合同呈现出的"顺序性"结构也加剧了被保险人的弱势地位。包括责任保险在内的所有保险合同均是投保人或被保险人先予履行交付保费义务，保险人在保险事故发生后方具有给付义务。为促使被保险人交付

---

[1] 樊启荣：《保险法》，北京大学出版社2011年版，第39－41页。

[2] 《保险法》第31条规定，投保人为与其不具有特定亲属关系及劳动关系的人投保人身保险的，须经被保险人同意，否则该人身保险合同无效。《保险法》第34条规定："以死亡为给付保险金条件的合同，未经被保险人同意并认可保险金额的，合同无效。"

[3] W. David Slawson, Mass Contracts: Lawful Fraud in California, Southern California Law Review, Vol. 48, 1974.

保费，保险人在销售阶段往往会鼓吹保险人会在保险事故发生时给予被保险人良好关照，使得购买者产生持续依靠保险人的合理信赖，而无暇发现缺乏实质内容的宽泛性理赔条款。[1] 待投保损失真实出现，保险人又可以合同未有规定为由拖赔、惜赔乃至拒赔。此时的被保险人遭受保险事故，生活陷于困顿，也往往不得不屈从于保险人的给付决定。

对于受害人而言，在被保险人作出侵权或违约行为之前，受害人系不特定对象。不特定对象自然无可能以当事人或关系人身份介入保险缔约过程。作为被保险人权益的反射产物，受害人的权益仅能通过被保险人权益的维护而间接受到保全。可正如前文所言，被保险人自身尚无法在缔约过程中保证利益不受侵害，受害人又如何期许被保险人在缔约过程中会自发订入有利受害人救济的条款？在法律未有相应供给的背景下，如果受害人又无法依循契约获取救济途径，则受害人仅能囿于分离原则，被动地等待被保险人对其进行民事赔偿，而无法径直向更具备赔偿能力的保险人寻求索赔。

考虑到保险人系商事主体的本质属性，面对博弈对象的弱势地位，不难预见，保险人在契约订立中或在契约履行中拥有利用优势获取更多盈利的动机，因此需要由保险人之外的力量对其行为进行引导和调整。与此同时，市场自发的引导虽能给予保险人舆论层面的压力，却无法为权益已受侵害的被保险人与受害人提供救济途径。行业组织提供软性约束虽然能调整个体保险人的不适宜举措，然行业组织本即为保险人利益集团的化身，其提供的规制举措并不能彻底摆脱同行的利益诉求。因而，法律制度的完

---

[1] 黄丽娟：《保险人恶意不当理赔的法律规制——从违约责任到侵权责任》，载《法商研究》2016 年第 5 期。

善往往是矫正博弈主体间悬殊地位的最有效路径。事实上，在保险法律制度中，优位保护被保险人一直是规范建构的主基调。以我国《保险法》为例，关涉被保险人共计48条，赋予其包括但不限于保险金给付请求权、人身保险的生效同意权及对同意的撤销权、单方指定或变更受益人权等诸多权利。此种逻辑自应同样贯彻于责任保险法律制度，只不过为回应现代责任保险的双重给付功能，应在责任保险法律制度中将优待对象扩充为被保险人与受害人，并通过实施保险人抗辩义务、赔付义务、受害人直接请求权等具体立法技术实现被保险人与受害人地位的实质修正。当然，将二者优先考虑不免又会引出另一问题：何者应更被优先考虑？对此，"一刀切"地承认一方始终为优的做法并不妥当，域外法律制度与我国相关法律制度的共同逻辑是优先考虑受害人权益的范畴应限定在受害人亟须保护的有限场景。[1] 如英国1930年"第三人权利法案"将受害人直接请求权限定在破产、合并或死亡等情形。又如我国《交强险条例》第1条开宗明义地指出，"保障受害人依法得到赔偿"系立法目的之一。

（二）适度保障保险人的权益

优先保障被保险人与受害人的权益并不意味着在法律制度层面忽视保险人权益的保障。正如前义所述，在"开放的标准合同"中，对保险人设置过于严苛的权益规则，其结果往往会是：要么保险人渐进式地从产品市场中退出，要么保险人会竭力利用对契约的剩余控制权压榨被保险人的保费价值。前者是将被保险人和受害人应享受到的风险保障彻底旁落。后者会形成行业实践对立

---

[1] 陈飞：《论我国责任保险立法的完善——以新〈保险法〉第65条为中心》，载《法律科学》2011年第5期。

法现状的背离，促使司法争议不断产生。二者均不利于责任保险行业的良性发展。一定程度而言，适度保障保险人权益是优先保障被保险人和受害人权益的内在要求。然不同于被保险人和受害人权益之保护可直接体现在立法目的，因"适度"一词的外延过于宽泛，将适度保障保险人的权益同样置于立法目的将造成法律适用的无序。相较之，更为可行的安排是将"适度保障保险人权益"的理念蕴藏于具体立法技术，以避免对权益失衡结构的矫枉过正。

考察域外责任保险法制，体现"适度保障保险人权益"理念的立法技术主要集中于下述方面。其一，保险人给付义务的履行限度。对应责任保险的双重给付功能，保险人的给付义务实则包括抗辩义务与赔付义务两项内容。无论是抗辩义务，还是赔付义务，保险人的履行范畴均不应无限扩充至受害人的所有索赔请求和被保险人的所有民事赔偿责任，而应受制于保单中产生法律效力的保障范围。例如，如有明确证据证明受害人的请求非属于保障范围，保险人将无义务为被保险人抗辩。譬如，美国的责任保险人有时会选择预先提起确认判决诉讼的方式来将抗辩义务排除在外。❶ 又如2008年《德国保险合同法》第105条明确规定"投保人未经保险人许可而满足或者承认第三人之权利的当属无效，保险人有权拒绝承担保险责任。"❷

其二，保险人对溢出自身责任份额的追偿权。承继前一论证，即使保险人给付义务的内容应当限定于保单中产生法律效力的保障范围，一来由于保单条款用语并非明白无误，可能在适用上存有模糊或歧义的情形，二来由于基础案件的事实并非确定清楚，

❶ ［美］约翰·F. 道宾：《美国保险法》（第4版），梁鹏译，法律出版社2008年版，第240页。
❷ 孙宏涛：《德国保险合同法》，中国法制出版社2012年版，第84页。

可能存在保险人无正当基础径直排除给付义务的情形。依循责任保险契约的主要目的——双重给付功能的实现，两相权衡，也应当基于被保险人和受害人的利益出发，认定保险人有义务先予承担可能溢出自身责任的份额。循此，为适度保障保险人的权利，在初次分配或对保险人不公的情形下，待责任明确或事实清楚，有必要赋予责任保险人追偿的权利，以实现公正的终局责任分配。❶ 而在不同给付场景下，保险人追偿的对象既有可能是被保险人，也可能是其余责任保险人和其他保险事故责任人。例如，在 Continental Casualty Co. *v.* Board of Education 案中，法院认为如果第三人提出的索赔要求不属于保险责任范围的索赔请求，保险人应当将其承担的抗辩费用进行分摊。❷ 又如，《韩国商法》第 682 条规定，已履行赔偿义务的保险人可对除被保险人外的其他保险事故责任人行使代位权。❸

其三，保险人违反抗辩义务与赔付义务的抗辩事由。作为保险契约的当事人，保险人被契约或立法赋予了诸多对抗被保险人的抗辩事由。有学者对一般保险契约中保险人享有的抗辩事由进行了归纳，共计 18 种。❹ 责任保险系保险的一种，自然同样适用于前述抗辩事由，只不过民事责任风险的介入使得保险事故认定

---

❶ 李亚成：《多数人责任体系的检讨与重构》，载王卫国主编：《民商法新观察》，中国政法大学出版社 2008 年版，第 57 页。

❷ Kenneth S. Meyers&Bruce A. Friedman, *Allocation Under Directors and Officers Liability Insurance*, International Insurance Law Review, Vol. 3, 1995.

❸ 崔吉子、黄平：《韩国保险法》，北京大学出版社 2013 年版，第 198 页。

❹ 18 种抗辩事由具体包括无保险利益、不履行如实告知义务、未依约交付保费、不履行危险程度增加通知义务、不履行防灾义务、未履行保险事故及时通知义务、非保险事故、属除外责任、不在保险期间、低于免赔额与免赔率、高于保险金额、不履行勘定损害配合义务、存在其他保险和重复保险、违反施救义务、违反损失填补原则、超过诉讼时效、阻碍代位求偿、欺诈索赔。参见李祝用：《责任保险人抗辩问题研究》，中国政法大学 2011 年博士学位论文，第 22–26 页。

等抗辩事由更为复杂化、特殊化，往往存在保险人是否具有抗辩义务与赔付义务的根本问题，继而才引出有无其他抗辩事由的问题。对于不存在给付义务的情形，立法者将抗辩事由规定于保障范围，前文已述。对于存在给付义务却未履行的情形，保险人的抗辩事由主要体现于立法者对诉讼时效的规定与对被保险人具有协作义务（包括通知义务、合作义务与减损义务）的规定以及对强制保险下第三人具有通知义务、协助义务的规定。待诉讼时效届满，保险人自动获得相应抗辩权，此自不待言。当被保险人和受害人（强制保险中）违反相应协助义务，保险人未履行给付义务所应承担的法律责任可获得减少，甚至于减免。例如，2008 年《德国保险合同法》第 120 条规定，如果第三人恶意违反附随义务，则保险人承担的保险责任应限于先前第三人被书面告知的违反附随义务的法律后果。❶ 又如，多数美国法院允许保险人在承担举证责任的前提下主张被保险人违反协作义务而拒绝赔偿。❷

二、实现双重给付功能的规制结构

秉持"优先保障被保险人与受害人权益、适度保障保险人权益"之理念下，虽现代责任保险法制在订立、成立、生效、效力变动、解释等制度上并未与其他保险法制有显著不同❸，然其在给付制度的具体构造上，与一般保险存在鲜明差异。原因在于，"服膺于责任保险在应然上的目的、功能及其结构，决定了责任保险的保险人给付义务之内容，在结构上表现为'三层次'：诉讼防御

---

❶ 孙宏涛：《德国保险合同法》，中国法制出版社 2012 年版，第 87 页。
❷ 周碧云：《论责任保险人之代行防御及利益冲突》，台湾政治大学 2007 年硕士学位论文，第 78－80 页。
❸ 韩长印、韩永强：《保险法新论》，中国政法大学出版社 2010 年版，第 1－2 页。

或和解义务、保险给付义务以及因应违反义务给被保险人带来的超额责任之负担"❶。上升至法律制度，给付制度的具体构造也应体现为"三层次"：防御规则、赔付规则以及保障规则。

（一）以保险人抗辩义务为中心的防御规则

防御规则着眼于权利保护功能的实现，是对保险人代被保险人处理第三人索赔请求事项予以立法明确的规范。其既包含被保险人在遭受索赔时应及时通知保险人、向保险人提供必要文件及其知道的相关情况、不在未经保险人同意情况下擅自认可赔偿责任等规定，也包括保险人有必要调查案件事实、为被保险人聘请律师以处理诉讼纠纷、协助被保险人与第三人和解、为被保险人负担诉讼或和解的费用等规定❷。实践中，出于实现自身权益的需要，保险人在定型化保单的制定中往往会对被保险人的协助义务予以详细规定，并倾向于相对排除或减轻保险人自身应负的义务。有鉴于此，在域外立法例中，相对被保险人协作等义务、保险人的抗辩义务会被立法者施以更多的制度安排。此种制度安排具体表述为义务属性的明确与履行标准的建构。

在义务属性上，抗辩义务应为保险人依法承担的义务，而非

---

❶ 樊启荣：《保险法诸问题与新展望》，北京大学出版社 2015 年版，第 481 页。

❷ 学界中，也有黄丽娟等学者主张将责任保险人的抗辩义务群分至各自独立的义务（包括调查义务、抗辩义务、和解义务等），原因在于各义务的履行程序相对独立、关注重心略有不同。本文相对更多赞同马宁等学者的观点，认为前述子义务间具有履行顺序上的高度联结性，履行目的均是代被保险人对抗索赔申请，且履行结果均表现为抗辩的成功与否，故本文亦更多地将前述子义务统一概括为广义意义上的抗辩义务（此外，为避免同时使用广义抗辩概念和狭义抗辩概念所带来的误解，本文会在狭义抗辩义务出现时进行额外强调）。参见黄丽娟、郭硕：《利益冲突背景下责任保险人善意和解义务的构建》，载《保险研究》2018 年第 11 期；马宁：《责任保险人抗辩义务规范的继受与调适》，载《法学》2015 年第 4 期。

约定义务。关于抗辩义务系法定义务还是约定义务，域外立法例存在一定的分歧。英国、加拿大大部分省份主张抗辩义务源于保险合同的约定，保险人有权利拒绝为被保险人抗辩。❶ 如英国法规定保险人应承担抗辩过程中与被保险人责任承担的全部合理相关费用，但当事人可对此特约排除。与此相对的是，德国、美国、加拿大魁北克省认为抗辩义务为法定义务，保险人不得以保险人与被保险人的合意为理由将其免除。典型立法为 2008 年《德国保险合同法》第 100 条与第 101 条，保险人有义务替投保人应诉，并承担因第三人起诉而导致投保人支付的诉讼费用与诉讼外费用。相较之，美国等法域所采法定义务更为符合现代责任保险的功能需求。试想，如果立法规定了保险人的抗辩义务，却允许保险人可通过保单规定予以排除，其虽彰显了鼓励保险人为被保险人抗辩之价值面向，但不免为义务之不履行留下过大豁口——保险人可以双方合意为义务排除之理由。如此，保险人是否需履行抗辩义务之疑惑转化为保险人是否向投保人（被保险人）说明免责条款之争议，这不仅难以保证"权利保护"功能的实现，更促使大量保险纠纷涌入司法裁判。相反，若采法定形式，抗辩义务被立法强制固定，即使是最易被劝服的被保险人也不会因保险人的言语而放弃实现内心安宁的权利。而对于确实不宜向保险人施加抗辩义务之场景，也可借由立法规定予以豁免，并不必然招致"一刀切"的质疑。

在履行标准上，抗辩义务的履行是指保险人的抗辩行为符合法律要求，而非作出即可。应当看到的是，保险人在代替被保险人处理索赔争议的过程中并不与被保险人处于完全一致的利益状

---

❶　John *Birds*, *Birds' Modern Insurance Law*, 11th ed., Sweet & Maxwell Press, p. 405.

态。对于保险人而言，其控制支付成本的路径有二：一是减轻被保险人对受害人的赔付责任；二是减少保险人向被保险人的保险赔付。在前一路径下，保险人与被保险人的利益一致。而在后一路径下，保险人与被保险人的利益相互冲突。其体现为，一方面，保险人会尽可能地认定第三人的索赔请求不属于保单保障范畴。其既包括在确定抗辩义务（广义）是否需履行之时主张无义务，也包括在对抗被保险人抗辩之时搜集不利于被保险人的证据。另一方面，在部分场景下，保险人与被保险人关于抗辩策略的选择存有截然相反的取向。例如，被保险人会出于维持与第三人间良好关系的考虑而不愿诉讼，宁愿接受高额的和解，让保险人负担更高的赔付支出。事实上，律师的介入、保险金额的存在等现实因素使得保险人与被保险人间利益冲突的处置更为复杂。是故，如何借助履行标准的建构以确保保险人合理处置利益冲突同样是防御规则亟须解决的内容。对此，美国在司法判例中陆续演进出了诉状规则等起始标准、权利保留通知等保护方式、忽略限额等和解标准及主要客户规则等律师服务标准。虽然上述不同处理手段即便是在美国也未取得各法院的一致共识，但其展现的一个基本逻辑为：尽可能地在实现被保险人合理期待的基础上，避免保险人承担无谓的成本。手段的差异仅是由于各法院对"尽可能"的理解有所不同。此基本逻辑与责任保险法制的整体价值取向无疑相通。

（二）以被保险人免责请求权和受害人直接请求权为核心的赔付规则

赔付规则立足于责任免除功能的达成，是对保险人为被保险人对受害人造成的损害负担赔偿责任予以立法明确的规范。可以预见，在法律制度未有安排的背景下，订立契约的当事人很难会自发为受害人权益约定给付条款。至少，在单个保险法律关系中，以受害人为给付对象并不可为保险人或被保险人带来实益：假定将保险金请求权赋予被保险人，若无"先付后偿"条款，被保险人可因拒绝或拖延对受害人赔付而获得不当得利；若有"先付后偿"条款，保险人可以被保险人未赔付为由拒绝向被保险人赔付而获得不当得利。其至于，保险人会利用被保险人与受害人间的赔付僵局，威胁受害人降低索赔请求，获取更多的不当利益。❶ 何况，现代责任保险功能演进的历程已然揭示，"责任免除"功能的形成系风险社会、合法性认可等现实因素的推动，与制度设计者的刻意引导密切关联。立法者意图对保单当事人自由度的强制限制是责任保险"责任免除"功能彰显的默示前提。

"制度约束包括两个方面：有时它禁止人们从事某种活动；有时则界定在什么样的条件下某些人可以被允许从事某些活动。"❷ 环顾相关立法例，除明确保险人具有向受害人赔付义务的概括式规定外，立法者往往通过明确被保险人的免责请求权与受害人的直接请求权以充实保险人赔付义务的具体内涵。首先，被保险人享有的是免责请求权，而非保险金请求权。在现代责任保险法律制度中，保险人的赔付对象已变为受害人，而非被保险人。若囿于传统观念而将保险金请求权的权利主体认定为被保险人，则不免存在逻辑上的不周延：在被保险人尚未赔付之场景，为何未发生实际经济损失之主体可以请求保险金支付？更为妥洽地界定为责任保险中被保险人对保险人所享有的请求权为责任免除请求权，

---

❶ 李新天、印通：《第三者保险金请求权类型化研究——以〈保险法〉第 65 条为中心》，载《保险研究》2014 年第 8 期。

❷ ［美］道格拉斯·C. 诺思：《制度、制度变迁与经济绩效》，杭行译，韦森审校，格致出版社、生活·读书·新知三联书店、上海人民出版社 2008 年版，第 4 页。

其旨在使被保险人免于向受害人承担损害赔偿责任。❶ 此种认识是德国帝国法院从责任保险本质推导出❷，并在 2008 年《德国保险合同法》第 100 条、第 106 条、第 108 条等规范中得以体现。一方面，被保险人期许的是责任保险人将其从赔偿责任的重担中解脱出来，使其恢复到保险事故未发生此不利前的状态。❸ 单纯的金钱给付仅是偿还被保险人终局性承担的赔偿份额，并未使被保险人恢复原状。毋宁言，如果保险人依照其与被保险人间"按责赔付"的内部约定，被保险人对受害人的实际赔偿责任并未被免除，被保险人仍处于需向受害人承担赔偿责任的不安情绪中。❹ 对此，推定被保险人享有的权利为责任免除请求权是符合被保险人合理期待的唯一解。另一方面，如果认定被保险人享有的是责任免除请求权，则被保险人在向受害人实际赔付后取得的向保险人请求给付的权利实为追偿权。由此，除被保险人完成实际赔偿之特殊情形外，保险人的给付对象有且仅为受害人，故被保险人不当处分保险金、被保险人的债权人分配保险金等伤害受害人权益的行为均可避免。而即便是特殊情形，由于受害人已获赔付，其权益也不会因被保险人或其债权人对追偿权的处置而受到波及。亦即，受害人利益也因责任免除请求权之赋予获益。

若仅明确被保险人的责任免除权，受害人权益仍难以得到周

❶ 该种理解系德国帝国法院在 1909 年一基础案件的判决中提出。参见沈小军：《论责任保险中被保险人的责任免除请求权——兼评〈保险法司法解释四〉责任保险相关条文》，载《法学家》2019 年第 1 期。
❷ Günter Bauer, Die Kraftfahrtversicherung, 6. Aufl. 2010, Beck Verlag, München Rn. 749. 转引自韩长印：《责任保险中的连带责任承担问题——以机动车商业三责险条款为分析样本》，载《中国法学》2015 年第 2 期。
❸ 江朝国：《保险法基础理论》，中国政法大学出版社 2002 年版，第 370 页。
❹ 韩长印：《责任保险中的连带责任承担问题——以机动车商业三责险条款为分析样本》，载《中国法学》2015 年第 2 期。

全保护。比如，在交通肇事场景，受害人急需赔付资金以支付医疗费用，如果由于保单未有第三人直接请求权之规定，受害人只得在赔偿责任得以确定后经由被保险人向保险人的请求方能获得赔付，此无疑有损责任保险公益品格的表达。是故，诸多法域均在立法中特别规定了第三人直接请求权，并大致呈现出了三种模式。其一，仅在强制责任保险中赋予第三人直接请求权。如 2008 年《日本保险法》仅规定了责任保险合同的优先权，被害人损害赔偿请求权仅可见《日本机动车损害赔偿保障法》《日本关于核能损害赔偿的法律》等特别法中。❶ 其二，除强制责任保险外，任意责任保险中受害人可因满足一定条件而被赋予直接请求权。如我国台湾地区所谓"保险法"第 94 条第 2 款规定，第三人有权在赔偿责任确定后依应得之比例向保险人请求给付。又如 2008 年《德国保险合同法》第 115 条规定了第三人在强制责任保险、被保险人破产、被保险人下落不明三类情形下可直接向保险人请求赔偿。其三，责任保险中，第三人享有直接请求权。如《韩国商法》第724 条和《澳门特别行政区商法典》第 1026 条均规定了受害人可直接向保险人请求履行赔偿义务，而无论是否为任意责任保险或强制责任保险。❷ 尽管各法域对第三人直接请求权不一的适用条件是立法者结合本国或地区需求而作出的取舍，但第三人直接请求权于各法域的普遍存在显然充分说明了该规范系现代责任保险法制的必备组成。

---

❶ 岳卫：《日本〈保险法〉的立法原则及对我国的借鉴意义》，载《当代法学》2009 年第 4 期。

❷ 最高人民法院民事审判第二庭编著：《最高人民法院关于保险法司法解释（四）理解与适用》，人民法院出版社 2018 年版，第 302－303 页。

（三）以督促保险人履行义务为中心的保障规则

"只要信守契约对双方来说都更为有利，契约就能自我实施。……最常见的——事实上也是实证分析所观察到的——契约能自我实施的状态是：交换双方相当了解，且进行着重复交易……信守交换条款对于从事单次交换或签订单次合约的双方来说是不值得的。这样，理性自利的个人只能得到帕累托次优的结果"。[1] 对于"非人际关系化交换"下的契约背信困境，仅以法律文本将契约固定并不能激励当事人信守交换条款。为求得在"复杂的合作博弈中产生均衡解"[2]，我们还需要"通过法律实施程序查明违法行为，使得违法者得到法律制裁"[3]。

就责任保险而言，在法律中明确保险人、被保险人等主体的权利义务，仅是从静态端建构出了规则的基础要素，无法驱使当事人自觉服从法定安排。[4] 其一，受制于保险人于营销阶段所塑造的"情境依赖"和保险合同自始具有的"顺序型"架构，投保人很难在事先合同订立之际便预设不确定的理赔情况及解决方式。[5] 其二，降低支出的动机植根于保险人内心。面对被保险人或受害人在信息、解释、救济等维度的劣势以及自身在抗辩（广义）、赔

---

[1] ［美］道格拉斯·C. 诺思：《制度、制度变迁与经济绩效》，杭行译，韦森审校，格致出版社、生活·读书·新知三联书店、上海人民出版社 2008 年版，第 77 - 78 页。

[2] Norman Schofield. Anarchy, *Altruism and Cooperation*：*A Review*, Social Choice and Welfare, Vol. 2，1985.

[3] ［美］理查德·A. 波斯纳：《法律的经济分析》（下），蒋兆康译，中国大百科全书出版社 1997 年版，第 779 页。

[4] 王海明：《〈保险法〉第 17 条的机制缺失与救济调整》，载《浙江学刊》2017 年第 6 期。

[5] 黄丽娟：《保险人恶意不当理赔的法律规制——从违约责任到侵权责任》，载《法商研究》2016 年第 5 期。

付两过程中所掌握的巨大权力，以商事主体为实质的保险人难以轻易克服逐利动机。其三，在尚未成熟的保险市场环境中，被保险人等主体并不能及时从其他保险人处获取质量显著提高的保险服务。除非经过漫长的时间催化，否则，单个保单违约所引发的商誉毁损不足以构成对保险人行为的严格约束。其四，有鉴于保险人的利润构成，违反给付义务的保险人反而更易获得高额利润。一般而言，保险人的盈利可划归成两部分：一是承保利润，即保费与支出（主要为赔款和管理费用）间的差额；二是投资利润，即保险人在收取保费至支付赔款的时间差里利用保费投资所获取的收益。无论是故意逃避、拒绝抗辩义务和赔付义务，还是拖延履行赔付义务，保险人均可通过降低赔付金额或提升投资利润而获取盈利。[1] 简言之，若不制定额外的效果规范，则保险人不履行给付义务的收益将大概率大于其履行给付义务的收益，从而形成引导保险人违反给付义务的逆向激励。因此，在以相关主体权利义务为中心建构的防御规则、赔付规则外，还有必要通过公共法律实施和私人法律实施，来加大对相关主体的惩罚成本，以保障静态规则的落实。

具体到非涉及刑事犯罪的给付场景，公共法律实施主要指保险监管机构对保单实施情况的审查。虽然各法域保险监管的主要重心会集中在对保险公司偿付能力的监测和保险产品费率的审查上，[2] 但保险人可否善意、迅速地向被保险人或受害人给付保险金向来系保险监管的重要组成部分。原因在于，由具备强专业能力

---

[1] Daniel Schwarcz, *Redesigning Consumer Dispute Resolution：A Case Study of the British and American Approaches to Insurance Claims Conflict*, Tulane Law Review, Vol. 83, 2009.

[2] [美] 肯尼斯·S. 亚伯拉罕：《美国保险法原理与实务》，韩长印、韩永强、楚清、易萍、王之洲、陈静译，中国政法大学出版社 2012 年版，第 106 页。

的监管机构向保险市场提供"公共物品",一则可对保险人恶意理赔等形成有力威慑,并因以向市场传递负面评价信号,将会有效促成保险市场产品质量的提升。二则减少当事人因维权所需的经济成本与时间成本,将有助于提高公众对保险行业的信心。与此同时,私人法律实施是指由被保险人或受害人用司法救济方式处置保单给付争议。在此路径下,立法者通过明确违反给付义务的民事法律责任,激励受害者自主维权,同样提升了保险人的违法成本,发挥了事前预防、事后惩罚的功效。例如,"《伊利诺伊州保险法典》第 767 条便规定,在保险人提起的诉讼或对保险人提起的诉讼中,如果法院发现保险人一方的行为或拖延属于'无理缠诉或不合理'的情况,法院可要求保险人在承担被保险人合理的花费和律师费等诉讼费用之外,额外选择被保险人所获赔偿额的 25%,或者被保险人所获赔偿额超过保险人通过和解方式赔偿数额的部分,或者 5000 美元之间选择最小的一种,来作为对保险人的处罚"[1]。其实,考诸保险监管与司法救济之不同价值,二者相映成趣的场景可见于任意法域。二者共同助益于责任保险给付法制由静态规则向动态规则的转向。

---

[1] 〔美〕约翰·F. 道宾:《美国保险法》(第 4 版),梁鹏译,法律出版社 2008 年版,第 327 页。

董事责任保险全球化风险治理模式构建

王学士[*]

一、引言

"全球化"抑或"国际化"这一时常占据世界各国刊头报端，为人们所耳熟能详的热门概念，就其内涵来说，是世界观、产品、概念及其他文化元素的交换所带来的国际性整合的过程。电信等基础建设的进步，包括互联网的兴起都造成了全球化以及各地区在文化及经济上的互相影响。在现代社会中，除了风险的多元化、复杂化、巨大化以外，"全球化"也正在进一步深化，跨国公司为了维持和稳定业务，完成既定目标，风险管理成为其应对"全球化"风险的一个核心任务。

在我国，对风险管理抑或全面企业风险管理（ERM）制度内涵的研究，无论是学界还是实务界都

---

[*] 作者简介：王学士，日本大东文化大学法学部副教授，法学博士。

有丰富的积累，但鲜有以董事责任为研究对象就如何构建"全球控制管理规划"视野下的全球保险模式进行综合研究的文献，强调的中心主要在于企业海外上市风险不断增加，董事责任保险不可或缺这一点上。比较法的视野下，欧美国家有学者对"全球控制管理规划"的内涵进行了综合的分析。还有法律实务学者分析了"全球控制管理规划"的重要性以及各国的法律规制问题，尤其是税收制度。为此，本文在研究欧美等国家相关制度的基础上，以化解董事责任风险的重要手段之董事责任保险为切入点，分析"全球控制管理规划"的现实需求，阐述"全球控制管理规划"的理念和价值，并探索母公司主导模式下的"全球保险规划"及具体路径。

二、全球化风险的合规治理范式

（一）全球化风险管理与损害保险的关系

内部控制是应对全球化风险的一种有效手段。就国外层面，自 1992 年美国反舞弊性财务报告委员会（以下简称美国 COSO 委员会）发布的《内部控制：整合框架》报告以来，该框架报告已在全球获得广泛的认可和应用。2003 年 7 月，美国 COSO 委员会根据 2002 年《萨班斯法案》的相关规定，颁布了"企业风险管理框架"的讨论稿。该讨论稿是在《内部控制：整合框架》的基础上扩展而来的，并于 2004 年 9 月正式颁布了《企业风险管理框架》（COSO – ERM）。随后，鉴于新环境、新技术的不断演变，新的风险亦层出不穷，美国 COSO 委员会在 2014 年启动了首次对《企业风险管理框架》的修订工作，并于 2017 年 9 月发布了该框架的最新修订版。美国 COSO 委员会认为，企业风险管理是一个过程，受企业董事会、管理层和其他员工的影响，包括内部控制及其在战略和整个公司的应用，旨在为实现经营的效率、财务报告的可靠性以及法规的遵循提供合理保证。据此，《企业风险管理框架》作为一个指导性的理论框架，为跨国公司的管理层揭示了企业所面临的巨大风险以及如何进行风险管理方面的重要指引。

就国内层面，2009 年 7 月 1 日在上市公司范围内施行、鼓励非上市的大中型企业执行的《企业内部控制基本规范》（财会〔2008〕7 号）明确了，以提高企业经营管理水平和风险防范能力，促进企业可持续发展，需要加强和规范企业内部控制。作为内部控制的基本要素，该规范包含了内部环境、风险评估、控制活动、信息与沟通、内部监督之五大项内容。其中，就风险评估和应对而言，意味着企业应当对每种已经被识别出来的风险来源进行评价。在此阶段，按照损失发生的概率对风险进行分类，评估该风险对企业目标实现的影响程度，从而采取避免、减少、转移、接受等相应措施。❶ 在这种场景下，如果企业发生跨境诉讼等纠纷，就需要大量资金来维持经营活动，且需要及时的财政补贴以确保资金的流动性。

当然，除了上述与内部控制相关的规范，与投资经营风险相关的规避工具还包括或有债务、巨灾债券、保险衍生产品。但在启用这类金融产品时，一般来说，在所需时间、规模、成本以及税收制度等问题上存在一定的限制。❷ 与之相反，保险则可以通过事先确定的成本（保费）来维持业务绩效上行的波动，同时也可以抑制其下行的不确定性风险。换言之，保险是一种账外对冲风

---

❶ ［美］特里斯曼等：《风险管理与保险》，裴平译，东北财经大学出版社 2002 年版，第 12 页。

❷ Ercan Özen & Simon Grima, *Uncertainty and Challenges in Contemporary Economic Behaviour*, Emerald Publishing, 2020, p. 217.

险的金融工具，在满足一定条件的情况下，税法上的相关问题也可以在会计处理上得到妥善应对。

（二）基于合规视角的全球化风险治理

毋庸讳言，跨国公司有国际保险的需求。它可以通过内部或外部的金融工具为其全球化风险提供融资。风险持有是企业内部风险融资的方式之一，往往是最具有成本效益的风险融资方式。❶作为企业内部的风险管理机制，最为常见的一种形态是由母公司成立自保公司。对于跨国公司而言，东道国的风险处理基础设施并不总是与母国相同。尤其是在向采取"母国投保主义"的国家投保时，就需要向获得许可证的国内保险公司投保以获得保险保障。有学者认为，在这种情况下，可以将母国以外在东道国已经获得许可证的保险公司作为前端公司，利用自保公司作为再保险的接收人。❷ 事实上，利用自保公司的前端安排与本文后述的全球控制管理规划相同，都是跨国公司在风险管理中采取的重要的风险规避方式。当然，作为外部风险的规避方式，跨国公司亦可以采取合同转移、抑或是利用衍生金融产品进行风险对冲的方式。毋庸置疑，其中具有全球化风险属性的跨国公司尤其依赖保险。其理由在于，全球化风险存在信息不对称性，即企业难以单独地收集可靠的当地信息。然而，对于开展国际业务的保险公司来说，除了收集与全球化风险相关信息，还可以向跨国公司提供与其采用自保方式相比较在价格、损失控制、承保和索赔管理等方面更高效的

---

❶ Harold D. Skipper & W. Jean Kwon, *Risk Management and Insurance: Perspectives in a Global Economy*, Wiley – Blackwell, 2007, p. 309 – 311.

❷ Matthew Queen & Light Townsend, *Modern Captive Insurance: A Legal Guide to Formation, Operation, and Exit Strategies*, ABA Book Publishing, 2020, p. 130.

服务。❶

对于如何构建跨国公司的全球保险规划基本上有三种观点。第一种观点认为，可以在全球范围内主要依赖于未获得当地许可证的保险。即跨国公司在母国购买保险，为他们在世界各地的业务提供保障。这种方法的优势在于便于集中管理，可以以较低的成本获得更广泛的保险保障，并使得在母国作出决策成为可能。此时，跨国公司需要一个包含海外子公司或关联公司的保险规划，而在制定此类保险规划时，母公司有能力在更有利的条件下获得全球一致的保险金额和保险保障。但是其缺陷在于，在某些要求购买获得许可证的保险的国家中这是非法的，从而无法享有保费和损失赔偿的税收优惠。不仅如此，被保险人在海外也无法获得地方性保险公司提供的索赔受理等服务。

第二种观点认为，保险规划的设计及保险的购买由公司业务所在国的管理层决定。这是一种跨国公司向当地国取得许可证的保险公司进行投保的方法。此种方法主要有两个特征：一是，保险公司根据当地法律签订保险合同，合同以当地语言书写；二是，签发保单等操作在保险公司的当地办事处进行，当地的代理店和保险经纪人通常参与到投保过程中。这种安排的优点是：第一，可以满足当地法律所有有关购买获得许可证的保险和强制性保险的要求，由此可以保证保费和损失赔偿的税收优惠；第二，当地保险公司和保险经纪人可以提供包括根据当地法律和惯例设计更好的保险方案在内的优质的风险管理服务；第三，当地子公司的保险成本管理及对损失控制的奖励得以维持，并与当地商界建立商贸关系。

---

❶ ［日］山越诚司：《高端 D&O 保险：公司董事责任保险的有效活用之术》，保险每日新闻出版社 2019 年版，第 50 - 51 页。

但这种方式也存在一定的缺陷。例如，如果跨国公司在多个国家开展经营活动，这会导致公司保险规划结构的效率低下。不仅如此，承保范围的限制在国家间可能存在显著的差异，这也会导致某些风险超出保险补偿范围。除此以外，还存在如何调整各国子公司与其母公司风险管理方针的关系问题。

第三种观点是采取将第一种方式和第二种方式相结合的方式，也是最受欢迎的一种方式，即为当今大多数跨国公司所采取的所谓"全球控制规划"。随着全球化风险管理体系构建的推进，跨国公司的保险战略也随之发生了变化，从而促使其从"单独投保方式"向"综合投保方式"转变。前者是一种将各个风险敞口（risk exposure）分散投保的方式；而后者则是将多种风险敞口"捆绑"成一个保险合同的方式。学界一般将这种综合性保险证券称为捆绑式保险证券。如上文所述，对于以该国财产为投保对象的保险，多数国家规定必须与该国所在地的保险公司签订保险合同。❶ 部分国家还对境外直接投保行为给予严厉的处罚。不仅如此，在保险制度和实务、准据法以及使用语言等方面也因国家而异。在此背景下，除海上保险等国际保险之外，陆上保险通常采取在当地国进行单独投保安排的方式。

然而，在开展全球化业务的跨国公司中，其生产、销售等供应链在全球范围内不断拓展，同时上下游供应链相互影响、彼此制约。其结果是，一方面，在某国发生的工厂事故可能会导致不得不停止在他国工厂的生产活动，抑或是不得不进一步削减在他国的经营活动；另一方面，如果发生涉及损害赔偿的问题，尤其

---

❶ 例如，根据《中华人民共和国保险法》第 7 条的规定，在中华人民共和国境内的法人和其他组织需要办理境内保险的，应当向中华人民共和国境内保险公司投保。

是在投保损害赔偿保险的情况下，理赔程序会变得更加复杂。❶ 不仅如此，在经营活动遍布全球各地的情况下，其风险也在世界范围内扩大，因此统一管理企业经营活动和整体风险的全面企业风险管理框架体系就变得尤为重要。但是，通常情况下，跨国公司即使在各国都安排了保险，也难以对该各国投保何种补偿内容的保险进行统一管理，有时会发生重复补偿以及漏保的情况。鉴于此，近年，欧美和日本等国家和地区推行了一种可以在全球范围内掌控风险且有效地安排保险的新型保险产品，即综合性保险证券。❷ 其中，被称为"全球控制规划"的保险模式尤其受到了业界的广泛关注。

在该种模式中，全球性保险公司在投保公司经营所在国通过自己的分支机构或有合作关系的保险公司来提供全球统一的保险。通过保险公司在当地获得许可证的分支机构或合作机构的参与，保证了保险规划符合与强制性保险及购买有许可证的保险有关的法规的要求。此外，通常情况下，当地的分支机构或合作保险公司会在索赔管理和风险评估上提供本土的专家。因此，通过全球性保险公司对总体保险规划的协调，能够更好地节约成本，并保证无论损失在何处发生，跨国公司都可以维持一贯的保险保障。

（三）全球保险规划模式的内涵诠释

1. 基本构造

全球保险规划通常是由各国的单独保险合同和国际通用的保险合同组合制定而成。在制定该规划时，以其旗下世界各国的生

---

❶ Harold D. Skipper & W. Jean Kwon, *Risk Management and Insurance: Perspectives in a Global Economy.* Wiley - Blackwell, 2007, p. 363 - 365.

❷ ［日］中出哲、岛寺基:《企业损害保险的理论与实务》，成文堂出版社 2021 年版，第 53 页。

产和销售网点为对象，结合其经营活动、规模和风险设定统一的保险条件（统一投保标准）。然而，实际上除了各国对投保条件有一定的限制以外，从税法上的限制以及事故发生时当地如何应对等方面来看，签订一份涵盖全球性风险的保险合同是不现实的。因此，就当地国的风险而言，公司首先向该国获得许可证的保险公司投保，通常将此种保险合同称之为本地保单。不过，实践中有时会存在一定的障碍：一是，难以满足各国保险制度针对特定风险安排相应的保险规划，从而无法投保足够金额的保险；二是，无法安排满足统一投保标准的保险。如此一来，公司就需要与当地国的任意一家保险公司签订一份统括保单（master policy）。这种保险用于弥补本地保单无法担保的不足部分。一般将该种保险称为"条件差保险"，具体包括覆盖补偿风险之差的保险（Difference in Condition，DIC）和覆盖补偿限度额之差的保险（Difference in Limits，DIL）两种。

2. 内涵剖析

实践中，多数跨国公司针对商业综合责任保险保单（Commercial General Liability，CGL）、董事责任保险、财产·利益保险以及物流仓储保险四个风险敞口，采取打包方式的全球保险规划。❶

其理由主要在于以下几个方面。其一，发挥规模优势。通常，在合同谈判、制作及签订等保险交易的各个阶段都会产生固定的费用。通过合并多个风险敞口，可以发挥规模经济的优势，从而降低企业和保险公司双方的交易成本，由此可以节约附加保费。其二，通过"捆绑"多个风险敞口，可以实现风险分散的效果。

---

❶ ［日］柳濑典由：《三菱重工的保险风险管理改革》，载《损害保险研究》2021年第82卷第4期。

因此，较单一投保方式而言，跨国公司可以合理地安排必要的保险，从而节省附加保费。不仅如此，由于购买保险的公司在保险业务的管理等方面都极大地提升了效率，从而有望达到削减经费的效果。不过，有学者指出，将多个风险敞口"捆绑"在单一保险合同内进行整合的方式存在一定的缺陷。❶ 具体来说，作为保险交易当事方公司和保险公司双方为了理解"捆绑"的所有风险敞口彼此之间的相互关系，会产生一定的附加成本。这种附加成本会使捆绑式保险证券的附加保险费率（附加保费与支付保费的比例）高于投保单独保险合同的附加保险费率。不仅如此，由于捆绑保险证券的设计和价格制定还需要高度的专业知识，因此较单个保险合同相比，其市场相对狭窄，使得流动性也变得较低。因此，结合这些优势和劣势，实务中多数跨国公司会选择更能发挥综合性投保方式优势的风险敞口，推动全球保险规划。但无论哪一个险种都有其共性，一般认为，考虑到其全球化风险的破坏性巨大之特质，跨国公司对其进行再保险的安排是不可缺少的。当然，全球保险规划是根据跨国公司的自身特点单独安排的，视其情况不同有时需要额外安排"自保险"。在这种情况下，保险方案也随之变得更加复杂。除了安排保险产品以外，还可以采取将保险产品与其他风险融资产品（如巨灾债券）进行组合的方式。

当然，全球保险规划还具有节约费用的效果，且这种效果不需要等待较长时间就可以表现出来。事实上，该规划除了具有上述节约费用之效果以外，还会衍生出以下两方面的次要效应。其一，可以在母公司内部高效集中地管理保险事故的相关信息。这是因为事故现场赋予了母公司新的激励机制，对于综合性投保方

❶ Scott E. Harrington & Gregory R. Niehaus, *Risk Management and Insurance*, McGraw Hill, 2003, p. 491 – 493.

式的次要效果是显著的。❶ 具体而言，通过保险索赔程序实现了对全公司事故信息的汇总，同时也能够彻底分析该等保险事故的信息。事实上，现场信息收集的激励机制对母公司有效地汇总高价值信息极为重要。在全球保险规划这一框架下，事故现场便会有动机地向母公司提供信息以进行保险理赔，从而可以使得母公司可以实时汇总更准确的保险事故现场信息。其二，全球保险规划的引入也为事故现场提供了分析保险事故信息并认识到包括防止事故发生在内的风险控制的重要性的契机。

综上，通过全球保险规划的引入，跨国公司的保险战略能够取得一定的效果，但另一方面仍有几个有待解决的问题。其中，如何在母子公司之间实施公平合理的保费设定，对于全公司风险管理体系的发展关系甚深。也就是说，即使从全公司的角度掌控风险管理所需的总风险成本，但对于各子公司之间应该以怎样的基准来分配，换言之，母公司内部保费的负担规则的设计是个问题。当然，既然保险的基本原则之一是根据风险程度分担保费，那么问题的本质就在于如何评估其与子公司之间的风险程度。❷ 各子公司之间的风险程度的确定通常需要结合风险的"量"和"质"两方面。具言之，将销售额、运输额、固定资产额、总资产等各自面临的风险敞口的程度的大小，与集团内部保险费率相乘来决定。这样一来，确定分配给母公司的风险成本（集团内部的保费金额），将影响集团内各子公司的业绩。

对此，本文认为，就风险的"量"和"质"两方面仍有探讨

---

❶ 胡国柳等：《D&O 保险、风险容忍与企业自主创新》，载《管理世界》2019 年第 8 期。

❷ ［日］岛寺基、泽井俊之：《D&O 保险的实务》，商事法务出版社 2017 年版，第 235 页。

的余地。首先是如何评估风险敞口的"量"的大小问题。也就是说，从全公司风险管理的角度来看，可取的是将全公司统一的标准作为风险敞口规模的指标。但考虑到各子公司的个体特性，一般来说，很难决定应该以什么作为全公司统一的标准。例如，如果以固定资产和总资产的金额为标准，则负责母公司制造业务的子公司会承担过多的集团内部保费。反之，在以销售额为基准的情况下，负责母公司销售部门的子公司可能比负责制造部门的子公司承担更多的集团内部保费。也就是说，如果不能妥善地协调全公司和业务个体要素之间的关系，那么其与母公司之间就会积累不公平感，进而就会成为从全公司视角推进全球保险规划的障碍。

其次是关于在各集团企业所持有的风险敞口的"质"的内容方面（集团内部保险费率）的问题。如前所述，作为跨国公司引入全球保险规划的次要效果，为事故现场提供了分析保险事故信息并使其认识到包括防止事故发生在内的风险控制的重要性的契机。不仅如此，如果能够对每个子公司的保险费率进行差异化管理，那么公司就可以在现场的风险控制方面提供金钱激励。如果能够较好地发挥此种功能，子公司就可以通过减轻母公司的保费负担，将旨在实现利润最大化（成本最小化）的激励措施内部化，从而进一步提高全公司风险管理的效果。当然，仍然存在具体应该以何种标准决定对集团内部保险费率给予差异的问题，因此，如何统筹协调全公司与当前业务的各个要素之间的关系是进一步推进全球保险规划所面临的挑战。

（四）全球保险规划问题点及其解决对策

近年来，欧洲部分国家从合规的角度，就如何建立全球保险规划进行了激烈的讨论。欧盟保险市场一体化的实现，一方面，使得欧盟区域内开展业务的保险公司、经纪人以及投保人处于单一法律规制下，因而在向该区域内的风险进行投保的情况下，在相当程度上能够赋予全球保险规划构建和实施的可靠性和明确性；但另一方面，对于欧盟以外的区域进行风险投保的情况下，应当充分考虑该国保险法律和税制上的相关规则。在德国，就国际保险规划而言，以企业集团（Konzern）的控股公司向位于海外的子公司与各国当地保险公司单独签订保险合同为开端，开始针对大规模的企业集团需求，就财产保险和赔偿责任保险领域在全球范围内的承保问题，建立了统一的综合性保险规划。然而，随着全球一体化的快速推进，传统国际保险规划中的潜在问题亦越发凸显，成为新的争议焦点。

也就是说，在全球保险规划下，统括保单中涉及的补偿风险之差的保险和覆盖补偿限度额之差的保险都属于超额保险，因而会发生投保限制的问题。不仅如此，在德国，除了保险监管法规定的相关问题，同样也存在对子公司所在国家或地区税法上规制的问题。全球化的兴起促使各国保险监管当局和税务当局之间的跨境合作，使传统的全球保险规划的实施在监管部门的"放大镜"（lupe）下受到了严密的监管。对此，旨在解决传统国际保险规划中存在的合规问题，学界提出一种基于"可保利益"概念的新型赔偿理念的保险方案。具体来说，在英国、德国及其他欧洲国家管辖权范围内的法律承认母公司对子公司拥有的"金融或经济上的利益"（如作为股东或其他所有人享有的利益）因子公司遭受的经济损失而使自身利益减少的情形下，具有保险利益，因而可以签订保险合同。其目的是弥补此类母公司在金融或经济上减少的损失。此外，在美国的大多数州，只要母公司对关联公司的财产具有直接的"金钱利益"（pecuniary interest），该母公司对其关联公司的风险就拥有保险利益。

总而言之，在新的保险框架下，以往全球保险规划中，统括保单下的子公司未获得当地许可证的保险部分被排除在外，而就该等子公司，母公司对其所拥有的财产上的利益将通过母公司自身的保险来弥补。例如，在德国，母公司对子公司的财产享有保险利益时，一般情况下，母公司对于海外子公司的出资价值，因该子公司产生的损失（如物损和损害赔偿责任）不在本地保单的担保范围内致使其价值减少，即构成可保利益。简言之，这是一种为母公司提供的"减值保险"（Wertverminderungsversicherrung），并非针对子公司的"利他型保险"，而是针对控股公司的"利己型保险"。❶ 值得注意的是，其一，母公司与保险公司之间在其本地国签订的统括保单，毕竟是以母公司的财产利益减少为保险标的，因而属于保险保障的对象；而无法为海外子公司的财产风险或责任风险提供保障。如此一来，便可以避免发生子公司所在国的保险监管和税法上的问题。通常认为，这是一种高效的合规方法，可以弥补传统的全球保险规划中的不足之处。其二，这种方法仅仅是全球保险规划框架中的最后手段。通常适用于这种场景，如对境外子公司的风险未投保的情况下，通过母公司为自己投保的方式不仅有效地提供了国外要求的最低保险范围，而且在统一的水平上为全球提供了最好的保险保障。

三、全球保险规划视野下董事责任保险模式的推进路径

在欧美，董事责任保险的国际主流保险方案一直是母公司与母国的保险公司签订担保全球性风险的董事责任保险合同。然而，

---

❶ Malcolm A. Clarke, *The Law of Liability Insurance*, Routledge, 2020, p. 16 – 17.

近年出现了一种跨国公司另行获取本地保单的趋势。这一趋势表明跨国公司在海外开展业务时所面临的复杂情势和风险意识日益增强。再来看德国，迄今为止一直采用由母公司签订单一担保全球化风险的董事责任保险的方式，但随着在全球保险处理机制所强调的合规性之趋势的日益增加，有学者强调本地保单的必要性和有效性，认为本地风险应该以当地适当且法律上承认的方式来应对。与此相应，大型国际保险公司亦建立了能够根据当地情况为跨国公司提供综合服务的广泛的董事责任保险网络。由此，在董事责任保险领域，与全球保险规划相同，在统括保单的基础上发行本地保单的全球统括保单也正在不断普及。针对董事责任保险的全球统括规划是通过结合统括保单和本地保单，以解决某些国家对投保作出的限制，同时考虑了海外子公司的董事责任风险特性。一方面，此种规划可以为全球董事提供统一的保险保障，但另一方面从合规的角度来看仍存在不少问题。也就是说，作为母公司的统括保单而提供的补偿风险之差的保险和覆盖补偿限度额之差的保险中存在的投保限制和租税问题，在董事责任保险中同样存在。因此，在全球统括规划逐渐普及的情况下，不仅需要解决现有方案中存在的问题，与此同时亦应当从合规角度出发，探讨建立更为发达的保险规划。

在美国、日本等法律承认公司补偿制度的国家，通常认为，理论上可以采用这样一种保险构造，即在母公司的统括保单框架下，子公司补偿董事承担的损失赔偿额而遭受的经济损失，可以作为母公司的损失以此获得补偿。换言之，在公司赔偿制度有明确规定，其本身对其董事的赔偿责任所进行的补偿予以承保，即B型保险（Side – B coverage）的国家，这种新型赔偿理念有望起到一定的作用。❶ 不仅如此,此种理论构造亦可以应用于承保公司实体本身对第三人的责任,即"实体保险"(Entity coverage)或称C 型保险(Side - C coverage)。❷ 尽管如此,目前并没有全方位的解决方案。跨国公司应当根据各个国家的董事责任风险的具体情况,秉承合规经营理念构建全球董事责任保险规划。在这种情况下,对于母公司全球统括规划的有效性不被承认或不明确的国家,可以另外获取独立的本地保单。当然,即使是在承认全球统括规划的有效性的国家,以解决董事个人因支付限额而导致保障不足的问题,一般认为,可以另购一份专门针对董事个人赔偿的保险(Side A - only policy)。❸

四、结语

当然,在考虑全球董事责任保险规划的实效性时,很难通过一份保险合同为全球的被保险人提供全面的保险保障。是否积极采用全球董事责任保险规划,取决于各公司海外子公司的管理制度和经营方针,不可一概而论。但总的来说,在法律规制较为宽松且不是诉讼大国的国家采用本地保单;而对监管严格、诉讼频繁的国家,则可以通过安排本地保单处理。此外,跨国公司采取何种保单结构很大程度上还取决于各个公司的组织文化。倾向于集中管理的公司,通常采用统括保单或本地保单的全球董事责任保险规划;而对于贯彻本地主义的跨国公司来说,则尊重各子公

---

❶ 王学士:《比较法视域下公司董事赔偿责任保险立法问题研究:基于日本第二次〈公司法〉修改的比较考察》,载《证券市场导报》2021 年第 3 期。

❷ 宋一欣、孙宏涛:《董事责任保险与投资者权益保护》,法律出版社 2016 年版,第 86 页。

❸ John D. Shugrue & John D. Shugrue & Thomas A. Marrinson, *Insurance Coverage Disputes*, Law Journal Press, 2021, § 1. 04 [3].

司的方针，通常采用混合型保险合同，同时也利用单独保单。在这种情况下，值得注意的是，保险条款是否与海外保险条款之间保持着一致性。不仅如此，条款解释也可能因国家而异，因此如何理解两种保险条款的关系以及对其解释是保险实务面临的一大课题。总之，各种特约条款结合经营环境的有效利用也是重新审视董事责任保险的商讨要点。

论责任保险中受害人直接请求权制度的完善

——兼论《保险法》第六十五条之不足

胡文韬*

一、问题的提出

所谓责任保险，又称第三者责任保险（Third party liability insurance），是指当被保险人依法对第三者承担民事赔偿责任时，由保险人对被保险人承担补偿责任或者直接对第三人承担赔偿责任的保险❶。

在传统保险法理论中，责任保险受分离原则影响颇深。分离原则认为责任保险仅存在于保险人与被保险人之间以及被保险人与受害第三人之间，受害第三人与保险人之间并无任何法律上之关系。此

---

* 作者简介：胡文韬，华东政法大学法学博士，现为浙江海浩律师事务所律师。

❶ 韩长印、韩永强：《保险法新论》，中国政法大学出版社 2010 年版，第 292 页。

外，保险关系以及责任关系基于债之相对性，两者应严格加以区分❶。这一原则之所以能够得到认可，盖因责任保险被认为是保护被保险人的重要工具，正如英国学者所言：责任保险的标的是被保险人不时拥有的财产，即容易受到损害赔偿之影响的"家产"。简言之，标的就是被保险人的"钱袋"。所以，责任不是保险的对象，只是被保险人为了保护其钱袋而针对的事件❷。但是，随着责任保险理论的不断发展，"责任保险之目的本来在于保护被保险人，但近来其保护重心渐移于受被保险人侵犯之第三人，亦即受害人❸"，责任保险所着重者，已从被保险人责任确定后赔偿金损失之填补，往前移至被保险人（加害人）与受害第三人责任确定时代被保险人给付保险金予受害第三人❹。因此，赋予受害第三人对保险人的直接请求权就成为当务之急，亦成为诸多国家立法之趋势。

所谓受害人的直接请求权，系指受害第三人得直接向加害人（被保险人）为免于负担损害赔偿责任而投保责任保险之保险人，请求给付责任保险金之权利❺。但是，正如许多学者所言，受害人直接向保险人主张赔付，这一请求权在法理上缺乏基础，盖因双方之间既无侵权法律关系，又无合同基础，如果赋予受害人直接

---

❶ 陈荣一：《论责任保险被害人行使直接请求权之几个问题》，载《保险专刊》1991 年第 24 辑。

❷ ［英］M. Λ. 克拉克：《保险合同法》，何美欢、吴志攀等译，北京大学出版社 2002 年版，第 101 页。

❸ 郑玉波：《民商法问题研究（二）》，三民书局 1980 年版，第 194 页。

❹ 樊启荣、刘玉林：《责任保险目的及功能之百年变迁》，载《湖南社会科学》2014 年第 6 期。

❺ 林新裕：《汽车责任保险受害第三人直接请求权之探讨》，台湾政治大学风险管理与保险学系 2003 年硕士论文，第 48 页。转引自施文森、林建智：《强制汽车保险》，元照出版公司 2009 年版，第 142 页。

请求权并非名正言顺。此外，有学者认为我国《保险法》第 65 条第 2 款已经赋予了受害人直接请求权❶，但是在司法实践中，各级法院对此却持不同观点。如河南省焦作市中级人民法院在（2018）豫 08 民终 915 号民事裁定书中就否定了受害人具有直接请求权：受害人因雇主责任险合同起诉保险人，故本案应定性为保险合同纠纷。受害人与保险人没有法律关系，故在该诉中受害人不具备保险合同关系中的原告主体资格，依法裁定驳回原告的起诉❷。山西省运城市中级人民法院则在（2018）晋 08 民终 259 号民事判决书中对受害人的直接请求权予以了认可，并径直判决保险人向受害人依据雇主责任险合同赔偿❸。

因此，是否应该在责任保险中引入受害人的直接请求权，如何在现行法律理论框架内引进直接请求权，又如何确保其在受害人、被保险人及保险人利益平衡的基础上发挥作用，均值得深思。

二、受害人直接请求权的理论构建

在责任保险受害人权益保护优先的思潮下，各国纷纷通过在特殊领域❹立法的方式赋予受害人以直接请求权，以确保在侵权事

---

❶ 陈建晖、易艳娟：《试论我国责任保险第三人代位请求权》，载《金融与经济》2009 年第 7 期。

❷ 《中国人寿财产保险股份有限公司焦作市中心支公司武陟县营销服务、刘铁头保险纠纷二审民事裁定书》，中国裁判文书网：https://wenshu.court.gov.cn/website/wenshu/181107ANFZ0BXSK4/index.html? docId = df1dd3658e824e9db4a1a8cd0121bebc，访问日期：2021 年 4 月 12 日。

❸ 类似判决包括（2019）冀 0983 民初 6690 号判决、（2016）辽 0302 民初 454 号判决。

❹ 所谓特殊领域，是指在某些领域受害人会因为加害人的侵权行为遭受严重的经济损失，或出现某些特殊情况致责任保险无法实际发挥作用，为了尽快弥补受害人损失，强化对受害人的特殊保护，世界各国制定特别立法。

件发生后，受害人得直接向保险人请求赔付，以尽快弥补受害人之实际损失。此外，赋予受害人直接请求权，还可以简化保险金给付之手续，防止被保险人将保险金挪作他用。直接请求权是法律赋予受害人的特殊权利，但是它究竟属什么性质，在学界存在不同的看法。

（一）受害人直接请求权性质之争

当前，对于受害人直接请求权的性质，主要有以下几种观点。

其一，法定债务共同承担说。该观点认为，受害第三人直接请求权乃系使保险人对于被保险人之债务负一共同责任，亦即一"法定之债务共同承担❶"。也有学者将其表述为并存的债务承担，即在侵权之债中，保险人作为债务承担人加入原侵权债务关系中，原债务人即被保险人并不脱离原债务关系，双方共同向受害人履行债务❷。

其二，利他合同说。该观点认为，责任保险合同是一类为保障受害人利益的合同，受害人取得了直接请求责任保险人为其一定给付的权利❸。

其三，保险法上之构造说。该观点认为，受害第三人为一法定之为他人利益保险的被保险人，直接请求权是由法定利益第三人之汽车责任保险契约所生之权利，受害人系处于免责请求权之共同债权人的地位❹。

---

❶ 施文森、林建智：《强制汽车保险》，元照出版公司 2009 年版，第 145 页。
❷ 叶启洲：《德国强制汽车责任保险之法律性质及第三人直接请求权之法律构造》，载《风险管理学报》2009 年第 1 期。
❸ 叶启洲：《德国强制汽车责任保险之法律性质及第三人直接请求权之法律构造》，载《风险管理学报》2009 年第 1 期。
❹ 施文森、林建智：《强制汽车保险》，元照出版公司 2009 年版，第 145 页。

（二）受害人直接请求权之性质厘定

对于受害人直接请求权的性质，在学界引起了长期的争论，迄今为止未见统一之理论共识。法定债务共同承担说虽然与《民法典》第 552 条❶规定的债务加入有相似之处，但是按照学界通说债务加入后债务人与第三人对债权人承担连带责任，意即第三人加入债务后需要以自身全部财产确保债务履行，而保险人却仅以保险合同中约定的保额为限承担责任，故该观点缺乏足够的法律支撑。利他合同说则混淆了责任保险合同的目的。虽然近年来普遍认为责任保险可以发挥保护受害人权益的作用，但是其真正目的仍是填补被保险人的实际损失，无论是投保还是理赔阶段，均贯彻了财产保险的损失填平原则，特别是理赔时贯彻的"无损失、不理赔"原则，深刻揭示了责任保险合同应为利己合同的性质。此外，保险法上之构造说与法定债务共同承担说无本质区别，仅着眼点在债权人之上，故两者缺陷并无二致。

综上，现有学说理论无法准确揭示受害人直接请求权的法律性质。对此，笔者认为根本原因在于未对责任保险进行区分。

因国家管理能力的不断强化，以及社会化思潮的不断普及，在某些特殊领域推行强制责任保险以保护弱势群体利益已经成为现代化国家的当然举措，我国的强制汽车保险即为例证。强制责任保险与普通的商业责任保险存在明显区别，故有学者强调，任意责任保险是以加害人的利益为中心的保险，因此保护被害人的作用就显得非常薄弱，在某种程度上甚至会与被害人的利益相悖。与此相反，义务责任保险是以被害人的利益为中心而构成的，在

---

❶ 《民法典》第 552 条规定，第三人与债务人约定加入债务并通知债权人，或者第三人向债权人表示愿意加入债务，债权人未在合理期限内明确拒绝的，债权人可以请求第三人在其愿意承担的债务范围内和债务人承担连带债务。

此保险中，保险人、加害人、被加害人这三者之间几乎不存在相互对立的关系。在此意义上，虽然两者都称为责任保险，但实际上存在相当大的差异。因此，完全无视这种差异来讨论责任保险的一般问题，不能说是一种正确的态度。❶ 基于此，笔者以为，受害人的直接请求权的法律属性应区分如下。

1. 强制责任保险中的直接请求权为特殊法定权

《中华人民共和国道路交通安全法》第 76 条规定：机动车发生交通事故造成人身伤亡、财产损失的，由保险公司在机动车第三者责任强制保险责任限额范围内予以赔偿。《民法典》第 1213 条规定，受害人同时起诉侵权人和保险公司的，由承保交强险的保险公司在责任保险范围内予以赔偿，不足部分由商业三者险的保险公司依据保险合同赔偿，最后才由侵权人予以赔偿。此外，《机动车交通事故责任强制保险条例》第二十一条同样规定：被保险机动车发生道路交通事故造成本车人员、被保险人以外的受害人人身伤亡、财产损失的，由保险公司依法在机动车交通事故责任强制保险责任限额范围内予以赔偿。无独有偶，我国台湾地区所谓的"强制汽车责任保险法"第 7 条亦规定，因汽车交通事故致受害人伤害或死亡者，无论加害人有无过失，请求权人得依本"法"规定向保险人请求保险给付或向财团法人汽车交通事故特别补偿基金请求补偿。因此，有台湾学者认为，在强制责任保险中，侵权人承担的是无过失责任，理由在于：无责任即无保险，既然无论侵权人之过失均要求强制责任保险的保险人赔偿，而保险人承担赔偿责任的前提是侵权人需要依据法律规定承担侵权责任，

---

❶ ［日］西岛梅治：《保险责任法的研究》，同文馆 1968 年版，第 25 页。转引自樊启荣、刘玉林：《责任保险目的及功能之百年变迁》，载《湖南社会科学》2014 年第 6 期。

故侵权人应承担限额内的无过失责任❶。司法实践中我国很多法院也持此种观点❷。

但是，这一观点存在较大瑕疵。如上所述，侵权人在强制责任保险限额内承担的是无过失责任，在限额外应依法承担推定过失责任。但是当受害人在某一事故中存在故意行为时，依据《机动车交通事故责任强制保险条例》第 21 条第 2 款之规定，道路交通事故的损失是由受害人故意造成的，保险公司不予赔偿。故本依侵权之法，无论受害人之行为，侵权人均应承担无过失侵权责任，故保险人均应在限额内承担赔偿责任。因此，该观点无法对受害人故意行为致侵权人无须承担责任的情形进行合理解释。

与一般的商业责任保险不同，强制责任保险的归责原则在限额内是无过失责任，根本目的在于为受害第三人设置保障制度，使受害第三人能够获得快捷、公正、及时的补偿❸，因此在强制责任保险中赋予受害人的直接请求权本质与侵权责任法中侵权人对受害人所负有的损害赔偿责任具有明显不同。换言之，在强制责任保险领域，侵权人依据法律规定投保保险，发生保险事故后侵权人需要对受害人承担无过失责任，故保险人也应当对受害人承担赔偿责任。因此，对于保险人而言，其乃共同承担侵权人在保险限额内的无过失责任，这种责任区别于侵权责任法，系强制责任保险法律法规所特别赋予的，两者最重要的区别在于被害人是否故意。如被害人系故意行为，依照侵权责任法之相关法理，保险人本也应承担赔付责任，但依强制责任保险法之特殊规定，给

❶ 林勋发：《强制汽车责任保险法主要争议与修正条文评述》，载我国台湾地区《法学杂志》2005 年第 69 期。

❷ (2016) 黔 04 民终 982 号案判决书、(2014) 许民终字第 1292 号判决书等。

❸ 郭锋、杨华柏、胡晓珂、陈飞：《强制责任保险立法报告》，法律出版社 2009 年版，第 7 页。

予保险人豁免，故将该请求权界定为保险法之特殊法定权，有利于保护保险人利益，防止保险欺诈行为，更契合保险法之原则。此外，此观点对于受害人而言亦更为有利，因为当保险事故发生后，侵权责任赔偿请求权与强制责任保险法赋予的直接请求权相竞合，受害人可以选择对于自己有利的权利直接行使，这有利于及时保护受害人的合法权益。另外受害人选择向保险人行使直接请求权，对其权利行使的限制可直接按照强制责任保险法律法规的规定予以适用，无须再受限于侵权责任法及保险合同等，减少受害人的权利行使限制及难度。

2. 任意责任保险中的直接请求权应为保全特定债权之代位权

原《最高人民法院关于适用〈中华人民共和国合同法〉若干问题的解释（一）》（以下简称《合同法司法解释（一）》）第13条规定，合同法第73条规定的"债务人怠于行使其到期债权、对债权人造成损害的"，是指债务人不履行其对债权人的到期债务，又不以诉讼方式或者仲裁方式向其债务人主张其享有的具有金钱给付内容的到期债权情况的应当承担举证责任。该规定将代位权的行使范围限定为"具有金钱给付内容的到期债权"，属于不特定债权。因此，有学者认为，虽然责任保险中的受害人直接请求权在形式上与合同法中的代位权很相似，但是不宜将之定义为代位权。理由在于：代位权的行使对象为不特定债权，如果将受害人的直接请求权定义为代位权，则会面临这样的一种情形，受害人作为债权人向侵权人投保的保险人主张代位权，受制于债权平等原则，既可能使被害人与其他债权人一样面临着债务人清偿不能的风险，也有可能使保险金成为被保险人的一般责任财产，其他债权人也可对保险金进行主张。正如有学者所言，这一结果具有

极强的不合理性，因为这相当于被保险人的其他债权人因受害人的权利受到侵害而额外地获得了利益。❶

但是，随着代位权理论和实践的不断发展，我国《民法典》第 535 条规定：因债务人怠于行使其债权或者与该债权有关的从权利，影响债权人的到期债权实现的，债权人可以向人民法院请求以自己的名义代位行使债务人对相对人的权利，但是该权利专属于债务人自身的除外。该条并未将所保全的债权限定为不特定债权，特定债权也可成为代位权的行使对象。因此，将受害人的直接请求权定义为保全特定债权的代位权则具有法律上的可能。如此定义，能够真正实现受害人、保险人及被保险人的合法权益，理由如下。

首先，在大部分的侵权责任事故中，受害人所受之伤害多为身体上的，这种损失根据侵权责任法之规定具有专属性。此外，受害人是保险金的最终享有者，所以保险金本身对于受害人而言具有一定的专属性。因此，将保险金定义为特定债权，可以发挥以下作用。其一，可以防止其他债权人主张保险金。当债务人面对多个债权人时，如果未将保险金定义为特定债权，则每个债权人均可向债务人主张，此举会导致真正受害人的权益受损，不符合公平原则。其二，将保险金定义为特定债权，在保险人破产时可以有效保护被害人的合法权益。根据现有破产及代位权理论，如保险金为普通债权，则在债务人陷入破产困境时，被害人无法直接主张，理由在于被保险人对保险人的保险金请求权亦为普通债权，应当由所有债权人共享，被害人直接向保险人行使代位权，本质上是对债务的个别清偿，违反了破产法的相关规定，无法通

---

❶ ［日］山田希：《从法国直接诉权论看我国债权人代位制度（一）》，载《名古屋大学法政论集》第 179 号（1999 年）。

过诉讼等方式维护自身权益。因此，为了提高对被害人的保护力度，发挥责任保险的真正作用，将保险金定义为特定债权，将被害人对保险金的直接请求权定义为对特定债权的代位权，可确保受害人直接通过诉讼等方式向保险人请求赔偿，切实获得其应得的保险赔偿金，以真正充分弥补其实际损失。

其次，将直接请求权定义为代位权，根据《民法典》第535条之规定，直接请求权的行使以债务人怠于行使为前提，因此，代位权理论无须突破合同相对性即可解释受害人直接请求权的权利来源，可以有效保护被保险人的合法利益，也可确保受害人在实践中的权利行使正当性。

最后，代位权理论将使保险人获得《民法典》第535条第3款之规定赋予的对被保险人的抗辩权，可有效避免受害人直接向保险人主张而致保险人因无法调查核实事故经过遭受实际损失，亦可减少保险人的调查核实支出，有利于保护保险人的合法利益。

三、《保险法》第65条的不足探析

近年来，社会化思潮呼唤立法者加强对弱势群体的保护，《保险法》顺应时代需求，及时参考域外先进立法经验，在第65条第2款赋予受害人的直接请求权，可谓一大进步。这一新增立法，有利于增强对第三者的保护，符合责任保险制度设计的目的，而且这样规定解决了困扰法院的实际问题，为交通事故损害赔偿案件追加保险人为共同被告和直接判令保险人承担赔偿责任提供了法律依据。但是，该条规定也有较多不妥之处，现分析如下。

（一）未区分强制责任保险和任意责任保险

《保险法》在第65条赋予受害人直接请求权，但是并未区分强制责任保险和任意责任保险，可谓最大的漏洞。

如前所述，强制责任保险与任意责任保险存在着较大的区别：强制责任保险以保护受害人为己任，在归责原则、理赔时效、理赔条件等方面均作了特殊规定，甚至在特殊情况下要求保险人垫付费用，以确保受害人能够得到及时的救治和赔付；任意责任保险则未脱离责任保险之应有范畴，虽然近年来保险界呼吁并切实采取措施增强责任保险对于受害人的保护力度，但是商业责任保险的真正保护对象仍然是被保险人，其核心目的是帮助被保险人分散风险，弥补损失。所以，在立法时应当对强制责任保险和任意责任保险进行区分，而不应将二者混为一谈，否则《保险法》第 65 条赋予被害人的直接请求权如何适用必将陷入困局，也在一定程度上削弱强制责任保险对于受害人的保护力度。

（二）未明确受害人直接请求权的法律属性

《保险法》第 65 条第 2 款所赋予的直接请求权不够明确，对其权利属性未作定义。依据该条规定，当赔偿责任确定且被保险人怠于请求的，受害人有权直接向保险人请求赔偿保险金。但是在实践中，这款条文的适用遇到了许多问题。比如，当受害人起诉保险人主张保险金时，保险人是否可以依保险合同行使抗辩权？如果将该直接请求权定义为依法律规定取得，则保险人无法基于保险合同行使抗辩权，理由在于合同具有相对性，受害人并非保险合同的当事人，而保险人针对被保险人所取得的抗辩权是因保险合同而产生的，将之用于受害人缺乏依据。此外，当被保险人失踪、破产时，受害人可否直接向保险人行使请求权？当被害人以诉讼方式直接向保险人行使请求权，是否会损害被保险人债权人的合法权益？如果不允许，又是否会导致受害人求赔无门，致责任保险的目的无法实现，进而影响保险的实际作用发挥？以上问题悬而未决，核心就在于对被害人直接请求权的法律性质未作明确定义，以致司法实践中各类主体无所适从。

（三）受害人直接请求权行使条件过于苛刻

依据《保险法》规定，受害人得以直接向保险人主张保险赔偿金的前提有二：赔偿责任确定，且被保险人怠于请求。何谓"怠于履行"？从文义解释的角度分析，"怠"意懒惰、松懈。从法律适用角度解释，所谓怠于请求，参照原《合同法司法解释（一）》第13的规定，是指债务人不履行其对债权人的到期债务，又不以诉讼方式或者仲裁方式向其债务人主张其享有的具有金钱给付内容的到期债权，致使债权人的到期债权未能实现。无论从文义解释，还是参照合同法规定，"怠于履行"更多关注债务人的主观心态，在其能够向其债务人主张而不主张时，即构成"怠于请求"。具体到责任保险领域，按照保险管理及保险合同要求，被保险人应当在发生保险事故后，及时通知保险人，并按照要求准备相关材料积极要求理赔，否则从保护受害人的角度出发，应当将被保险人的行为归类于"怠于履行"。但是，实践中被保险人因主观原因怠于请求的概率并不高，因为保险人为侵权责任的终局责任承担者，被保险人及时主张即可免除自身责任，何乐而不为？反倒是因为非主观原因，如侵权人陷入失踪、破产等境地而无法向保险人主张，此时被害人往往因为《保险法》规定的条件未成就而无法行使直接请求权，此时权利主张陷入僵局。

（四）保险人参与权的缺失

保险人参与权，是指保险人参与到被保险人和第三人的和解、仲裁，或者诉讼中的权利❶。在实践中，赋予保险人参与权对于正确核定赔偿数额具有至关重要的作用。因为保险合同的存在，一

---

❶ 郭颂平主编：《责任保险》，南开大学出版社 2006 年版，第 68 页。

且发生侵权事故，极易产生两种情形：其一，当受害人主张的赔偿金额在保险限额内，被保险人极有可能怠于行使抗辩权，也不会对赔偿数额的组成进行认真核查；其二，当得知保险合同的存在，受害人一方可能因为知悉该因素而提高赔偿请求数额或增列精神损害赔偿等赔偿项目❶。因此，赋予保险人参与权，让保险人参与谈判、和解及诉讼程序中，依据其丰富经验及减少理赔金额的天然动力，可以督促受害人提出合理请求，也可减少保险人的不当赔偿支出。但是，我国《保险法》不但未赋予保险人参与权，还在《最高人民法院关于适用〈中华人民共和国保险法〉若干问题的解释（四）》（以下简称《保险法司法解释（四）》）第14条明确规定被保险人与被害人协商一致确定的赔偿金额，被害人有权向保险人直接主张❷。此规定虽然有利于加快理赔进度，但是对被害人的倾斜保护以损害保险人的实际利益为代价，并非理智之举。因此，赋予保险人参与权，允许保险人参与到被保险人与受害人谈判协商全过程，乃保险立法之当务之急。

四、责任保险中受害人直接请求权的重构

如上所述，我国《保险法》虽然顺应时代潮流规定了受害人的直接请求权，但是法律规定过于笼统，在实践中这一条文的使用问题重重，在一定程度上反而阻碍了受害人及时弥补损失及责

---

❶ 温世扬：《"相对分离原则"下的保险合同与侵权责任》，载《当代法学》2012年第5期。

❷ 《保险法司法解释（四）》第14条规定，具有下列情形之一的，被保险人可以依照保险法第65条第2款的规定请求保险人直接向第三者赔偿保险金：（一）被保险人对第三者所负的赔偿责任经人民法院生效裁判、仲裁裁决确认；（二）被保险人对第三者所负的赔偿责任经被保险人与第三者协商一致；（三）被保险人对第三者应负的赔偿责任能够确定的其他情形。

任保险对于被保险人损失分摊作用的充分发挥。因此，有必要在全面梳理直接请求权的法律属性的基础上，对该权利体系进行重构，以充分发挥直接请求权的应有作用。

（一）区分强制责任保险与任意责任保险

对强制责任保险与任意责任保险进行区分，明确两者的法律属性，并分别赋予受害人不同的直接请求权，意义重大。

首先，区分强制责任保险与任意责任保险，更有利于保护受害人的合法权益。依据社会法理论，在重点领域推行强制责任保险，目的就是保护受害人在发生事故时能够及时获得保险人赔偿。因此，对责任保险进行区分，赋予强制责任保险的被害人在保险限额内的直接请求权，可以及时弥补受害人的财产损失，及时消除其因事故而致的经济困难。

其次，赋予任意责任保险的受害人有限制的直接请求权，有利于实现各方当事人之间的利益平衡。与强制责任保险不同，任意责任保险是投保人、被保险人为保护自身利益而投保的商业保险。因此，当保险事故发生后，应当对受害人的直接请求权予以限制，在尽最大可能确保受害人能够获得赔偿的同时，也要保护保险人的合法利益，尽量维护债的相对性原则，否则极有可能致保险人的风险大幅增加，进而传导至商业责任保险的定价，影响被保险人的实际利益。

最后，对强制责任保险与任意责任保险领域的受害人直接请求权进行区分，并分别明确其权利属性，有利于被害人在实践中的权利行使。将强制责任保险领域的直接请求权界定为特殊法定权，在实际行使时无需受其他条件限制，保险人也不得依保险合同等进行抗辩，确保强制责任保险真正全方位保护被害人。但是，在任意责任保险领域，将受害人的直接请求权定义为对特定债权的代位权，则有利于在实践中对受害人的权利行使提供指引，在保护受害人的前提下，尽可能为被保险人、保险人抗辩提供可能性，确保保险人的理赔符合合同约定，而不至于因过于倾斜保护致利益失衡，最终陷入任意责任保险沦为强制责任保险之困境。

综上，在任意责任保险领域，强调在保险契约框架内通过直接请求权强化对第三人的保护更有现实意义；而建立在强制责任保险制度基础上的受害人直接请求权，既具备超越保险合同约束的物质基础，也为实现强制性责任保险目的所必须❶。因此，笔者建议对受害人的直接请求权进行以下区分：在强制责任保险领域，赋予受害人无限制的直接请求权，一旦保险事故发生，受害人即可直接向保险人主张赔偿保险金，除非受害人故意，否则保险人均得在保险限额内对受害人的实际损失予以赔偿；在任意责任保险领域，受害人的直接请求权应受到相当限制，只有在法律规定的情形下，受害人才得以行使直接请求权，保险人得以根据保险合同对受害人的请求进行抗辩。

（二）明确任意责任保险的受害人直接请求权行使条件

如前所述，《保险法》第 65 条对受害人行使直接请求权的条件进行了规定。在任意责任保险中，对直接请求权设定行使条件是应有之义，否则既是对债的相对性原则的背离，也是对私法自治的过度干预，缺乏充分的法理依据❷。但是《保险法》的这一规定过于关注被保险人的主观状态，既不利于实际运用，也未充分保护受害人的合法利益。

---

❶ 陈亚芹：《论责任保险第三人直接请求权的立法模式》，载《保险研究》2011 年第 1 期。

❷ 温世扬：《"相对分离原则"下的保险合同与侵权责任》，载《当代法学》2012 年第 5 期。

纵观世界各国立法，赋予受害人直接请求权的立法模式都会对权利的行使条件进行明确规定。最典型莫过于英国，其于1930年制定并于2010年修订的《英国第三人（对承保人的权利）法案》第1条第1项明文规定，当一个人（1）就对第三方产生的责任进行了保险；（2）自己破产或与债权人达成和解协议或安排时，因对第三方承担责任而享有的对承包人的权利"转移授予第三方"。❶ 德国的《德国保险合同法》也明确规定：在如下情形下，第三人可以对保险人提出补偿请求：（1）该责任保险为履行《德国强制保险法》的义务所成立之保险；（2）或者针对保单持有人之财产的破产程序已经启动，或者因为缺乏破产财产致使该破产程序启动申请被驳回，或者已经任命了临时破产执行官；（3）或者保单持有人下落不明。❷ 此外，我国香港特别行政区也在《第三者条例》规定受害人可以在受保人无力清偿债务或在某些其他事情发生时得以直接向保险人索赔。

因此，笔者认为，我国《保险法》应该对任意责任保险的第三人直接请求权设定明确、合理且较易操作的条件。这个条件应当包括两个方面：其一，因被保险人主观之原因致被害人无法获得清偿；其二，基于被保险人的客观原因而致被害人无法清偿。第一种情况，主要是被保险人拒绝清偿或者怠于向保险人请求，此种情况已经在《保险法》第65条予以规定。第二种情况，主要是指被保险人陷入破产、死亡、宣告失踪、丧失行为能力等主体资格丧失或行为能力受限等困境。在发生以上两种情况时，被害人可以突破合同相对性，自行向保险人申请理赔，因此获得的保

❶ ［英］M. A. 克拉克：《保险合同法》，何美欢、吴志攀等译，北京大学出版社 2002 年版，第 143 页。
❷ 陈飞：《论我国责任保险立法的完善》，载《法律科学》2011 年第 5 期。

险赔偿金应当具有优先性。

（三）赋予保险人参与权

保险人的参与权在各国和各地区的立法实践中均有提及。如我国台湾地区就在所谓的"保险法"第 93 条规定：保险人得约定被保险人对于其第三人就其责任所为之承认、和解或赔偿，未经其参与者，不受拘束。但经投保人或被保险人通知保险人参与而无正当理由拒绝或借故迟延者，不在此限。因此，参考有关经验，结合我国责任保险实践，笔者认为赋予保险人参与权应从以下两个角度考虑。

其一，《保险法》第 65 条第 2 款规定的"被保险人对第三者所负的赔偿责任确定"，是保险人支付保费及被害人行使直接请求权的条件之一。如何理解"赔偿责任确定"？有观点认为，被保险人与被害人就赔偿责任、赔偿金额达成一致，即可视为赔偿责任确定，只要赔偿金额在保险限额内，保险人就有依据保险合同支付赔偿金的义务。《保险法司法解释（四）》第 14 条即如此规定。对此观点，笔者不予认同。如前所述，保险人为侵权责任事故的最终责任承担者，被保险人并没有动力对被害人的赔偿请求进行核定，往往会抱着早赔偿早结案或因侵权而心怀愧疚的心态对被害人的所有请求予以认可。如果不允许保险人在此过程中参与，则会导致保险人的赔偿风险及赔偿金额大幅增加。因此，应在《保险法》中明确规定，未经保险人同意，被保险人与被害人达成的任何赔偿协议均不得约束保险人，保险人有权要求对保险责任及赔付金额进行重新核定。当然，该举措"并非用以赋予保险人特权地位，而是为了平衡双方利害关系❶"。

---

❶ 陈雅萍：《论责任保险人于危险事故发生时之参与权及其为被保险人利益之防御义务》，台北政治大学 1994 年硕士学位论文，第 78 页。

其二，应在《保险法》中明确增加保险人参与理赔流程的义务。参与权并非仅仅是一种权利，在更多的时候应将其定义为一种义务。相较于被保险人，保险人在理赔进程中拥有以下优势：第一，保险人的理赔经验非常丰富，在与被害人的谈判过程中，保险人可以全面核查被害人提供的所有理赔资料并对其进行筛选，及时发现不当理赔请求；第二，保险人拥有强大的财力及人才储备，在面对复杂、烦琐的谈判、诉讼流程时可以更为从容，有利于保险人为自己及被保险人争取最大利益；第三，保险人拥有降低被害人理赔请求的天生动力，相比于被保险人，保险人对此更为热衷。因此，明确规定保险人应当参与到理赔、诉讼流程，有利于充分保护被保险人的合法利益，有利于对被害人施加更多压力，确保其赔偿请求依据充分、数额合理，有利于把控保险人的理赔风险，最终实现三者利益的平衡，促进责任保险的健康发展。

继续执行责任保险面临的问题及破局之策

林一青[*]

近年来，"执行难"是萦绕在当事人心头的一大烦心事，更是人民法院工作的痛点和难点。经人民法院审理，已经发生法律效力且具有具体执行内容的法律文书，受一些消极因素的影响，存在无法实现或难以实现的情况，使得"执行"难以为继。尤其是在执行过程中，当案外人对执行行为提出异议时，执行法院往往只得暂停对执行标的的处分，需等待案外人执行异议之诉审理完毕，方可继续原执行，执行程序"战线"被"拉长"。申请人为"加速"执行，需向执行法院提供充分、有效的担保，继续执行责任保险由此应运而生。2019年，北京海淀法院与阳光财险开展战略合作，该险种首次进入国人视野。

继续执行责任保险与诉讼财产保全责任保险不

---

* 作者简介：林一青，华东政法大学法律硕士，现为福建宇凡律师事务所律师。

同，是以申请执行人为被保险人，以被执行人、执行异议提出方为关系人，在保险期限内，因被保险人向人民法院请求继续执行存在错误，给被执行人、利害关系人或案外人造成损失的，经人民法院依照法律判决应由被保险人承担经济赔偿责任的，保险人按照保险合同的约定进行赔偿。[1] 该保险作为一种新险种，通过引入保险公司承担继续执行担保责任，为解决部分案外人滥用执行异议制度拖延执行程序提供了破局之路。相较于诉责险，该险种自 2019 年首次推出以来，适用时间较短，运用并不广泛，个中缘由较多。但从该险种的设计原理析之，其广泛运用对于提高执行效率颇有裨益。

一、继续执行责任保险推行的法律依据

根据《民事诉讼法》（2021 年修正）第 232 条、第 234 条及《最高人民法院关于人民法院办理执行异议和复议案件若干问题的规定》之规定，执行异议分为两种，一种是当事人、利害关系人认为执行行为违反法律规定；另一种是案外人对执行标的主张所有权或者其他足以阻止执行标的转让、交付的实体权利的，上述主体可以向执行法院提出异议。

《最高人民法院关于适用〈中华人民共和国民事诉讼法〉执行程序若干问题的解释》（以下简称《执行程序司法解释》）第 9 条规定："执行异议审查和复议期间，不停止执行。被执行人、利害关系人提供充分、有效的担保请求停止相应处分措施的，人民法院可以准许；申请执行人提供充分、有效的担保请求继续执行的，应当继续执行。"第 15 条规定："案外人异议审查期间，人民法院

---

[1] 韩亮、余夏敏：《继续执行责任保险面临的问题及建议》，载《上海保险》2022 年第 12 期。

不得对执行标的进行处分。案外人向人民法院提供充分、有效的担保请求解除对异议标的的查封、扣押、冻结的，人民法院可以准许；申请执行人提供充分、有效的担保请求继续执行的，应当继续执行。因案外人提供担保解除查封、扣押、冻结有错误，致使该标的无法执行的，人民法院可以直接执行担保财产；申请执行人提供担保请求继续执行有错误，给对方造成损失的，应当予以赔偿。"《最高人民法院关于适用〈中华人民共和国民事诉讼法〉的解释》第313条规定："案外人执行异议之诉审理期间，人民法院不得对执行标的进行处分。申请执行人请求人民法院继续执行并提供相应担保的，人民法院可以准许。被执行人与案外人恶意串通，通过执行异议、执行异议之诉妨害执行的，人民法院应当依照民事诉讼法第一百一十六条规定处理。申请执行人因此受到损害的，可以提起诉讼要求被执行人、案外人赔偿。"

基于上述法律规定，被执行人、利害关系人提出执行异议的，不停止执行，而案外人提出异议或者提起执行异议之诉时，在异议审查和执行异议之诉审理期间，人民法院都不得对执行标的进行处分。申请人若要请求人民法院继续执行的，需要提供相当价值的担保物。通常，人民法院接受的担保物主要是现金（银行存款）或者无权利负担的不动产，这对于申请执行人而言负担过重。申请人向法院申请强制执行，一则是为了尽快实现自己的合法权益，二则更是为了尽快获得资金支持，解决当下的资金难题。

在民事执行程序中，担保制度的设计是为了保护异议人的合法权益不受侵害，有其合理性。如果异议人的主张获得法律支持，其就可以获得一定的财产；如果申请人未提供担保即可继续执行，申请人要求继续执行几乎没有成本，在实践中容易给异议人造成无法挽回的损失。案外人异议制度的设计也就会失去其存在的意义。

但是在实践中，确实存在不少人利用异议制度，甚至有不少被执行人与案外人恶意串通，以期达到阻却执行、拖延执行的目的。笔者在"中国裁判文书网"检索案由为"案外人执行异议之诉"的案件，发现从2016年起，每年该案由的裁判文书篇数皆超过一万，2019年和2020年文书篇数超过三万，自2016年至2022年文书篇数总计为173 766篇。

基于上述法律规定，保险人为申请执行人出具继续执行责任保险保单保函，为其申请继续执行提供担保，可以实现申请人、异议人和法院之间的三赢局面。对申请人而言，可以以较低的价格购买保险，获得保险公司的担保，承担较低的成本即可快速实现其合法权益，实现资金的融通；对异议人而言，有偿付能力足够的保险公司提供的担保作后盾，则无须担心法院继续执行可能对其合法权益造成实质性损害；对法院而言，通过该保函可以有效提升执行的效率，保障申请人和异议人的合法权益，避免出现执行程序的无限蔓延，即使继续执行出现错误，需要执行回转的，还有保险公司承担赔偿责任。

二、继续执行责任保险的具体案例

2019年以来，继续执行责任保险在北京、天津、上海、浙江、江苏、山东等经济较发达省份零星出现过。

2019年5月24日北京海淀法院举办司法领域责任险签约仪式，北京市首份"继续执行责任保险"保单诞生。❶ 申请人李先生

---

❶ 徐伟伦、王晓丹：《北京首份"继续执行责任保险"出炉——海淀法院与阳光财险开展战略合作》，载全国法院切实解决执行难信息网：https：//www. baidu. com/link？ url = vt5xhXEIDBxkNnq6lGLldYuYLtoOhHATd2ueCjRH1E0L2JBayG XDQZ1lyAlnQQERSy7M3KgrnatJEip1mjgBWvumPeqIa8lzQgZ_NS Pj8jO&wd = &eqid = c2dc63e7000dc27f00000006645f2bb4，访问日期：2019年5月28日。

与被执行人邹某因民间借贷产生纠纷，法院审理后判决邹某偿还借款本金 410 万元及相应利息。因邹某未按时履行还款义务，李先生遂申请强制执行。在执行阶段，法院查封了邹某名下房产，但案外人翟某提出书面执行异议，并在异议被驳回后，提出案外人执行异议之诉。至此，该案自邹某拖欠欠款已达 5 年，由于案外人又提起了执行异议之诉，算上一审、二审，可能还得再拖上一年，对于申请执行人非常不利，执行程序因此而陷入僵局。2019 年 5 月，海淀法院与阳光财产保险股份有限公司开展战略合作，打破了这一执行僵局，在申请人投保、保险公司出具保函后，法院继续依法处置邹某房产，各方当事人的利益都得到了有效维护。

在上海，首例"继续执行责任保险"保单落地长宁❶。申请执行人张某与被执行人洪某、邹某因民间借贷产生纠纷，2017 年 1 月，双方在法院调解下达成协议，被执行人需归还申请执行人张某借款本息合计 1248 万余元。2017 年 4 月张某向长宁法院提出执行申请后，法院依法对被执行人的房产启动了评估拍卖程序。然而，被执行人及案外人仅在 2017 年年底至 2018 年上半年，就以各种理由提出三次执行异议，均被法院分别以证据不足和不符合受理条件为由依法驳回。2019 年年初，法院再次对拍卖房屋进行评估，被执行人又以签署付款承诺的方式与申请人达成执行和解而撤回拍卖，并承诺于 2019 年 12 月 15 日前支付部分执行款，但逾期并未全部履行。同年 12 月 17 日，申请人申请重启拍卖程序，被执行人又以房屋的实际价格高于评估价格等为由，再次向法院提出执行异议，执行程序再度陷入了僵局。长宁法院结合该案的实

---

❶ 张旭凡：《"老赖"拖延执行，屡屡摁"暂停键"，长宁法院引入"保险"破困局——首例"继续执行责任保险"保单落地》，载《上海法治报》2020 年 9 月 16 日，第 B03 版：案件写真。

际情况，在申请人与保险公司之间搭建沟通平台，协调推进，最终成功实现首例"继续执行责任保险"保函在上海基层法院落地。

在前述案例中，"继续执行责任保险"为申请执行人提供了继续执行的"能力"和"底气"。根据法律规定，在继续执行中，申请人没有拿到实际财产的前提下，要另外提供大额的担保方可申请继续执行，在现实生活中是不切实际的，可能使申请人雪上加霜，也可能成为压倒申请人正常经营生活的最后一根稻草。而"继续执行责任保险"让申请人以购买保单保函的较小代价，推进实现财产的变现，及时取得执行款，避免了部分小微企业倒闭的可能。

三、继续执行责任保险推行过程面临的问题

继续执行责任保险在推进执行进程方面具有十分显著的优势，但是在实践中应用的却并不多，甚至部分省市尚未实现该险种的实际运用，部分法官、律师对此新型险种不甚了解。与"案外人执行异议之诉"的案件量巨大形成鲜明对比的是，笔者在"中国裁判文书网"以"继续执行责任保险"为关键字，仅检索到53篇文书，其中第一篇文书出现于2019年，2020年增加至29篇，随后又有所回落。可见，继续执行责任保险在实践中应用的极少。笔者认为，全面分析该险种推行受阻的原因方能让该险种在执行程序中发挥更好的作用。

（一）执行法院、执行法官对继续执行责任保险的态度模糊

从上文详述的法律规定可知，现阶段我国法律并未明文规定"继续执行责任保险"是否系属执行异议或异议之诉中"合格的担保物"，申请执行人可否依"继续执行责任保险"保单保函申请继

续执行由各执行法院、执行法官决定。在最高人民法院未有明确态度的情况下，许多法官宁愿守旧，也不愿"突破"。从本文第二部分的两个案例可知，该险种的首次使用和深入推广皆有赖于法官在申请人与保险公司间架设沟通的桥梁，若无执行法院及法官对该险种认可，恐无法促成该险种的落地实施。

同时，当前社会各界对于保险公司保险产品的认可度不一，民众对于保险公司"投保容易理赔难"的刻板印象并未破除，部分地区部分法官也难免对保险公司有一些偏见，担心即便申请执行人提供了继续执行责任保险保单作为担保，一旦出险，保险公司仍可能"花式拒赔"，执行异议人的合法权益恐难以得到保证。以上种种原因，导致继续执行责任保险在 2019 年首现至今近 5 年也仅在少数法院被采纳，尚未形成广泛执行实践的基础。

（二）保险公司对继续执行责任保险的推行也有疑虑

继续执行责任保险以申请人的法律责任风险为承保标的[1]，其担保数额通常较大，一旦出险，保险公司可能面临数倍甚至百倍于保费收入的赔偿，该险种的风险系数较高，是小规模保险公司所难以承受的，其中大地保险公司开出此项险种之后，因不胜负担已经下架。该险种的风险之高让很多保险公司望而却步。

与交强险、重疾险等这些险种不同，继续执行责任保险的承保标的涉及的法律关系较为复杂，在执行异议或者异议之诉中，异议人的异议事项各不相同，有依据"买卖不破租赁"原则主张租赁权的，有依据合同关系或基于夫妻关系主张所有权的，也有对抵押范围提出异议的，保险公司法务专员或法律团队专业水准

---

[1] 韩亮、余夏敏：《继续执行责任保险面临的问题及建议》，载《上海保险》2022年第 12 期。

的差异导致保险公司在业务准入、审核承保风险方面有差异，部分保险公司担心风险太大而不敢承保，也导致了该险种在保险业界的普及度不高。

此外，当继续执行错误时，法院的执行顺序和保险公司承担的责任性质、责任限额与所享权利也是保险业界推行该险种的疑虑之一。在保险公司出具的继续执行责任保险条款中，关于保险责任的条款一般表述为，"在保险期间内，因被保险人向人民法院请求继续执行有错误，给被申请人造成损失的，人民法院依照中华人民共和国法律（不包括港澳台地区法律）裁判应由被保险人承担的经济赔偿责任而被保险人未予赔偿的，保险人根据本保险合同的约定在赔偿限额内负责赔偿"❶，根据这一保险条款表述，保险公司是在被保险人（即申请执行人）未予赔偿的情况下，在其损失限额内方承担损害赔偿责任，是一种补充的赔偿责任❷。

那么，在继续执行错误时，法院能否直接径行裁定执行保险公司的财产？在（2019）冀02执异416号某财产保险股份有限公司、季某与某建设集团股份有限公司等合同、无因管理、不当得利执行审查类案件中，法院认为依据《最高人民法院关于人民法院执行工作若干问题的规定（试行）》第74条规定❸，因继续执行有错误给被执行人造成损失的，人民法院可以直接裁定对申请执行人提供的担保财产采取执行措施，用于赔偿对方的损失，不需

---

❶ 阳光财产保险股份有限公司《继续执行责任保险合同条款》。

❷ 在（2021）冀执复216号季某、某建设集团股份有限公司等建设工程合同纠纷执行异议复议案件中，河北省高级人民法院认为，某保险公司应当承担的保险责任范围依据其出具的保单保函约定是一种补充赔偿责任，申请执行人季某主张由保险公司承担整个执行回转不到位的全部资金没有法律依据，不予支持。

❸ 《最高人民法院关于人民法院执行工作若干问题的规定（试行）》于2020年12月23日修正，该条款已被删除。

要另行通过诉讼程序，但是这与保险公司的理赔程序相冲突。继续执行责任保险作为一种保险产品，适用《保险法》的相关规定，一旦出险应当由保险公司进行理赔定损。在被保险人没有申请理赔或者继续执行中的案外人或其他被申请人没有提起诉讼要求保险公司承担责任的情况下，法院径行裁定保险公司承担赔偿责任，剥夺了保险公司的理赔定损权，失之偏颇，这一问题有待实践中进一步研究解决。

（三）律师对于继续执行责任保险的了解度不够

需要提供继续执行责任保险作担保的案件往往执行标的较大，申请执行人聘请律师的可能性较高。但是据了解，熟知此险种的律师并不多，小城市、小型律师事务所的律师更是没有听说过此险种，其在代理执行案件时也就无法建议申请执行人采用此种方法申请继续执行。律师作为法律实务界的重要群体，如若其对该险种较为了解，并在适当的情况下向当事人推荐该险种，不仅能助力维护申请执行人的合法权益，相信对于该险种的推广将颇有裨益。

四、继续执行责任保险有效推行的破局之策

当前，执行难的现象长期困扰着各地法院，获得胜诉生效判决的当事人的合法权益因执行困境最终无法获得全面实现，甚至完全无法实现，已经严重影响了司法权威。继续执行责任保险若能有效推行，对于切实解决"执行最后一公里"问题将有深刻的现实意义。

（一）将继续执行责任保险确定为合格的担保物，执行法院、执行法官自上而下对其实现认可

继续执行责任保险有效推行的关键在于执行法院、执行法官

对其的认可。笔者认为，要实现继续执行责任保险的有效推行，首先，应当在立法层面，将继续执行责任保险纳入明确可以作为执行程序中合格担保物的种类。最高人民法院应对继续执行责任保险表明明确支持的态度，采取"总对总"的方式，与保险公司总部开展战略合作，自上而下地使继续执行责任保险成为合格的担保物❶。亦可先在北京、上海、广东、浙江、江苏、福建、山东等经济发达省市先行试水推行，经验成熟后再全面推广至全国各地。其次，各层级的执行法院应在上级法院的指导下在院内组织培训，也可以和当地保险公司联合组织培训，让执行法官熟悉此种保险，了解此种保险的优势，从而推广适用。最后，在各省高级人民法院层面建立合格的保险公司名单库，可以参考鉴定机构、评估公司等名单库的建立经验，将有实力、有信誉、有偿付能力的保险公司纳入法院的合格保险公司名单库中，申请执行人以继续执行责任保险为继续执行提供担保的，须以库内保险公司提供的保单保函为限。同时对名单库实行动态管理，对名单库内保险公司做好定期评估与更新。

（二）科学设计保险条款，采取差别定价方式，引入专业团队核保，保险公司实现全流程风险控制

毋庸置疑，相较于其他险种，继续执行责任保险的运营风险和法律风险较高。但从案外人执行异议之诉中案外人的胜诉率较低这一事实来看，该险种有其推广的基础，亦有盈利的可能。保险公司，一是可以与专业的律师事务所合作，聘请专业的律师团队作为法律顾问单位或者引入专业的律师团队作为外部核保团队，

---

❶ 韩亮、余夏敏：《继续执行责任保险面临的问题及建议》，载《上海保险》2022年第12期。

协助保险公司进行全面风险控制；二是由银保监会或保险行业协会牵头，组织制定统一的业务规则、风控标准、定价标准等，引导建立规范的实施体系，同时为保险公司推广该险种提供必要的帮助。

此外，笔者认为，如果申请执行人（兼投保人、被保险人）向人民法院请求继续执行存在错误，给被执行人、利害关系人或案外人造成损失的，经人民法院依照法律判决应由被保险人承担经济赔偿责任的，保险公司按照保险合同的约定进行赔偿后，应当赋予其代位求偿的权利。当申请执行人请求继续执行存在故意或重大过错时，保险公司在先行承担赔偿责任后，可以根据过错比例，向申请执行人追偿，挽回部分损失。这符合《最高人民法院关于适用〈中华人民共和国保险法〉若干问题的解释（四）》第8条"因投保人对保险标的的损害而造成保险事故，保险人依法主张代位行使被保险人对投保人请求赔偿的权利的，人民法院应予支持"之规定，也是基于保险公司在承保该险种时易因与申请执行人的信息不对称而出现缔约过失之考虑。

（三）加大保险宣传力度，提高律师的认识度，提升民众的认可度，助力保险公司拓展该项业务

继续执行责任保险是一种新型的保险品种，律师，尤其是二三线城市的律师以及普通民众对其鲜有了解，甚至不曾听说，如此会导致保险公司获客难度大，难以拓展该项业务，也加大了保险公司的风险成本。因此笔者建议，首先应当从律师入手。第一，各地律师协会应当组织培训，组织律师学习继续执行责任保险，明确该险种在破解执行难问题中可以发挥的优势作用，培养律师的业务能力，结合案件的实际情况，适时引入该险种破解执行难的问题。第二，保险公司可以与当地执行法院、律师事务所、社

区村镇等进行普法联动，通过分发宣传材料，介绍成功案例等方式，实现该险种的普及与推广。

　　"酒香不怕巷子深"，继续执行责任保险虽已推行几年，始终未实现较广泛的使用，但笔者相信在各界的努力下，该险种将会在未来的执行实践，尤其是继续执行领域发挥重要的作用。其广泛推行必能够有效提高执行效率，保障申请执行人的合法权益，攻克执行的"最后一公里"问题。

继续执行责任保险发展前景分析与建议

韩　亮　余夏敏*

一、前言

执行过程中，案外人对执行行为有异议的，执行法院往往只能暂停对标的物的处分或执行款的分配。而出现异议之诉，审理期间人民法院不得对执行标的进行处分。申请人为确保自身权益尽快实现，只能向执行法院提供相应担保。由此，"继续执行责任保险"，应运而生。部分执行法院审核并认可保函后，可在当事人提出异议及异议之诉的情况下，依申请人申请继续执行，及时处分执行标的或分配执行款。如果申请人向人民法院请求继续执行错误给他人造成损失的，将根据保险合同的约定由保险公

＊　作者简介：韩亮，上海市宝山区人民法院法官，华东政法大学法学博士；余夏敏，上海市宝山区人民法院法官助理。原文载于《上海保险》2022 年第 12 期，收录于本书时又作了部分修改。

司赔偿相应损失，从而保护相关利益方的合法权益，大幅提高执行效率。然而，在执行实践中，"继续执行责任保险"运用并不广泛，不同法院、法官对其持有的态度也不尽相同。因此，"继续执行责任保险"普及仍任重道远。笔者从法官的角度，拟对这一新的保险险种普及，提出自己的一些建议和想法。

二、继续执行责任保险落地的背景分析

《最高人民法院关于适用〈中华人民共和国民事诉讼法〉执行程序若干问题的解释》第 15 条规定："案外人异议审查期间，人民法院不得对执行标的进行处分。案外人向人民法院提供充分、有效的担保请求解除对异议标的的查封、扣押、冻结的，人民法院可以准许；申请执行人提供充分、有效的担保请求继续执行的，应当继续执行。因案外人提供担保解除查封、扣押、冻结有错误，致使该标的无法执行的，人民法院可以直接执行担保财产；申请执行人提供担保请求继续执行有错误，给对方造成损失的，应当予以赔偿。"《最高人民法院关于适用〈中华人民共和国民事诉讼法〉的解释》第 313 条规定："案外人执行异议之诉审理期间，人民法院不得对执行标的进行处分。申请执行人请求人民法院继续执行并提供相应担保的，人民法院可以准许。被执行人与案外人恶意串通，通过执行异议、执行异议之诉妨害执行的，人民法院应当依照民事诉讼法第一百一十六条规定处理。申请执行人因此受到损害的，可以提起诉讼要求被执行人、案外人赔偿。"

基于上述法律规定，在民事执行程序中，申请人在案外人异议或异议之诉的情况下，请求人民法院继续执行，均需提供相当于异议或异议之诉争议金额等值的担保物。通常，法院接受的担保物主要为现金或者无权利负担的房地产。然而，无论以现金或

无权利负担的房地产作为担保物，均会造成申请人经济负担过重。而且，申请人迫切希望法院尽早执行完毕，实现债权，无非是可融资财产不足，对执行款的需求强烈，否则耐心等待异议或异议之诉流程即可。担保的规定，给申请人造成了沉重的负担。实践中也常出现，执行未完毕，申请人先被拖垮，甚至破产，从而又引发出一系列的诉讼、执行案件。无疑给社会和法院都造成不小的负担。

然而担保的规定是为了保护异议人的合法权益不受侵害，它本身具备一定的合理性。若异议人异议成立，其主张得到法律支持，异议人就可以获得一定的财产。如果申请人未提供担保就继续执行，则申请人要求继续执行的成本过低，可能会给异议人造成无法挽回的损失。但实践中也确实有不少人利用执行异议、执行异议之诉的程序，达到阻却执行、拖延执行的目的，逼迫申请人放弃部分权益。

作为人民法官必须"忠于祖国，忠于人民，忠于宪法和法律，忠实履行法官职责，恪守法官职业道德，遵守法官行为规范，公正司法，廉洁司法，为民司法，为维护社会公平正义而奋斗"。承办法官渴望快速执结案件，尽快使申请人合法权益得到保障。但出于公平、公正的角度，哪怕异议有万分之一的成立可能，我们也不能剥夺异议人的权益，不能突破法律的规定。因此，采用一种既不会给申请人造成沉重负担，又能确保异议人的权益不受损害的担保方式，成了解决这一难题的关键所在。"继续执行责任保险"，也由此应运而生。

"继续执行责任险"是以申请执行人为被保险人，以被执行人、执行异议提出方为关系人，在保险期限内，因被保险人向人民法院请求继续执行存在错误，给被执行人、利害关系人或案外人造成损失的，经人民法院依照法律判决应由被保险人承担经济赔偿责任的，保险人按照保险合同的约定进行赔偿。"继续执行责任险"作为一种新保险险种，申请人仅需支付低廉的保费（根据保险金额的大小及保险公司的不同，保费基本上为保险金额的1%～2%不等），就能由保险公司承担继续执行担保责任。

以"继续执行责任保险"保函作为担保，可以实现异议人、申请人、法院之间的三赢局面。对异议人而言，无须担心法院继续执行对其合法的权益造成损害，若确有损害，可以通过保险公司得到合理的赔偿。对申请人而言，可以尽快实现其合法权益，解决当务之急。对法院而言，通过该保函可以提高执行效率，有效保障申请人的合法权益，即使继续执行行为有误，还有保险公司承担赔偿义务。

另外，相对于无权利负担的房地产，"继续执行责任保险"作为担保物，具备更强的偿付能力，偿付金额不会受到房地产价格波动的影响，而且还省去了房地产变现的环节，大幅提高赔偿额和效率。

2019年以来，"继续执行责任保险"在我国北京、山东、江苏、浙江、上海等地均有零星出现过。在北京市海淀区，申请人李先生与被执行人邹某因民间借贷产生纠纷，法院审理后判决邹某偿还借款本金410万元及相应利息。因邹某未按期履行还款义务，李先生遂申请强制执行。在执行阶段，法院查封了邹某名下房产，但案外人翟某提出书面执行异议，并在异议被驳回后，提出案外人异议之诉，严重拖延执行进程。2019年5月份，申请人投保"继续执行责任保险"，保险公司出具保函后，法院继续依法处置邹某房产，加速了执行的进程。在山东青岛，申请执行人青岛某投资有限公司与被执行人青岛某建设工程有限公司、青岛某建设实业有限公司、青岛某新能源科技有限公司、李某某、薛某环、王某、薛某明金融借款合同纠纷案执行过程中,申请执行人申请拍卖被执行人青岛某新能源科技有限公司名下位于青岛市即墨区一处土地及在建工程。第一次拍卖开拍前,案外人对拍卖的部分标的物提出异议。为了保证如期拍卖,申请执行人向阳光财产保险有限公司购买了继续执行责任险,阳光财产保险有限公司向法院出具了保函。法院按期启动拍卖程序,最终竞买人以 1.76 亿元的价格成功竞得拍卖标的物。在江苏淮安,一起机动车交通事故中,周某被法院判决需要赔偿葛某 16 万余元。在执行过程中法院依法查封周某在某小区 303 室、304 室两处不动产,后法院作出执行裁定书,裁定拍卖被执行人周某上述 303 室不动产及配套车库。收到拍卖裁定书后,周某的 5 名家庭成员以被查封房屋系按份共有为由,对法院查封、拍卖该房屋的行为不服,向法院提出书面异议。为此,葛某向一家保险公司投保继续执行责任险,保险公司出具保函。法院经审核确认后,在周某家人提起执行异议之诉的同时继续执行、处分标的物。

因"继续执行责任保险"有效规避了债务人、案外人利用异议程序拖延执行,被誉为打击"老赖"拖延执行行为的"神器"。甚至因"继续执行责任保险"的担保,使申请人及时取得执行款,避免了疫情中风雨飘摇的小微企业及数十名员工遭受倒闭和失业的窘境。

三、该险种在相关案例中的实际运用

2021 年,上海市宝山区人民法院移送执行徐某诈骗罪纠纷案,对债务人所有的分别位于上海市浦东新区和静安区的两套房产,依法启动处置程序,其中上海市浦东新区浦明路某弄某号某室复式公寓及 C105 车库,成交价为人民币 2 597 万元,扣除应在执行款中优先拨付款项外（辅拍费、过户税费等），余款人民币23 596 689.44元；上海市静安区恒丰路某号某室及地下1层车位35，拍卖成交价为人民币4 640 000元，扣除应在执行款中优先拨付款项外（辅拍费、过户税费等），余款人民币3 946 449.23元。

执行款到位后，五位债权人（均经法院生效裁判）向执行法院申报债权，请求参与分配：（1）上海具远实业有限公司即上海市浦东新区浦明路某弄某号某室复式公寓及C105车库房产抵押权人，申请优先分配金额为人民币24 816 709.34元，含本金、利息、违约金、公证费。（2）徐某诈骗罪一案被害人沈某的退赔金额为人民币10 500 000元。（3）杨某申请参与分配金额为本金人民币3 800 000元、相应的利息、公告费人民币560元、执行费人民币52 687元。（4）童某申请参与分配金额为人民币454 160元、执行费人民币6 712.4元。（5）上海农村商业银行股份有限公司静安支行申请参与分配金额为人民币1 991 501.33元，含本金人民币、利息等。

2021年12月24日，执行法院制定了执行分配方案：（1）上海某实业有限公司得款人民币23 596 689.44元。（2）沈利国得款人民币3 946 449.23元。（3）杨某得款人民币0元。（4）童某得款人民币0元。（5）上海农村商业银行股份有限公司静安支行得款人民币0元。

执行分配方案作出后，法院将分配方案送达各当事人，除徐某诈骗罪一案被害人沈某外，其余债权人均未提出书面异议。沈某向执行法院提出书面异议，认为抵押权人上海某实业有限公司的优先债权应仅限于本金，而利息、违约金等费用不应优先受偿，上海某实业有限公司则对沈某的异议提出反对意见。之后，沈某在法定期限内向执行法院提起分配方案异议之诉。然而受上海疫情影响，执行分配方案异议之诉难以推进，该案件的剩余款项也暂未发放。

2022 年 5 月 16 日，上海某实业有限公司负责人向执行法院表示其公司受到此轮疫情的冲击已停工停产 70 多天，因流动资金严重不足，正常的经营难以为继，为使企业持续经营，保障员工就业，公司已主动向保险公司投保"继续执行责任保险"并将保函提交至执行法院，申请法院尽快发放剩余执行款人民币 8 616 689.44 元，帮助企业渡过难关。

获悉企业的实际情况后，法院合议庭采取在线评议的方式对案件进行讨论，认为原执行分配方案符合法律规定，"继续执行责任保险保函"具有担保效力，合议庭成员一致同意可以继续发放剩余的执行款 8 616 689.44 元，以帮助企业解决实际困难。同时，由于有"继续执行责任保险"作为担保，即使后续执行分配方案异议之诉的结果对分配方案有变更，亦不会使沈某合法权益受到侵害。至此，上海某实业有限公司顺利收到钱款，企业的危机顺利度过，员工的生活亦得到保障。

四、该险种受阻的成因分析与破解之道

"继续执行责任保险"在执行过程中所起的作用明显，也具有明显的优势。但实践中，应用的却非常少。在"中国裁判文书网"中以"执行异议"和"继续执行"为关键字，从 2019 年起，检索到民事案件及执行案件共有 96 853 篇文书。各年度数量分布如图 1 所示。

进而，以"继续执行责任保险"为关键字，结果仅检索到 53 份文书，如图 2 所示，最早出现的时间为 2019 年（2 篇，其中 1 篇 2019 年 5 月 24 日，北京首份"继续执行责任保险"在海淀法院诞生。这是北京首款也是保险行业首款防范拖延执行的司法责任保险

产品。值得提一下），在 2020 年有较大幅度的增加（29 篇），2021 年开始又有所回落（18 篇），2022 年预计仍有回落（至今 4 篇）。

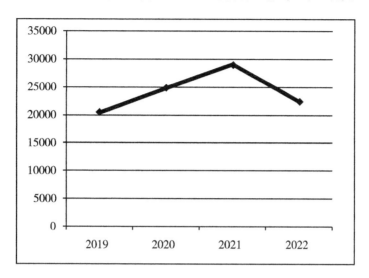

图 1 以"执行异议"和"继续执行"为关键字检索到民事案件及执行案件

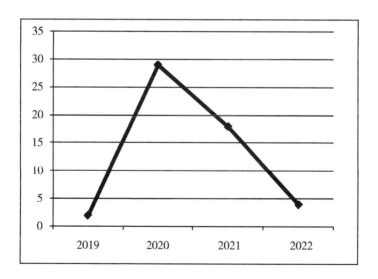

图 2 以"继续执行责任保险"为关键词检索

可见，"继续执行责任保险"在执行异议案件中，应用得极少。虽然"中国裁判文书网"上检索的结果与实际数据有所差距，但管中窥豹亦可见一斑。

为何具有明显优势的"继续执行责任保险"在执行实践中应用并不广泛。很多执行异议案件当中，当事人宁愿苦苦等待执行异议、异议之诉漫长的流程，也不愿意投保"继续执行责任保险"呢？对此，笔者认为应该认真研究和分析，制定相应的对策，不断完善制度，让"继续执行责任保险"在执行程序中发挥出更好的作用。

（1）执行法院、经办法官对"继续执行责任保险"的认可，是其能否作为异议程序中的担保物的关键所在。

首先，"继续执行责任保险"作为一种新保险险种，它出现的时间尚短。我国法律并无明文规定其是否可以作为异议、异议之诉程序中的担保物，最高院没有明确的表态对其认同，银保监等监管部门亦未出台相关的业务规定文件，它超出了我们对通常的担保物的认知范畴。因此，许多法官宁愿保守守旧，也不愿意去尝试新事物，认为法律没有明文规定可行，那就不用去实行，奉行不求有功，但求无过的处世哲学。

其次，绝大多数的法官都是法学专业毕业生，对于法律法规耳熟能详，但对保险、金融等领域并不熟悉。认为保险公司与一般的担保公司无异，偿付能力有待商榷，导致不敢轻易接受"继续执行责任保险"作为担保物。

最后，目前市场上各种保险公司五花八门，各类保险产品又数不胜数。普通大众对我国保险公司的印象是"投保容易理赔难"，即保险公司在进行营销保险时，对投保人进行各种承诺。而一旦发生保险事故，客户要求保险公司理赔时，会遭到各种花式拒赔。受此影响，一些法官难免对保险公司容易产生一些偏见，认为保险公司的担保也没有保障。最终，导致"继续执行责任保险"仅能在少数法院被采纳，无法广泛运用到执行实践之中。

建议：一是在立法层面，明确可以作为异议程序中的担保物种类，将"继续执行责任保险"纳入其中；在最高院层面，对"继续执行责任保险"有明确的支持态度，采取总对总的方式，与保险公司总部展开战略合作，自上而下促使其成为合格的担保物；在监管层面，出台相应的管理办法，规范"继续执行责任保险"的条款内容、赔付规则。二是邀请各知名保险公司走进法院，送保险知识上门，宣讲该险种的功能、特点、作用以及保险公司的架构、风险防控体系等，让法官熟悉保险，熟悉保险公司，不再抱有抗拒的心态。三是在各省高院层面建立合格的保险公司名单库，将有实力、有信誉的保险公司纳入法院的保险公司名单库中，并做好及时重新评估和更新名单库工作，确保"继续执行责任保险"的偿付能力，打消执行法官对保险公司的疑虑。目前在辅助拍卖机构、评估公司方面，各地法院均有成熟的选用方案，可以参考。

（2）部分保险公司在司法专业领域的不足，不敢承保，也导致了"继续执行责任保险"普及度不高。

在执行异议、异议之诉程序中，异议人的异议事项各有不同，有主张租赁权、有主张所有权、有对抵押范围异议、有对计息规则异议等各种情况，其中的法律关系也较为复杂。"继续执行责任保险"以申请人的法律责任风险为承保对象，对异议人承担民事赔偿责任，若法院认可了异议人的主张，则保险公司将面临数十倍乃至百倍于保费收入的赔偿。各个保险公司法律团队专业水准差异又导致了各家保险公司为规避风险，业务准入、审核侧重点的不同。比如有些保险公司在执行异议阶段即可介入承保，有些保险公司要在执行异议被驳回后，异议人提交了异议之诉的证据材料后再介入。

"继续执行责任保险"的担保额通常较大，需要多家保险公司组建联保体，共同承保，如上文中上海市宝山法院的案例中的"继续执行责任保险"，担保金额 1 050 万元，就是组建联保体承保的。而联保又将面临各个保险公司业务规则的差异，导致难以统一意见，最终拒保。

毫不讳言，在继续执行责任保险的运营过程中，客观上保险公司也存在一定的法律风险和经营风险。一则，保险公司尚缺乏大量的、必要的经验数据，加之法院受理的各类案件情况千差万别，这些数据能否让保险公司精准确定保险费率存疑。二则，对于以营利为目的的保险公司而言，虽然在业务开展之初能够获得一定的保险费收益，但是，若大量的继续执行责任险合同出险的几率或平均出险频率较高，保险事故保险金的赔付远超收取的保险费的话，该保险产品就难以为继。事实上，目前部分保险公司在推行该险种试水过程中，出现了严重亏损的情况，故该产品已经下架。

为了解决这一问题，笔者认为有必要对继续执行责任保险的相关条款进一步完善。继续执行责任险本质是案外人执行异议合法，保险公司承担执行责任的风险，换言之，因被保险人向人民法院请求继续执行存在错误给案外人等造成损失的，本应由被保险人承担经济赔偿责任的，转由保险公司按照保险合同的约定进行赔偿。那么，如果被保险人对于申请继续执行自身存在一定的过错责任的，应该在合同条款中设立保险公司可按过错比例对被保险人进行追偿或设立一定的免赔率条款，从而使之可以减轻执行责任的风险或避免不必要的损失。

建议：一是提升保险公司的法律专业能力，组织保险公司法律团队对法院的一些异议、异议之诉的经典案例的探讨、剖析，深入学习法院的审判规则。二是保险公司可以邀请一些专业领域擅长的律所作为外部的核保团队，协助保险公司风控，亦可引入一些经验丰富的离退休法官提供专业的法律意见。三是采取差别化定价，通过市场价格的方式弥补保险公司的风险成本。四是通过保险行业协会、监管部门等制定统一的业务规则、风控标准、定价指导等。

（3）保险公司对"继续执行责任保险"的宣传力度不足，很多申请人并不知有此险种，导致了保险公司获客难，业务开展艰难。

"继续执行责任保险"是一种不常见的险种，普通民众对其不了解，甚至没听说过，很少能够主动向保险公司投保。而掌握关键信息的法官，处于职业的原因，不可向当事人推介保险产品，也不可能向保险公司推介客户。因此，保险公司在这块业务上获客难度较大，难以大规模开展业务。

建议：一是保险公司应该加大宣传的力度，尤其应该在法院执行局、律所等目标客户集中的地方摆放一些易拉宝等宣传材料。二是加强与各大律所的业务合作，通过一些知名的律所帮助其宣传、推介"继续执行责任保险"。三是加强与法院的普法活动联动，共同举办一些送法下乡、普法进社区的活动。在活动中宣传保险公司的司法辅助产品。

五、结语

法律只有被信仰才能够充分发挥其规范作用和社会作用，实现法的价值。普通民众在对法律没有深入学习和研究的情况下，对法律的信仰最直接地来自于自身陷入的纠纷得到了公平的裁判、自己的合法权益得到了法律的保护。而公民的合法权益得到保护的最直观体现，便是当事人在拿到胜诉判决过后能够顺利地执行，自身遭受的损失得以及时弥补。当前，执行难的现象长期困扰法院工作，当事人的合法权益无法及时得到保护、损失无法及时得到弥补会直接影响司法权威，甚至已经引发了一些严重的社会问题。

笔者相信，通过各方面的共同努力，"继续执行责任保险"将会在执行实践中发挥出重要的作用，有效提高执行效率，保障申请人的合法权益尽早得到实现。让法律被所有民众共同信仰。

保险法与社会保障

健康医疗数据商业化运用法律问题研究

郭　宇*

一、引言

党的十九届四中全会首次将数据作为第五大生产要素提出，与传统的土地、劳动力、资本、技术要素并列，旨在提升我国现代化治理能力。❶ 2020年4月国务院发布《关于构建更加完善的要素市场化配置体制机制的意见》，明确提出要加快培育数据要素市场。数据作为我国的基础性战略资源，其经济价值得到了广泛认可，打造数据要素全价值链，促使数字经济与实体经济深度融合，将成为深化市场改革的新驱动力。健康医疗保障向来是一国民生之重，长期以来我国都十分重视多层次医疗保障体

＊ 作者简介：郭宇，华东政法大学博士研究生，研究方向为经济法。原文载于《齐鲁学刊》2021年第4期，收录于本书时又作了部分修改。
❶ 中共中央《关于坚持和完善中国特色社会主义制度推进国家治理体系和治理能力现代化若干重大问题的决定》。

系的构建，2016 年 10 月中共中央、国务院印发了《"健康中国2030"规划纲要》，2020 年 2 月中共中央、国务院印发了《关于深化医疗保障制度改革的意见》，指出了我国健康医疗业深化改革的明确方向。此次新冠疫情暴发，更是体现出构建多层次医疗保障体系的现实紧迫性。在这种背景下，将大数据与健康医疗资源结合已成为解决突发公共卫生事件、完善医疗保障体系的高效之措。2016 年国务院办公厅发布《关于促进和规范健康医疗数据应用发展的指导意见》，指出将健全健康医疗大数据开放制度，全面深化健康医疗大数据在疾病诊疗、健康管理、临床研究中的应用。因此，健康医疗大数据应用发展将带来相关行业的深刻变化，提升健康医疗服务效率和质量，不断满足人民群众多层次、多样化的健康需求，有利于培育新的业态和经济增长点。

二、健康医疗数据商业化运用的现状及问题

近年来，大数据、互联网和人工智能的新兴科技得以长足发展，为数据与医疗事业的深度融合提供了技术保障，健康医疗数据在患者就医或者健康管理过程中产生，加之医疗平台的搭建以及人们对健康事业的高度关注，使得相关医疗数据源源不断地产生。健康医疗数字化建设已成为健康中国战略的必经之路，在落实政策的过程中，不可避免地会涉及数据运用问题。借助信息化发展的优势，医疗事业将得到空前发展，在医疗服务、健康保健和卫生管理过程中产生了海量数据与信息，形成了健康医疗大数据。

（一）健康医疗数据商业化运用的现状

健康医疗数据使用势必将颠覆传统医疗业，通过对数据的分析整合，能够挖掘出更多潜在价值，各国医疗事业开始向"健康

管理"的模式转变,从传统的发病治疗到注重疾病预防、病后康复,都将依赖健康医疗数据的广泛应用。大数据技术与医疗事业的融合将产生新的商业模式,美国称会颠覆医疗,将全面颠覆现有的医疗认知。❶ 健康医疗数据的商业意义,在我国保险市场已引起了高度重视,中国太平洋保险、安邦保险牵头多家行业机构发布《大数据生态化的商业健康保险前沿发展模式研究白皮书》,明确指出数据技术将改变现有的保险业经营模式。

数据与保险存在着诸多内在联系,大数据可以使保险在核算保费、预判事故产生率上发挥重要的作用,有助于精算师更准确地算出保险产品的相关成本。健康保险作为我国构建多层次医疗保障的重要组成部分,其在市场上的进一步发展,将更依赖于健康医疗数据。随着人民群众生活水平的提高,人们更加关注个人健康,不满足于基本医疗保险,金融为保险需求提供更多元化的保障。健康险在我国保险业占比有限,但近年来增长迅猛,2020年我国健康险原保费收入高达 8 172.7 亿元❷,健康险需要大量的医疗数据支撑,不同于传统的寿险经营模式,需要在数据的综合分析上,根据不同地区居民健康医疗数据,推出产品结构非单一的险种。因此,在健康医疗数据商业化运用中,保险机构作出了积极响应,数据技术的充分应用,使得保险精算更为准确,保险机构从而更好地控制风险,极大推进了保险产品的创新与发展。

(二)健康医疗数据商业化运用存在的主要问题

1. 数据商业化运用边界不清晰

患者通过医院就诊或新型医疗平台远程问诊的过程中会输入

---

❶ 粟丹:《隐私保护视角下的个人健康数据监管研究》,载《杭州师范大学学报(社会科学版)》2021 年第 1 期。

❷ 数据来源:中国银行保险监督管理委员会官网。

大量真实的个人信息，这些健康信息是识别自然人身份的标识，更是我国《民法典》第 1034 条关于个人信息保护的重要组成部分，是保障个人隐私和生活安宁的关键。健康医疗数据商业化运用更多关注数据采集、加工和使用过程中的商业价值，将挖掘的商业医疗数据利用。数据控制者明确出现在法律中，是 2016 年欧盟颁布的《欧盟通用数据保护条例》，因其更符合世界互联网云智能及大数据的发展形势，为国际上所认可，数据控制者是指实际掌握并控制数据商业化运用的具体操作人，核心要义在于对数据的控制。[1] 根据数据是否为最初录入网络自然产生的数据，且未经过大数据算法进行筛选及整合，分为原始数据和衍生数据。衍生数据具有的商业价值是巨大的，经过数据控制者对原始数据投入时间、精力、金钱以及劳动成本，对得到的商业用途衍生数据拥有了部分控制权。[2] 健康医疗数据与患者等原始数据所有者的生活安宁紧密相关，不同于其他数据，医疗数据具有更强的专业性和敏感性，其商业用途也更具指向性。诸如保险机构通过医疗数据为患者提供健康管理服务；对患病年龄、发病地区特点等系统分析后推出类型不同的产品；医疗数据运营商对数据的挖掘后的交易；医药公司研发相关药品；等等。数据控制者天然的趋利性，使其不断挖掘和索取数据，随着大数据技术提升，与原始数据所有者个人隐私的边界更加模糊，加剧了数据市场创新发展与个人信息保护二者间的冲突。个人健康医疗数据能在什么范围内或程度上被商业化运用，发挥数据价值，成为数据在最开始采集时的

---

[1] 黄霞，蒋松成：《数据控制者的权利与限制》，载《陕西师范大学学报（哲学社会科学版）》2019 年第 6 期。

[2] 徐伟：《企业数据获取"三重授权原则"反思及类型化构建》，载《交大法学》2019 年第 4 期。

关键，医疗数据的泄露成为众矢之的。2020 年美国发生医疗机构数据泄露事件数量暴增，造成 130 亿美元的损失，影响约 2 600 万人。❶ 我国疫情防控期间，浙江省卫健委通报省内平湖市第一人民医院麻醉科执业医师将新冠患者电子病历首页等重要医疗隐私泄露。数据作为基础性战略资源，其市场化进程中，与个人隐私保护相平衡，一定程度上决定了数据资源的商业化运用程度，是推进健康医疗数据全生态价值链所需亟待解决的问题。

2. 健康医疗数据商业化使用不规范

健康医疗数据作为医疗事业的创新驱动力，其商业价值是巨大的，因此医疗数据控制者在数据收集、加工和使用中，均能表现出天然的趋利性。医疗数据的收集是数据商业化运用的第一步，原始数据所有者将数据交给数据控制者后，数据的掌控权就此丧失。医疗数据收集时需要数据主体知情同意，《中华人民共和国网络安全法》（以下简称《网络安全法》）第 41、44 条中明确规定，个人信息不得被以窃取或其他非法方式获取或出售，运营商在收集个人信息时，应当征得同意。大部分数据控制者采用明示知情同意的方式收集医疗数据，诊疗 App 或医院小程序等类似平台会明示用户阅读《用户隐私政策》《使用协议》相关条款，且需要数据主体同意后，才可收集医疗数据。事实上，数据的价值往往在收集数据后的二次利用上，数据控制者将碎片化的个人健康医疗数据进行深度处理，凭借大数据技术，计原本匿名化数据更加"透明"。这些未规范加工的医疗数据，经过数据算法和模型，将海量数据分门别类，增强了医疗数据商业化运用中的可预测性。当前，健康医疗逐渐向疾病预防和术后康复转变，健康医疗数据

---

❶ 数据来源：Bitglass 云安全公司第七年度医疗泄露报告。

的使用以及大数据技术的加持，为数据控制者提供了更为可靠的商业信息。由于数据资源的潜在价值是巨大的，数据控制者在对数据进行加工时，会突破或改变原有的授权范围，无法遵循最初的《使用协议》，使得数据主体的个人信息在数据流转过程中增加了被侵害的风险。同时，数据控制者经济人的本性，将不断追求数据体量，投入大量人力、物力及智力成果，享有数据加工后的权益，资金越雄厚的数据控制者，相对越容易享有更多医疗数据衍生品的占有、使用、收益和处分的权利。拥有大体量数据的控制者，易占有医疗数据市场支配地位，存在为小体量数据控制者进入市场设立壁垒的隐患风险。❶ 事实上，当前不少大型数据机构利用已掌握的海量数据并通过算法，进行大数据杀熟，根据不同数据，向消费者提供同质不同价的商业产品。保险机构通过医疗大数据形成的风控系统，将认为事故发生率较高的被保险人拒之门外，从而控制风险获得利益，显然这与通过掌握医疗数据提供更为精准的健康医疗服务背道而驰。

3. 健康医疗数据整合成本过高

数据对于医疗事业发展至关重要，就从数据控制力大小来讲，医疗机构是数据的主要来源处，且数据较为详细，包含有数据个体疾病信息、过敏及遗传病史等最为全面的医疗数据。人社局、卫健委、保险机构以及新型疾控小程序等其他渠道均散布着医疗数据，这些数据不同于医疗机构掌握的，多是具有特定用途的数据，人社局的数据来源主要侧重于结算数据，并不包含医疗中的自费数据，卫健委数据是因其承担的监管职能，保险机构的数据

---

❶ 高富平：《个人信息保护：从个人控制到社会控制》，载《法学研究》2018 年第3 期。

积累量较少，不难看出，由于数据在采集时较为分散，医疗健康数据呈割裂状，这使得数据整合成本过高。这种成本除了需要设施安装、维护等直接成本，数据控制者往往最不愿意支付间接成本，长期以来，我国都处于大处方、大医疗，医疗数据整合的前提需要数据共享，权力寻租带来的阻碍不容小觑。健康医疗数据与其他数据相比，更具有敏感性，关系到个人隐私以及国家健康战略的实施，因此人社局、卫健委出于对健康数据现有保护机制的担忧，始终未能将商业医疗数据公开。国务院发布《关于加快发展现代保险业的若干意见》《关于加快发展商业健康保险的若干意见》中，鼓励保险机构积极发展管理式医疗❶，为构建多层次医疗保障发挥应有作用。因此，数据整合成本过高，一定程度上阻碍了健康医疗数据市场化的进程，影响着我国商业保险机构向管理式保险的转变。

三、健康医疗数据的法理认知

（一）个人数据信息自决权

健康信息属于个人信息中比较敏感的一类信息，个人信息自决权与隐私权相比权利内涵更为丰富，能够控制和决定个人信息。对健康信息的保护各国都作出了积极的保护，最早出现在 20 世纪 80 年代德国一起人口普查案的判决书中，旨在保护个人信息免受公权力的过度干预，规范政府及其他社会组织收集、使用的行为。❷ 近年来，随着互联网、云智能和大数据技术的蓬勃发展，数

---

❶ 管理式医疗多见于美国，美国的商业健康险主要为管理型，保险机构将之区别于传统健康险，对控费机制、风险控制以及经营模式等进行转变，注重长期对被保险人或患者的医疗数据跟踪。

❷ 贺栩栩：《比较法上的个人数据信息自决权》，载《比较法研究》2013 年第 2 期。

据逐渐与其他行业融合，并改变着人们的社会生活方式，就医疗业来讲，大数据成为深化医疗改革的创新驱动力，更是市场化的突破口。传统医疗数据的复制和查阅多数是由于发生医患矛盾，双方需要较为完整的医治流程和信息来确定法律责任。基于患者的知情权，将医疗数据当作对自身疾病做进一步医治的依据，会使得患者的个人健康信息、医疗数据进行流通。商业化运用健康数据的实质是数据在流通的过程所产生的商业价值，数据本身所具备的价值被越来越多的人认可和关注，大数据技术与金融活动的融合使得数据的商业价值得以充分发掘。健康信息作为个人信息的重要组成部分，系人格权保护的客体，是数据商业化运用的主要来源。❶ 随着大数据技术和商品经济的发展，人格权赋予了更多商品化属性。数据经济发展与其财产属性密不可分，健康医疗数据在流转过程中，经济价值显现。因此，健康信息被侵害的风险随着对医疗数据的商业化运用与日俱增，个人信息数据自决权的重要性也更为凸显。

原始数据主体的信息数据自决权兼具物质性和精神性，保障个人医疗数据是健康权的具体表现。❷ 我国《民法典》第 1032、1034 条，《网络安全法》第 41、44 条，从明确个人信息保护的范围到使用信息数据需要"知情同意"，是我国个人信息数据权的私法层面的保护；《中华人民共和国刑法》第 253 条规定了出售、非法提供公民个人信息罪，《中华人民共和国刑法修正案（九）》对该罪进一步修订，从公法上严厉打击来保障自决权的行使。然而，目前各国在医疗数据商业化中的"知情同意"更多表现为形式主

---

❶ 王利明：《论个人信息权的法律保护——以个人信息权与隐私权的界分为中心》，载《现代法学》2013 年第 4 期。
❷ 王利明：《民法典人格权编的亮点与创新》，载《中国法学》2020 年第 4 期。

义，个人信息数据主体在原始数据收集、使用的情形下进行授权，经济人利用强大的数据技术，经过对医疗数据的挖掘和整合，使得数据的用途无限扩张。❶ 医疗数据的价值伴随着数据市场化的进程越发凸显，个人信息数据自决权的具体权利同样在不断衍生，《欧盟通用数据保护权利》中包含个人对数据全价值链的动态知情权、数据的算法加工后的及时更正权、个人强化对数据控制的携带权以及防止数据永久储存的遗忘权等权利。个人信息自决权的丰富对数据控制者采集、加工和使用医疗数据的行为规范起到了积极的作用。医疗数据的采集、加工和使用被授权同意后，由于信息的不对称以及技术的支撑，提供医疗信息的个人处于弱势地位，自决权的衍生则赋予个人更多健康信息保护。

（二）财产权

数据要素作为我国基础性战略资源，经济价值巨大，国务院发布《促进大数据发展行动纲要》中将数据价值予以肯定，并提出将数据资源相关权益尽快立法的明确意见。早在 20 世纪末，哈佛大学教授劳伦斯·莱斯格就表示数据具有财产性，主张数据作为一种新型资源，应当以财产权保护数据主体的相关合法权益。❷ 这种观点为世界各国所认可，数字经济的快速发展，使得数据作为新型财产权予以保护的呼声越发高涨。❸ 《大数据白皮书（2020）》中，明确指出了"数据驱动"的价值，且各国的数据战略都将数据价值放在核心位置，美国 OMB 发布的《联邦数据战

❶ 张陈弘：《新兴科技下的资讯隐私保护：告知后同意原则的局限性与修正方法之提出》，载《台大法学论丛》2018 年第 1 期。
❷ 卢家银：《论隐私自治：数据迁移权的起源、挑战与利益平衡》，载《新闻与传播研究》2019 年第 8 期。
❸ 龙卫球：《数据新型财产权构建及其体系研究》，载《政法论坛》2017 年第 4 期。

略》、欧盟委员会公布《欧盟数据战略》、英国 DCMS 发布《国家数据战略》均提出要释放数据价值，数据的财产属性已成为全世界的共识。同时，数据资源与实体经济的融合，必然会成为新的经济增长点。

健康医疗数据对医疗业而言，具有深刻的意义，其财产权有别于传统意义上的财产权，主要在于医疗数据的流转过程中的使用权和收益权等权益。商业用途的数据控制者在收集数据后，对原始数据脱敏，将能识别出自然人身份的信息加密和匿名化处理，对衍生数据进行挖掘和整合后使用，通常保险机构获得的医疗数据是经过匿名化处理的，保险机构根据自身具体的商业用途，对数据进行加工。数据财产权的权属定性，目前存在多种观点：一种观点认为财产权属于数据业者，通过对新浪微博诉脉脉不正当竞争案的评析，认为应属于对数据进行加工、传输等流转工作的数据业者；❶ 另一种观点认为应当以个人为中心建立数据财产权，数据不仅包含加工和使用，数据方便存储和携带，应注意其可携权及源头上的数据收集权，商业数据主体应当通过交易获得所需的数据资源，主张的具体财产权能不同，权利主体便有所差异；❷ 还有一种观点认为数据的收集权属于个人，授权商业数据主体后，在符合相关法律规定的情形下，获得数据流转中的使用权和收益权。❸ 数据财产权为其商业化运用提供了强有力的支撑，数据有别于传统财产，我国《民法典》第 127 条将数据与虚拟财产相并列，

---

❶ 许可：《数据保护的三重进路——评新浪微博诉脉脉不正当竞争案》，载《上海大学学报（社会科学版）》2017 年第 6 期。

❷ 肖冬梅、文禹衡：《数据权谱系论纲》，载《湘潭大学学报（哲学社会科学版）》2015 年第 6 期。

❸ 黄震、蒋松成：《数据控制者的权利与限制》，载《陕西师范大学学报（哲学社会科学版）》2019 年第 6 期。

予以保护。正是由于数据财产属性，引起了商业主体的广泛关注，不少数据控制者使用行为不规范，数据侵权时有发生，对数据财产权加以保护已成为立法所需亟待解决的事宜。❶

（三）知识产权

数据权利是否属于知识产权，法学界的观点并不一致，认为属于知识产权范畴的主要观点是以"信息论""无形性"和"创造性"肯定了数据的加工和使用衍生权利是知识产权的客体，通常智力成果表现形式为信息，且数据信息蕴含着数据控制者对数据挖掘整合时的创造力和价值；❷ 在"信息论"的基础上，进一步与法律属性结合，指出大数据是通过计算机技术将电子数据重新排列，即数据整合，归属知识产权范畴，当前互联网已使人们的社会生活方式有了改变并通过整合变为数据或信息。❸ 部分观点认为数据具有无形性的特征，这与知识产权客体是一致的，数据通过算法以不同排列方式整合出的数据是具有独创性的，这与《中华人民共和国著作权法》第 15 条对数据"独创性"的保护相近，此外，经过加工整合的数据与数据库或汇编作品相似，以邻接权方式保护。❹

大数据与实体经济的深度融合，使海量信息以数据形式被存储记录，经过对数据的匿名化、算法建模形成衍生数据。我国数据交易所也纷纷建立，2015 年首家数据交易所在贵阳成立，并逐

❶ 齐爱民、李维波：《数据挖掘中的权利冲突与法律规制》，载《广西政法管理干部学院学报》2018 年第 4 期。

❷ 杨立新：《民法总则规定网络虚拟财产的含义及重要价值》，载《东方法学》2017 年第 3 期。

❸ 王广震：《大数据的法律性质探析——以知识产权法为研究进路》，载《重庆邮电大学学报》（社会科学版）2017 年第 4 期。

❹ 林华：《大数据的法律保护》，载《电子知识产权》2014 年第 8 期。

步向全国各省市设立服务分中心，其中便包含健康数据。目前，由中国保障基金有限责任公司出资成立中国保险信息技术管理有限责任公司（简称中信保），注册资本 20 亿元，是我国首家保险大数据公司，该公司主要职能在于将行业相关数据进行整合，为保险机构提供数据交换和技术保障。保险机构受益于健康医疗数据的商业化运用，推出健康险种的不同产品，有效控制风险。与数据市场的蓬勃发展相比，相关监管存在缺位、空位，同时，缺乏强有力的法律保障，医疗数据在采集、加工和使用过程中存在着隐私泄露、数据错配、易产生垄断的风险等问题突出。

四、健康医疗数据商业化运用之完善

商业化运用健康数据的实质是数据在流通的过程所产生的商业价值，数据作为我国基础性战略资源，其价值是巨大的，大数据技术与金融活动的深度融合，使数据资源的价值凸显。我国数据市场发展起步较晚，对个人信息数据保护立法不足，监管存在缺位。近年来，由于我国多层次医疗保障体系的构建以及人们医疗保险意识的不断提高，医疗数据的商业化运用引起医疗机构、保险公司和医疗平台等商业主体的广泛关注。伴随着数据要素市场的发展和健康中国战略的实施，既要使数据资源成为健康医疗商业市场的创新驱动力得以充分发展，也要与监管相平衡，规范医疗数据在收集、加工和使用等阶段行为。

（一）平衡多元主体合法利益，规范数据运用行为

健康医疗数据商业化运用是推动深化医疗改革的助推器，也是数据市场的新活力，医疗数据商业化运用越规范发展程度越高，意味健康中国战略得以充分落实。健康医疗数据具有私人属性，其流转首先需要原始数据主体的知情同意；在得到授权后，数据

控制者对医疗数据进行加工和使用，推向数据市场，健康医疗数据又兼具市场属性；数据市场治理与监管，与医疗数据存储的安全性、数据主体隐私保护和市场的可持续性又有着密切关系，健康医疗数据又具有社会属性。因此，健康医疗数据就其商业意义上讲，不仅涉及个体利益、数据控制者利益更涉及数据治理的社会公共利益。各国在构建数据保护时也开始关注多重主体的需求，2016年欧盟颁布的《欧盟通用数据保护条例》对数据合理使用进行扩展，改变了1995年《欧盟数据保护指令》仅保护隐私权的目的性条款，这意味着，原始数据主体的知情同意权不再是数据合法使用的唯一合法路径，这对数据市场的发展起到了积极作用，同时对原始数据主体提供全流程保护，通过访问权使得数据在加工、使用过程中更加"透明"，为数据主体设有更正权、被遗忘权，督促数据控制者行为规范。欧盟对于"知情同意"原则的适度扩张，同时增强数据主体权利，来平衡数据主体的各方利益。

数据经济的活跃，使得数据主体的权利不再单一，在适度扩张的情形下，边界的清晰更显得尤为重要，数据商业化拥有不同于为了社会公共利益的突破性规则。医疗数据不同于其他数据，具有高度敏感性且与原始数据主体的人格尊严紧密相关，由于医疗数据多源于临床数据和医疗平台，信息准确度高，数据控制者对原始数据加工后所产生的衍生数据价值也更具经济性。匿名化医疗数据在强大的数据技术面前，经过数据算法和建模变得更加透明，换言之，数据技术弱化了原始主体对数据的控制，个人信息数据的保护遭受着重大挑战。同时，数据控制者在对医疗数据商业化研发过程中，与国家用于临床试验、药品研究等公共利益研究存在着赛跑，在国家公共利益绝对优先的情况下，数据控制者的经济人属性，会积极创造出更多的经济价值。医疗数据市场化的进程已势不可挡，如保险机构以海量医疗数据为分析样本，分析潜在投保人的医疗需求，对保险成本进行控制，核算出保费和偿付标准，从而实现保险机构盈利；新型医疗诊断 App，既是医疗数据的提供者，又需要通过数据分析，结合医疗市场运营 App；医疗设备经营者需要医疗数据，洞悉市场需求，医疗数据具有强有力的预测性更是许多数据控制者提高竞争力、抢占市场的驱动力。众所周知，数据的真正价值在于二次使用，数据控制者对海量数据整合，再次分配所带来的社会效用是巨大的，每一位患者都在成为智能医疗和医疗数据的收集端。❶ 如何平衡健康医疗数据多方主体的利益需求，是我国医疗数据商业化运用所必须面临的问题，应审慎对待知情同意权，且对医疗数据匿名化和去除自然人识别后，才能在全流程得到数据主体的访问权，并应规范数据控制者的商业行为。对原始数据的使用应尽量遵循最小损害、目的限制的原则，这并非是对数据市场的限制，只有将海量数据采集端保护好，才能展开后续数据流转过程的价值。

（二）完善数据商业化运用相关立法

数据与传统的土地、劳动力、资本、技术并列成为五大生产要素，作为我国基础性战略资源，数据经济是未来我国市场的新型驱动力，当下国家主要以出台相关的指导意见等文件，促进数据与各行业的发展，但随着实体经济不断与数据相结合，数据控制者与金融活动紧密关联时，数据商业化运用过程中，产生了诸多问题。医疗数据频繁曝出被泄露，倒卖个人信息成为链条产业，海量数据犯罪将对国家利益产生威胁，因此，对个人信息数据的

---

❶ 刘士国、熊静文：《健康医疗大数据中隐私利益的群体维度》，载《法学论坛》2019 年第 3 期。

收集、数据控制者的加工和使用，以及数据交易的行为，应予以规范。目前，我国有关大数据的规范性文件主要以地方性法规为主❶，旨在促进数字产业的开发应用，并对数据安全提出明确要求，数据控制者自然成为数据使用过程中的数据安全责任人，这些规定使原始数据主体的权利得到保障，兼顾公民个人隐私。但由于现有法律仅是单独赋予个人知情同意权，并无法查证后续数据使用范围和情形，自然人的天然弱势和数据技术的强大，使得原始数据主体的权利难以保障。事实上，我国目前就健康医疗数据商业化运用的规制手段单一，并未能形成系统的法律保护，医疗数据涉及多方主体，应明确各主体的法律责任，规制医疗数据的流转行为。

原始数据主体在医疗数据商业化运用中长期都处于较为弱势的地位，应积极调动其到对个人健康医疗数据商业使用的治理中来，不同于传统立法中消极的模式，应将知情同意权予以适度扩张，引入个人信息数据自决权理论。❷ 海量医疗数据，其产生的社会效用是巨大的，其商业化运用所需的规制需要强有力的技术支撑和成本投入，在不损害他人利益、社会公共利益时，数据主体有权授权商业主体采集医疗数据，同时也就承担了数据流转所面临的风险。因此，对原始数据主体知情同意权应予以新的构造，可借鉴《欧盟通用数据保护条例》赋予的访问权、更正权、被遗

---

❶ 我国首部地方性法规是 2016 年《贵州省大数据发展应用促进条例》，对数据采集制定了较为明确的规定，随后根据数据开放的程度，地方立法开始更多关注数据安全问题，2019 年《贵州省大数据安全保障条例》《海南省大数据开发应用条例》在促进数据产业发展的同时，重点关注信息数据安全，并要求明确数据安全责任人，从而促进大数据应用的可持续发展。

❷ 陆青：《个人信息保护中"同意"规则的规范构造》，载《武汉大学学报》（哲学社会科学版）2019 年第 5 期。

忘权等权利，使得个人能随时获知医疗数据流转时的具体使用情况，再来决定是否对数据进行更正或永久性删除。目前我国对原始数据主体的法律保护，除了刑法对非法买卖个人信息罪的明确惩戒手段，民法上的保护存在着诸多空位和缺位，对数据侵权纠纷案件的因果关系、举证责任、赔偿标准等并无法律规定，这无疑使数据控制者在采集、加工和使用等阶段行为更为不规范，原始数据主体处在消极被动的地位。❶ 原始数据经过采集后，经过云计算和数据建模等方式的加工产生了新的数据衍生品，这也意味数据正式脱离原数据主体，数据控制者成为数据安全责任人。随着医疗数据市场的繁荣，医疗业的问诊方式也更为丰富，远程问诊 APP 逐渐成为更多人的选择方式，App 相关联的业务随着用户医疗数据也应运而生，医疗数据价值链的延伸，数据控制者经济人属性的本能，导致蜂拥而至抢占行业红利。在规制健康医疗数据商业化行为时，需要通过法律对数据控制者的主体资格进行限制，同时需要明确数据采集范围，廓清与个人信息的边界，这样可在一定程度上防范个人信息被泄露。医疗数据控制者应当提供技术支持，基于医疗数据的可篡改性和虚拟性，其必须保证使原始数据主体可以对后续医疗数据的使用状况进行访问、更正和删除。此外，由于医疗数据商业化运用需投入大量的成本，在拥有海量数据的前提下又做样本分析，不免会导致市场主体间的竞争行为无序化，医疗数据作为基础性战略资源，要警惕市场的盲目性和自发性，使得部分数据控制者占有较高市场份额，滥用优势地位。由新浪微博诉脉脉不正当竞争一案，可以看出企业已将数据作为核心竞争力，应将数据控制者纳入《中华人民共和国反垄

---

❶ 田野：《大数据时代知情同意原则的困境与出路——以生物资料库的个人信息保护为例》，载《法制与社会发展》2018 年第 6 期。

断法》调整，充分发挥数据资源，保障市场的活力和竞争环境。

（三）自我规制 + 政府监管

我国数据商业化应用监管职能较为分散，网信办、工信部、公安部和市场监督管理局均分监管职能，卫健部门、人社部承担部分监管职能，各部门承担的监管职能均侧重点不同，❶ 这种分散的监管方式，与日趋多样化的数据经济形势并不相符，且数据监管相关法律依据多为间接散落在《网络安全法》《政府信息公开条例》以及《贵州省大数据安全保障条例》等部分地方性法规。《"健康中国 2030" 规划纲要》，提出要消除健康医疗数据壁垒，建立跨部门跨领域密切配合、统一的健康医疗数据共享机制，改变现有的分散监管模式，明确监管主体及监管权限为数据市场的平稳运行提供应有的保障。

健康医疗数据商业化是数据采集、加工和使用的全过程后的综合运用，涉及多方数据主体的权利和义务，单一的监管手段难以达到理想的监管目的。对数据的监管，应首先充分发挥数据资源市场自我调节作用，加强数据控制者和经营者自我规制，是监管数据商业化使用的重要途径。近些年，凭借医疗数据应用而生的衍生市场得以蓬勃发展，远程就诊 App、智能医疗、健康管理等被越来越多的人认可，完全依靠政府监管恐怕是难以实现医疗数据市场的平稳运行，政府监管不免会囿于法律的滞后性，医疗数据本身的专业敏感性以及数据技术的强大，使得监管更为困难。日本对医疗数据立法保护采用了 "基本法 + 专门法" 的方式，以

---

❶ 《国家健康医疗大数据标准、安全和服务管理办法（试行）》规定，卫健委是医疗数据安全发展的总统筹，主要对患者病历信息使用情况的监管，工信部保障医疗数据安全，使用行为不当由公安部和市场监督管理局监管，多个监管部门在监管过程中不免会存在职能交叉和重叠。

《日本个人信息保护法》作为基本法，平衡个人信息数据发展与个人权益保护，通过《日本次世代医疗基础法》（又称《日本医疗大数据法》），立足医疗行业发展来规范医疗数据的使用。此外，日本对医疗数据的监管不同于欧盟对个人信息数据设立了较高的保护标准，以及美国以数据经济发展为主的分散立法保护，日本对医疗数据的立法监管采用基本立法之上，制定专门的法律并结合行业自律，对医疗数据进行综合立法保护。我国应借鉴日本对医疗数据使用的法律监管，尽快颁布实施"个人信息保护法"，在尊重国家对数据权利统一立法的基础上，充分发挥医疗行业的自律，弥补政府规制的不足。运用权威的医疗数据商业化运用第三方评估机构，对数据控制者或经营者的数据存储、采集、管理等方面采取保障医疗数据安全的措施以及医疗数据加工和使用的行为规范，以行业标准来进行专业评估，同时设立黑名单制度，将行为不规范的数据控制者在行业内部以黑名单公布，涉及违反法律的，予以除名。同时，行业自律规制可以更好地使用技术手段，从数据技术层面保护个人医疗数据的匿名化，减少对原始数据主体不必要的侵害，通过行业内的自律规制与政府规制的双重协助监管，解决行业自律的正外部性和政府规制的滞后性，最大限度地发挥行业自律和政府监管的效力，使健康医疗数据在行为规范的情况下，更好地发挥商业价值。❶

---

❶ 刘绍宇：《论互联网分享经济的合作规制模式》，载《华东政法大学学报》2018年第 3 期。

中日私人养老金法律制度对比研究

马禄伟*

当下，强化私人主体的养老责任是全球解决养老难题的共同选择。日本早在 2001 年就颁布了《日本给付额确定企业年金法》和《日本缴费确定型年金法》，从而建立了较为完善的私人养老金法律制度。中日作为近邻，两国在生活习惯、所处自然环境、人口老龄化等诸多方面比较相似，并于近期签署了《中华人民共和国政府和日本国政府社会保障协定》（人社厅发〔2019〕81 号），因此，日本先行的、较为成熟的私人养老金法律制度，无疑对我国具有重要的参考价值，对此颇值深究。虽然中日养老金体系不尽相同，但是构建合理、高效的私人养老金法律制度已成为两国共同的追求目标。

推行私人养老金法律制度的目的，是为了满足社会大众在公共养老金待遇基础上追求更美好的养

---

* 作者简介：马禄伟，华东政法大学博士研究生。原文载于《上海保险》2020 年第 7 期，收录于本书时又作了部分修改。

老金法律制度的良好愿望。日本私人养老金法律制度经过多年实践，其完备的法律规范最大限度地实现了制度公平。与此相比，我国在这方面尚处在起步阶段，还有相当一段时间需要摸索前行，为此，本文拟通过两国在适用对象、缴费规则、给付规则等立法规范上的对比，指出日本私人养老金法律制度在立法设计和实践运作中的成功经验，并借鉴其先进的立法经验，对完善我国私人养老金法律制度提出建议。

一、共同趋势：强化私人养老金法律制度建设

2005 年，经济合作与发展组织将国际养老金体系划分为公共养老金和私人养老金两个部分，即养老金体系由国家运营的公共养老金与由公司作为福利实施或个人自愿加入的私人养老金组成。公共养老金通过强制性纳税的方式累积公共年金，以达到为绝大多数的国民利益兜底的目的。虽然公共养老金在保障居民退休后基本生活水平方面有着无可替代的作用，但是公共养老金特点是覆盖面广但保障程度不足，单靠其难以维系老年生活，而私人养老金是按照对价原则，具有多缴多得、缴费和给付激励相容等突出特点，能够适应养老金参与者的个体特征和风险偏好，因此私人养老金在全球普遍获得重视。

中日两国养老金体系建立于各自国情基础之上，均面临着公共养老金严重不足所带来的压力。我国作为社会主义国家，长期强调国家在养老中的责任，在养老金占比方面，公共养老金占比过高，私人养老金占比极小。而日本在老龄化出现时，其经济水平已处于较高水准。可是，"全民皆年金""企业终身雇佣"等制度导致政府和企业承担较重的养老责任，尤其是受少子高龄化、

社会经济不景气、就业模式转变等因素的影响，公共养老金的压力进一步增大。

法律是私人养老金制度得以构建和完善的基础和保证，是故，中日两国均强化了私人主体养老责任的立法，积极探索建立完善的私人养老金法律制度。我国于 2018 年修订的《企业年金办法》是私人养老金制度的代表性法规，其他的私人养老金法律制度大多由一系列"决定""通知""办法"等政策性文件组成。与此相对，日本私人养老金法律制度较为完善，尤以 2001 年先后颁布的《日本给付额确定企业年金法》和《日本缴费确定型年金法》为代表。

二、规则差异：中日私人养老金法律制度对比

（一）适用对象

根据我国《企业年金办法》规定，企业年金由企业和雇员共同建立，但要求企业具有相应的经济负担能力，必须依法参加基本养老保险并履行缴费义务。通过集体协商制订企业年金方案，并提交职工代表大会或全体职工讨论通过后方可建立。该办法看似适用于所有类型的企业，实际上却把中小型企业排除在外。

日本私人养老金主要有三种形式，给付额确定企业年金、企业型缴费额确定年金、个人型缴费额确定年金。根据《日本给付额确定企业年金法》《日本缴费确定型年金法》规定，企业年金适用对象的资格取得或丧失的条件基本相同，同时拥有两个以上企业年金加入者资格的人，只能二选一。给付额确定企业年金最大的特征是由雇主承担投资和管理风险，其适用对象主要为 100 人以上的大中型企业。由于独特的终身雇佣制度，日本民众和政府对"一次性给付计划"认可度较高，给付额确定企业年金目前居于主

导地位。缴费额确定年金引入个人账户制度。其中，企业型缴费额确定年金是由雇员承担投资和管理风险，其适用对象主要为中小型企业，企业根据运作业绩决定支付年金金额，雇员加入者资格的最高年龄达 65 岁。

自 2018 年 5 月起，对符合条件的企业可以适用简易型企业年金。个人型缴费额确定年金的适用对象是没有实施企业年金制度的企业员工或自雇者，20 岁以上且未满 60 岁的人均可加入，企业不具有对员工加入个人型缴付额确定年金制度的选择权及决定权。整体来看，日本私人年金适用主体范围广泛，大、中、小微企业、未参与企业年金的员工和自雇者的诉求均有顾及。

（二）缴费规则

我国只有缴费额确定企业年金，根据《企业年金办法》规定，企业年金所需费用由企业和职工个人共同缴纳。企业缴费每年不超过本企业职工工资总额的 8%。企业和职工个人缴费合计不超过本企业职工工资总额的 12%。具体所需费用，由企业和职工一方协商确定。职工个人缴费由企业从职工个人工资中代扣代缴。鉴于企业年金作为一种福利形式，《企业年金办法》并未规定职工个人具体的选择权。尽管制定了一些配套措施，实际上尚难以达到预期效果。[具体可参考下列政策性文件：《企业年金办法》第 3 条、第 15 条、第 18 条和《国有金融企业年金管理办法》第 13、14、15、16、17 条以及其他通知，例如，《关于企业年金业务操作有关问题的通知》（人社监司便函〔2013〕85 号）、《关于企业新旧财务制度衔接有关问题的通知》（财企〔2008〕34 号）、《关于印发〈国有金融企业年金管理办法〉的通知》（财金〔2012〕159 号）、《关于做好中央企业年金方案筹备案工作有关事项的通知》（国资厅考分〔2018〕662 号）、《人力资源和社会保障部关于印发企业年金计划管理合同指引的通知》（人社部函〔2012〕92 号）。

与我国不同，日本私人年金缴费规则有所区分。根据《给付额确定企业年金法》规定，至少每年一次定期缴费，缴费金额对加入者不得区别对待。企业缴费没有额度限制且采取税收优惠，具体办法由厚生劳动省规定。根据《日本缴费确定型年金法》规定必须每月缴费，具体的缴费金额由加入者自行决定或者进行变更，企业型和个人型均不能超过缴纳限额。企业型缴费确定年金在缴费时可享受税收优惠。个人型缴费确定年金的加入者在不同情况下的缴费额度不同。企业型缴费额确定年金、给付额确定企业年金，或者没有实施厚生年金基金的情况下，并且满足一定的条件，可以追加中小企业主的缴费。个人型年金的缴费额度是个体户自雇者每月支付 68 000 日元，如果公司雇员所在公司未参与企业年金计划，自行每月至少支付 23 000 日元。针对中小企业可以按年缴纳，仅限工人人数在 100 人以下且未实施企业年金的中小企业的员工，可选择的投资组合上限为 35 种。总体来看，日本对大型企业和中小微企业的缴费规则存在合理差别，起到了良好的激励效果。

（三）给付规则

我国《企业年金办法》列明企业年金的给付条件和方式如下：其一，职工在达到国家规定的退休年龄或者完全丧失劳动能力时，可以从本人企业年金个人账户中按月、分次或者一次性领取企业年金，也可以将本人企业年金个人账户资金全部或者部分购买商业养老保险产品，依据保险合同领取待遇并享受相应的继承权；其二，拟出国（境）定居人员的企业年金个人账户资金，可以根据本人要求一次性支付给本人；其三，职工或者退休人员死亡后，其企业年金个人账户余额可以继承。

然而，日本私人年金的给付条件和方式并未列明。根据《日本给付额确定企业年金法》规定，给付与在职期间的月薪额和缴费年限成正比。《日本缴费确定型年金法》规定给付期限分为有期企业年金和终身企业年金。有期一般以 5 年或 10 年为期限给付相关年金金额，而终身则是受领人死亡为止永久性地给付一定的年金金额。至于个人型缴费额确定年金的适用，若个人交付者在 60 岁之前需要资金，可以做些变通，但个人缴费型确定年金重要的特征是养老专用资金，一般不鼓励变通，因为该专用基金需要确保财富的长期积累。对于日本的给付条件和方式并未明确列明，而是根据日本国民的平均寿命、出生率、生活水平、工资水平、保险费缴纳情况、经济情况、国家的财政情况、社会经济情势的推移及社会结构的发展、劳资双方是否进行了平等的谈判、相关企业年金的给付水准是否合理、公司的就业规则和年金规程等因素综合进行判断。

三、归纳和提炼：日本私人养老金法律制度的优点与长处

（一）制度设计上的优势

首先，日本私人养老金法律制度比较完备，立法层级高且立法体系比较健全，实现有法可依。在日本，通过《日本给付额确定企业年金法》《日本缴费确定型年金法》等法律文件对适用对象、缴费规则、给付规则等内容作出详细规定，保障养老主体参与者的权益。针对中小型企业，专门增设简易型企业年金，并对适用规则作出简化，有效化解了中小企业自身经济实力较弱，现金流缺乏、生命周期较短，企业与员工流动性强等矛盾，使中小企业能够灵活适用年金制度。

其次，日本私人年金制度的选择空间比较多，可以由企业主

导，也可以由个人主导。企业年金理论上属于一种福利，推动企业年金制度的事实需要投入不少资金，这很可能对企业正常经营产生影响，因此，用人单位在实施企业年金制度时需要征得员工和工会同意。

若采用企业主导，通常情况下企业主可以根据自身需求和是否愿意承担投资管理风险，选择适用给付额确定年金还是企业型缴费额确定年金。若采用给付额确定年金，进而还可以根据自身管理能力，选择采用基金型或者合同型。若企业不愿意建立企业年金，对于没有实施企业年金制度的公司员工或个体户则可单独加入个人型缴费额确定年金。

最后，日本公有年金和私人年金相互贯通，国民年金将保险相互辅助功能强制适用于所有公民，包含无收入人群和无工作人群。个人型缴费额确定年金的适用对象与国民年金一致，几乎所有已满 20 岁且未满 60 岁的主体均可加入，私人养老金的适用对象与公有年金存在密切关联，不同制度之间保持着紧密连接。

（二）适用实践上的优势

第一，日本公共养老金为私人养老金起到保障作用。在老龄化全面到来前，日本已基本实现现代化，并且早在 1973 年形成了"全民皆年金"的公共年金体系。由于受终身雇佣制的影响，"一次性退职金"作为鼓励员工努力工作而设立的退休奖励的理念获得社会的普遍认同。但是随着少子化、高龄化、就业模式转变等因素的影响，需要对原鼓励雇员在企业长期工作的制度作出适当调整，据此，日本于 2001 年引入了私人养老金制度，多年实践证明效果良好。

第二，日本私人养老金制度在实践中注重公平性。考虑到企业年金作为企业对关键岗位和优秀人才的福利措施，虽说缴费方式由双方协商，对于一般雇员难言公允。对此，日本明确规定不同适用对象的缴费金额，以满足不同的制度设计。给付额确定年金则要求企业必须为合格雇员按照统一费率缴费，避免出现歧视行为。此外，还要根据日本国民的平均寿命、出生率、生活水平、工资水平、保险费缴纳情况、经济情况、国家的财政情况、社会经济情势的推移及社会结构的发展等因素综合考虑制定给付标准。

第三，日本私人养老金制度设计灵活有效。日本私人养老金制度中，对于雇主承担缴费责任的给付额确定年金，一般不设定限额，而是采取鼓励措施。与此相对，对于企业型缴费确定年金采取限额的做法。至于个人型缴费额确定年金，则采用差异化的补助措施，具体而言，会针对个人是否参与了平等的谈判过程、相关企业年金的给付标准是否合理、公司的就业规则和年金规程做了何种规定、公司是否向员工详细说明了企业年金限额的缘由等各种事项进行灵活的判断。总之，不同制度的衔接规则都在法律条文中予以确认，故具有很强的可操作性。

四、路径借鉴：我国私人养老金法律制度的完善举措

（一）提高立法层级，实现制度立法保障

我国私人养老金法律制度迟迟难以完善、难以法律化和制度化。当前散见于国务院或相关部门颁布的一系列条例、办法、通知、决定等行政法规或部门规章，由于立法层级较低，因此无法有效地成为制度实现的法律保障。笔者建议，我国可以从以下三个角度加以完善。

第一，在现有政策规范的基础上制定"年金法"，从法律层面上作出制度设计。这一点，可以参考《日本给付额确定企业年金法》《日本缴费确定型年金法》的立法经验，将年金适用对象、缴

费规则、给付规则等内容以法律的形式固定下来，从而为我国私人养老金的长期发展提供法律保障。

从中央企业的立法政策来看，如《关于规范中央企业实施企业年金的意见》（国资发考分〔2018〕76 号）等相对完善。然而，目前我国养老政策成果还具有一定地域性和行业性特点，例如，以华东地区为代表的立法政策出台就相对密集，近年来已先后颁布了《长三角养老政策汇编（2019 年版）》《长三角养老服务发展报告（2019 年版）》《上海市深化养老服务实施方案（2019—2022年）》。此外，上海市人大于 2020 年 3 月还举行了养老服务立法启动会，这也可证明地方性养老服务立法工作已经率先跨出第一步而这些地方立法先行先试，可为将来全国统一的"年金法"制定积累宝贵的经验。

第二，立法应符合时代发展趋势，顺应新业态下的就业特征。当前新业态就业模式频出，职工流动性增强，原本以雇佣关系为基础的年金制度受到冲击。为此，笔者建议可借鉴《日本缴费确定型年金法》中关于个人型缴费额确定年金的立法规定，从立法层面保护个体户等主体参与年金制度实现养老规划的权利。在具体施行中，建议充分考虑到经济发展水平，各地的不同需求、各地区的差别以及高龄老人、老年妇女的特殊需求等方面，在缴费规则和给付规则环节作出制度创新，对缴费额度、给付额度作出灵活合理的变通。

第三，确保制度公平性，化解私人主体的后顾之忧。2019 年11 月，中共中央、国务院联合印发《国家积极应对人口老龄化中长期规划》以及 2020 年 6 月中国发展基金会发布的《中国发展报告 2020：中国人口老龄化的发展趋势和政策》，均指出我国未来老年人口年龄结构将出现"高龄化"现象，私人主体的养老需求日渐凸显。考虑到推行私人养老金是以自愿为前提，因此在制定私人养老金法律制度时，应谨慎评估阻碍私人主体通过年金形式实现养老目标的深层原因。对此，笔者建议：（1）在制定私人养老金立法时，可以借鉴日本对不同主体利益精确应对的立法思路，针对新业态就业模式的主体，放宽年金待遇领取条件，进一步提高税收优惠的幅度；（2）针对符合条件的中小型企业，宜采取简易型年金制度等，通过法律形式化解私人主体参与养老金制度的后顾之忧。

（二）改革年金制度，确保制度的便捷性

公有年金一枝独大，私人年金制度便捷性不足乃是我国的显著特点。如前所述，私人年金具有多缴多得，缴费和给付激励相容的制度优势，它能满足社会大众在公共养老金待遇基础上追求更美好的退休生活的需要。为此，笔者建议，我国应该为年金的参与者提供更多选择，具体做法如下。

其一，要避免企业年金沦为"富人俱乐部"。例如《国有金融企业年金管理办法》规定，将实现企业盈利作为国有金融企业建立年金制度的基本条件。我国基本养老保险中，企业的缴费比例过高，加重了企业人力资源成本，部分有较高经济负担能力的垄断或者高效益企业才有能力建立企业年金计划。这一点不容忽视。

其二，保障更多企业主体有参与企业年金的选择权。为了最大限度地鼓励私人主体通过年金形式实现养老目标，应该重视中小企业的实际需求和潜在担忧。笔者认为，围绕中小企业主的难题是制度设计不周全。因为建立企业年金制度需要具备一定的经济规模、实现了盈利且能够召开职工代表大会等条件，而对于以民营企业为主的中小企业显然难以达到这些条件从而形成潜在障碍。那么，如何有效确保中小企业维持一定的现金流，抵御市场风险，笔者认为，可以在缴费规则和给付规则上采取创新探索，建议借鉴日本的经验，针对雇员在 100 人以下的中小企业制定简易企业年金制度。在设立时减少不必要的书面材料，同时减少制度运营负担，在缴费条件、年度免税额度、支取时间、免税方式等方面提供不同选择，供个体工商户和小企业主等不同群体根据自己的收入和就业状况作出更具个性化的安排。

其三，为雇主提供更多的选择权。建议参考日本经验，建立待遇确定企业年金制度。笔者认为，该项制度具有一定的优势，目前在我国存在一定的需求。一方面，待遇确定企业年金是由企业设立的事先确定职工退休金水平的企业年金计划，通过一次性退休金方式鼓励员工长期工作的配套制度，退休收入稳定、企业可以根据经营状况决定本年度缴费额、缴费基数和比例，也可以根据企业文化和绩效指标进行调整，可操作性强。另一方面，目前我国只有缴付额确定年金形式，该制度有效运行的关键在于保障个人的选择权。但由于现有法律制度并未建立完善保障体系，加之国内资本并未成熟，对于年长的主体吸引力不强。因此，考虑到我国人口结构变迁，推行待遇确定企业年金制度，由企业承担主要的投资管理责任仍具有一定的必要性。

其四，为雇员提供更多的选择权。企业年金并非强制建立，但是对于未加入企业年金的雇员以及自雇人士，建议参考日本个人型缴费额确定年金，建立个人账户，根据自身收入层次、生活成本、年龄段、职业退休规划和家庭需要作出年金储备安排，根据精算平衡原则定价和确定给付标准，形成富有针对性的多元化方案。针对个人是否进行了平等的谈判、相关企业年金的给付标准是否合理、公司的就业规则和年金经办规程作出何种规定、公司是否向员工详细说明企业年金限额等多种因素灵活加以判断。

（三）充分尊重国情，实现制度有效衔接

在制定我国私人养老金法律制度时，必须坚持实事求是原则。只有符合国情的制度才是最合理的制度。日本曾过高预估了未来的经济增长速度和未来人口出生率，这两个错误导致日本的年金制度陷入困境之中。毫无疑问，推行私人养老金的目的是满足社会大众在公共养老金待遇基础上追求更美好退休生活的需要，并不以追求全覆盖为目标。但最大限度地鼓励私人主体通过年金形式实现养老目标，则是我国私人养老金法律制度的重要目标。我国老龄化进程较快且整体上出现未富先老态势，因此强化私人主体养老责任具有必要性。养老"三支柱"保障体系是从政府、企业和个人三个视角对社会成员养老责任进行的架构，建议优化私人养老金的缴费规则，明确企业缴费总额、个人缴费的配比比例。针对缴费或待遇水平差距过大的企业，及时对年金方案进行动态调整，按照法律法规和企业年金方案规定进行缴费。

另外，私人养老金制度的设计既要注重效率，也要注重公平。坚持优惠封顶线，避免私人养老金制度成为富人避税天堂。在解决人口老龄化问题时，笔者建议可采取分类指导原则，唤起个人的养老意识和养老责任。在构建养老体系时遵循首先靠自我努力、其次是亲友的帮助、再次才是国家给予保障支援的理念。此外，还要实现公共年金和私人年金的有效衔接。首先，明确三支柱账户的转换规则。通过设定相互转换的标准，实现账单管理信息系统的统一，始终享受个人养老账户管理人提供的投资运作和其他管理服务。其次，建立统一的年金账户管理系统，实现三支柱信息共享。针对我国特殊的户籍制度，雇员在不同性质的单位之间转移工作、跨地区流动时，无论其后续再进入中小微企业或大型

企业、机关事业单位就业，均可以继续缴费并进行投资积累。再者，我国养老制度的顶层设计坚持党委领导、政府主导、部门负责、社会参与的原则，相关部门之间的信息互通和共享则是联合监管的应有之义。无论是缴费阶段、投资阶段，还是最后领取养老金的阶段，需要相应的制度和严格的监管政策，实现公共年金和私人年金的有效衔接，有助于最大限度地实现社会公正和制度效率的平衡。

五、结语

近年来，中日两国均强化了私人养老金法律制度的建设，并围绕如何最大限度鼓励私人主体通过年金形式实现养老目标，完善了私人主体养老责任的立法。私人养老金体系是一个精密的系统，日本通过《日本给付额确定企业年金法》《日本缴费确定型年金法》等法律文件对适用对象、缴费规则、给付规则等内容作出详细规定。中日两国相比，日本在私人养老金制度立法层面更为精细化。整体来看，不仅日本私人养老金在制度设计上更为科学、合理，而且在实践操作中也显得更为公正灵活，取得了相当好的效果。笔者认为，我国要后来居上，就必须在借鉴日本私人养老金的基础上，从以下三个方面采取必要的措施。第一，健全法律法规，实现私人养老法律制度的立法保障。第二，改革年金制度，提升制度便捷性，充分发挥私人养老金多缴多得、缴费和给付激励相容的制度优势。第三，充分尊重国情，发挥制度优势，统一年金账户管理系统，实现不同支柱之间的有效衔接。

总之，强化私人养老金法律制度，是最大化鼓励私人主体通过年金形式实现养老目标的关键步骤，也是我国妥善应对老龄化问题的重要举措。目前，我国私人养老金法律制度还处于立法起步阶段，尤其是系统性的法律制度基本处于空白状态。日本私人养老金法律制度经过多年实践，其完备的法律规范能够最大限度地实现制度公平。因此，笔者认为在立足于我国国情的基础上，汲取日本私人养老金法律制度的有益经验，建立并不断完善我国私人养老金法律制度已经是当务之急的重要课题。

我国保险金信托税务问题研究

——以英美国家相关税制为借鉴

仲　杨[*]

保险金信托，是指以保险金或保单受益权作为信托财产，由委托人和信托机构签订信托合同，当保险合同约定的保险金赔偿或给付条件成就时，保险公司将保险金交付于受托人（信托机构），由受托人依照信托合同进行管理和运用，并按约定方式与时间将信托财产及其收益交付于信托受益人的活动。

保险金信托将保险和信托这两个古老的制度巧妙地结合在一起，产生了"1+1＞2"的效果。一方面，保险金信托通过保费的分期缴付，发挥资金的杠杆作用，使得信托这个原本需要大额资金前期投入的金融产品的门槛降低，让更多的人可以享受信托带来的风险债务隔离、资产保值增值、财富安全传承等好处，增强了信托的普惠性。另一方面，信托的引入可以克服单一保险模式下不能对财富进行

*　作者简介：仲杨，华东政法大学博士研究生，主要研究方向为金融法。

充分管理的弊端，委托人可以根据自身情况选择个性化的财产分配时间和分配方式。单一保险模式下，大额的保险金往往一次性给付受益人。如果受益人是未成年人或者限制民事行为能力人，其财产的安全很难得到保障，存在被监护人非法挪用或者侵占的情况。即使是成年的具有完全民事行为能力的受益人也可能存在挥霍浪费保险金的情形。通过设立保险金信托的方式，将保险金转为专业的财富管理机构——信托机构管理的信托财产，可有效避免上述情形的发生。

保险金信托最早诞生于 1886 年的英国，1902 年传入美国后迅速为资本市场所接受。同期，又传入中国、日本等亚洲国家。比如，1897 年中国的第一家本土银行——中国通商银行，其信托附属业务中即开办有保险金信托业务。[1]

一、研究背景

新中国的信托制度源自于银行体系，改革开放时期，为了以弥补银行信贷之不足以及利用各种渠道的多余闲置资金，由央行领头，各家银行开始先后试办信托业务，至此大量信托公司成立。[2] 从 20 世纪 80 年代开始的信托业发展的短短 40 年里，信托其实主要是承担着影子银行的角色，大多数信托资产都源于银行的表外资产。而 2020 年资管新规的发布标志着大资管时代的真正到来，信托公司面临从"通道业务"向真正"服务型信托转型"过程中转变的行业监管要求。保险金信托作为服务型信托的一个重

---

[1] 任自力、曹文泽：《保险金信托的法律构造》，载《法学》2019 年第 7 期。

[2] 新财道财富管理：《纪念信托法颁布 20 年系列专题（1-5）》，载中国信托登记有限责任公司官网，http://www.chinatrc.com.cn/contents/2021/5/31-3ff5e0b3b4e24931b2a4db3f37ed6b20.html，访问日期：2022 年 10 月 15 日。

要产品，如何保障其健康发展也成为业界的讨论热点。

我国直到 2014 年 5 月才出现了首款保险金信托产品，即中信信托和中信保诚人寿推出的"传家"系列保险金信托产品。近些年保险金信托发展的速度不容小觑。据不完全统计，2017 年上半年，能够提供保险金信托服务的保险公司仅 5 家。而到了 2023 年初，可提供保险金信托服务的信托公司已超过 30 家、保险公司超过 40 家。❶ 2023 年 1 月新增保险金信托规模环比增长近七成。2023 年年初，中国外贸信托更是创纪录地设立了总保费高达 5.4 亿元规模的保险金信托。同时，随着时间的推移，之前设立的保险金信托也陆续发生保险理赔并进入到信托运作环节。

实践中，我国的信托公司主要通过和保险公司合作，自行拟订信托合同文本，与委托人签订三方合同，来开展保险金信托业务。目前保险金信托的业务模式主要有 1.0，2.0 和 3.0 三种，参见图 1❷：

由图可见，在保险赔偿金给付受托人进行信托运作之后，三种模式的操作大致相同。三种模式的区别主要体现在设立阶段。1.0 模式采取委托人（投保人）和保险人、受托人分别签订保险合同和信托合同，并将保险受益人变更为受托人来完成保险金信托的设立。2.0 模式中，委托人（投保人）和保险人、受托人分别签订保险合同和信托合同。委托人将续期保费以信托资金的形式交付给受托人，并将保险投保人和受益人都变更为受托人。受托人在保险金信托设立后履行缴纳后续保费的义务。3.0 模式中，委托人与受托人先签订信托合同，并将信托资金交付给受托人，由受

---

❶ 陈婷婷、胡永新：《亿元大单频落地 保险金信托成市场新宠》，载《北京商报》2023 年 3 月 3 日，第 007 版。

❷ 李升：《七堂保险金信托课》，电子工业出版社 2020 年版，第 193－197 页。

托人完成投保。

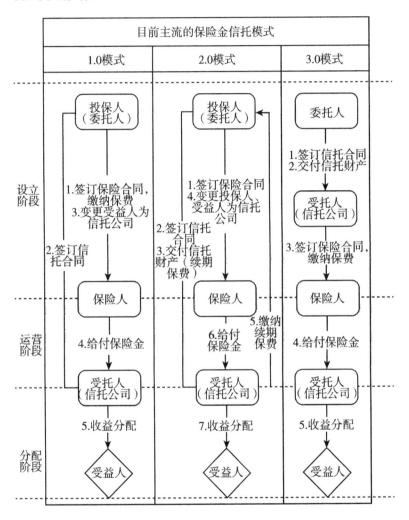

图 1   目前保险金信托的业务模式

虽然保险金信托业务目前发展迅速，但是从法律环境来看，我国《中华人民共和国保险法》和《中华人民共和国信托法》中均没有关于保险金信托的规定，配套的税务制度规定更是处于空白状态。保险金信托合同在履行过程存在资金在不同主体间的移转，比如资金从委托人到信托公司，或者通过保险公司以保险赔偿金的形式转移到信托公司，再通过信托公司转移到受益人。这些主体间的资金转移伴随着财富的增值收益，在纳税主体、纳税环节、税种、税率等方面存在法律规定的空白。这些问题导致要么重复纳税，直接影响信托产品的实际收益率。要么委托人、受托人、受益人都不纳税从而导致税款流失，还会导致税务机关的税收执法风险、信托各方的税收遵从风险加大。随着保险金信托规模越发壮大，更会无形中加大贫富差距，不利于共同富裕的实现。因此，尽早建立保险金信托相关的配套税收制度对于促进该行业的发展有着十分重要的意义。所以本文打算从保险金信托业务设立、存续和终止这三个涉税环节出发，结合其他国家相关的税务规定，对我国的保险金信托的税务问题提出一些自己的看法和建议。

二、保险金信托设立阶段的税务问题

本文所指的保险金信托的设立阶段是指委托人（投保人）、保险人和受托人三方订立保险合同和信托合同，并完成相关保费或信托资金交付的阶段。1.0模式采取变更受益人的方式实现保险赔偿金请求权向受托人的转移。3.0模式通过信托的方式使受托人成为保险合同的受益人。2.0模式是前述两种模式的混合形式。上述三种模式虽然操作方法不同，但形式上和实质上都是实现了使受托人成为保险受益人的效果。我国目前对于财产转移进信托这个过程没有明确的税务规定，在实务中没有当事人主动申报，税务机关也没有主动征税。当事人的税务风险处于一种不确定的状态中，鉴于我国目前尚没有关于保险金信托设立阶段的相关税法规定，结合保险金信托的基本原理研究其他国家的信托对我国相关法律的完善具有重要的参考价值和借鉴意义。从世界范围来看，各国关于信托设立阶段的税务规定也有所不同。

1. 英国相关税制

信托业务诞生于英国，是衡平法创新的产物，奉行信托实体理论。所谓信托实体理论是指，将信托视为经营实体和纳税实体，信托利益归属于信托财产本身，就信托所得对信托财产本体课税，由受托人代为缴纳。在保险金信托的设立阶段，信托收益尚未实现，因此无需对任何主体征收所得税。按照英国的信托税制，信托在设立时，主要涉及的税种是资本利得税、遗产税。下文将结合保险金信托的特点对上述两个税种予以分析。

（1）资本利得税。依照英国信托税制，在信托设立环节，委托人将财产转移至信托的行为在税法上被认定为对财产进行处置，委托人都对信托财产的应税利得即扣除财产成本和其他允许扣除的支出后的部分，负有缴纳资本利得税的义务。保险金信托在设立时主要使用货币资产，没有所谓资产增值，因此不涉及资本利得税。

（2）遗产税。[1] 遗产税是针对死亡所适用的一种税，它以死者的遗产及生前的赠与财产为课税对象。英国遗产税起征点为50万英镑，夫妻二人的起征点为100万英镑，超过部分的税率均为40%。如果被继承人在去世七年之前将财产转移给其他个人，则不用缴纳遗产税。但是如果将财产转入信托，受托人或者委托人就应该缴纳遗产税。如果受托人缴纳，税率为20%。如果委托人

---

[1] "Trusts and taxes"，载英国政府网站，https：//www.gov.uk/trusts-taxes，访问日期：2023年1月5日。

缴纳，由于计算方法较为复杂，税率也会较高。因为信托主要发生在高净值人群身上，所以这一针对信托的特殊规定主要是为了体现着税收公平和社会财富再分配的税务价值取向。

一些转让行为发生在委托人死亡七年以前的特殊信托可以免税，比如简易信托（Bare Trust）、2006 年 3 月 22 日前设立的个人拥有的独占权益的合格信托（interest in possession）、为残疾人设立的信托以及为失去亲人的未成年人设立的信托。因此对于保险金信托来说，如果是通过先转让信托资产成立信托，再由受托人购买保险的形式来设立的话，就会涉及遗产税的问题。

2. 美国相关税制

尽管保险金信托业务源于英国，但是却在美国发展得最成熟。保险金信托在美国称为不可撤销的人寿保险信托（Irrevocable Life Insurance Trust），简称 ILIT。其操作流程为委托人在律师的帮助下创建一份信托文件，建立不可撤销的人寿保险信托，并指定信托的受托人和受益人。创建信托后，委托人可以将现有的人寿保险单转移到信托，也可以由信托使用委托人在信托中投入的资金购买新保单。一旦人寿保险单放在信托中，被保险人将不再拥有保单，当被保险人去世时，保单将由受托人代表保单受益人管理。❶

不可撤销的人寿保险信托因其在遗产税方面的税务筹划功能而为人所知。在美国，当一个人去世时，当他的遗产价值超过 100 万美元时，根据遗产所在地和被继承人居住地的不同，还可能被征收州遗产税和继承税。2023 年遗产税的免税额度是 1 292 万美

---

❶ Jennie Lin, "What Is a Life Insurance Trust?", https：//www. alllaw. com/articles/nolo/wills – trusts/what – is – a – life – insurance – trust. html.

元。也就是说，当遗产价值超过 1 292 万美元时，还会被征收最高税率为 40% 的联邦税。与遗产税配套的是赠与税。如果一个人选择在生前将财产赠送给他人，需要缴纳赠与税。赠与税也有免税额度，分为年度免税额和终生免税额。年度免税额是按照每个受赠人计算的。2022 年，每个受赠人的免税额为 17 000 美元，如果是夫妇共同赠与同一人，免税额则为 34 000 美元。如果赠与人赠送了超出年度免税额的财产但又想避免缴纳赠与税，这时就需要使用终身免税额。终身免税额为遗赠统一免税额，指的是赠与与遗产共用同一额度，赠与人生前使用了终身免税额度减免赠与税，则遗产税可使用的统一终身免税额度会相应减少。

但是根据美国税法，被继承人设立的不可撤销人寿保险在其死亡前已经存续三年以上的，则可以不作为遗产征收遗产税。由于美国保险行业历史悠久，保险市场相对成熟发达、行业体系完善、相关保险的各类法案也十分健全、美国保险业的竞争也非常激烈、寿险"生命表"更新频率较高等诸多因素导致美国寿险保费较低，保额较高。美国人寿保险保费可以说是全世界最便宜的，杠杆倍数是最高的。美国人寿保险的杠杆约是中国大陆地区人寿保险的 5 倍，中国香港地区人寿保险的 3 倍。因此对于高净值人士来说，通过仅购买人寿保险，虽然享受了大额杠杆，但身故之后的保险赔偿金一旦超过免税额度，就要作为遗产一并计入遗产税的计税基础。但是如果设立人寿保险信托，一方面，可以持续使用年度免税额将资金转入信托，享受免税待遇。另一方面，等其去世后，通过杠杆放大后的保险赔偿金可以不并入遗产税的计税基础，从而避免了大额遗产税。如果向信托捐赠的既有保单或缴纳保费的资金量较大，超出了年度免税额，甚至终生免税额，会构成对信托受益人的赠与，需要缴纳赠与税。但是与其利用杠杆产生的收益相比还是税务筹划效果显著。因此不可撤销人寿信托在美国得到了很多高净值人士的青睐。

3. 对我国的借鉴意义

综上所述，英美两国在保险金设立阶段主要涉及的税种就是遗产税（英国和美国）和赠与税（美国）。双方在这一问题上的规定各有以下特点。第一，都设有一定的免税额度。英国的免税额度较低，仅为 50 万英镑。如果不提早规划，大多数家庭都会达到纳税标准。而美国的免税额度为 1 292 万美元，大多数人都无须考虑遗产税问题。第二，都有关于提前转让财产的免税规定。英国相较美国来说，对于提前进行遗产规划的年限要求更高。第三，都体现了税收公平的基本原则。税收公平包含横向公平和纵向公平两层含义。横向公平要求经济条件相同的纳税人负担数额相同的税收。纵向公平要求经济条件不同的人负担不同数额的税收。英国通过对于高净值人士常用的信托进行特殊的税务规定，使得转让到信托的财产承担更高的遗产税。美国则使用高额的免税额度使得大多数普通人无需承担遗产税。

我国目前对于保险金信托没有明确的税务规定。实践中，对于直接以货币、保险赔偿金作为信托财产的行为，由于不需要进行所有权的登记，因此在实务中没有当事人主动申报，税务机关也没有主动征税。从英美国家的实践来看，在保险金信托设立这一阶段主要涉及遗产税和赠与税。我国目前并没有开征遗产税，但是笔者认为随着我国基尼系数的不断增大，从调节财富分配，维护社会公平，实现共同富裕的角度出发开征遗产税和配套的赠与税的必要性日渐加大。但是如何能制定符合我国国情和征收目的的遗产税税制，还是可以多借鉴发达国家的经验，比如采取总遗产税制度、设置高额免征额，可以允许发生在去世前一定时间之前发生的财产转让有免税政策等。

另外，在目前还没开征遗产税的阶段，针对将资金转入信托用于支付保费或者直接变更人寿保险受益人的行为是否应当向受托人征收所得税也是一个值得讨论的问题。笔者认为，在保险金信托设立时，委托人需将信托财产转移给受托人，信托驱动模式下转移的是现金，保险驱动模式下转移的是保险金请求权。这种转移是通过一次性或者分批的交付行为而非交易行为实现的，因此，在法律形式上信托财产的转移行为类似于委托人的资产赠与行为。如果是赠与给法定继承人，则不发生纳税义务。但如果是赠与给法定继承人之外的人，则应该按照个人所得税法发生纳税义务。但信托在这里发挥的是一个通道的作用。委托人的财产是用来购买保险，并没有产生资产的增值，如果此时征税会影响保险资金的规模。处于鼓励保险业发展的角度，笔者认为此时可以允许纳税义务递延至收益真正实现的时候——即分配时，由受托人缴纳，用税金的时间价值换取保险行业的更好发展。

三、保险金信托运营和分配阶段所涉及的税务问题

在保险金信托成功设立后的运营初期，受托人对信托财产进行管理的时候会收取相应的报酬，这些对于受托人来说是所得税的应税收入，应该由其作为纳税主体承担相应的流转税、所得税纳税义务。我国对于受托人的相关税务规定还是较为明确，在此就不赘述。当保险理赔条件触发时，受托人收到保险赔偿金之后就正式进入保险金信托的运营阶段。受托人按照信托约定对保险赔偿金进行管理和分配。我国就保险金信托在这两个阶段所涉及的税务问题依旧没有明确规定。在实践中，信托机构认为信托计划不是纳税主体，故没有代扣代缴，直接将信托收益予以分配。

而受益人收到分配的收益之后，也没有主动纳税，导致税款流失。结合上文的论述，我们需要解决两个问题。一个问题是，如果我国开征遗产税，那么在保险金信托的运营、分配阶段应该如何确定纳税义务。另一个问题是，在我国目前没有开征遗产税的情况下，现有的保险金信托在运营分配阶段如何纳税。

问题一、如果开征遗产税，如何在保险金信托运营、分配阶段确定纳税义务

对于英美国家来说，由于保险金信托在设立阶段已经缴纳了遗产税，那么当受益人收到免税的人寿保险金就正式进入了资本管理阶段。在这一阶段主要涉及的就是资本利得税（英国）和所得税（美国）。

1. 英国的资本利得税

对于保险赔偿金在信托存续期间的增值，英国会征收资本利得税。资本利得税的纳税主体是根据受益人来确定的。如果委托人享有部分信托收益权，那么由委托人来缴纳信托资金增值部分的资本利得税款。如果信托收益完全由受托人取得，那么由受托人缴纳资本利得税，受益人不必缴纳此项税款。

2. 美国的所得税

根据美国税法规定，在信托运营阶段，信托受托人对信托的应税所得——具体为当期分配给受益者的所得、累积所得、信托机构管理财产所得、资本利所得等——负有纳税义务。信托所得的扣除规定可以比照个人所得的扣除项目，如可以扣除资本利亏，可以扣除其资产的资本利得缴纳州的所得税部分等。同时，税法还对信托财产的计提折旧与摊销进行了规定——即依据受益人分配的净所得与总净所得的比例来计提折旧或者是确定摊销额，这充分体现了美国作为金融业发达国家的先进经验所在。另

外，经营亏损也不计入应纳税所得额，而是应当扣除，剩余的则转结至以后年度。但值得注意的是，在计算净经营亏损额时，慈善捐献额和分配给受益者的所得额不得从中扣除。另外，在计算信托所得时，已分配给受益人的所得应当扣除，以防止重复课税现象。❶

3. 对我国的借鉴意义

综上所述，英美两国均将保险赔偿金在运营期间发生的资本增值的纳税义务人确定为受托人。这对我国现阶段还是很有借鉴意义的。由于我国没有就信托财产的增值规定明确的纳税义务人，信托机构认为信托计划不是纳税主体，故没有代扣代缴，直接将信托收益予以分配。建议我国能借鉴英美两国经验，尽早明确保险赔偿金增值部分的纳税义务人，以防止税款的流失。

问题二、在我国目前没有开征遗产税的现实下，现有的保险金信托在运营、分配阶段如何纳税

我国保险金信托实践上主要涉及的两种保单——年金险和人寿保险。这两者属于投资属性较强的保险产品。受托人收到的保险理赔款主要由以下三部分组成：（1）保单获得的利息、红利；（2）年金保险的生存年金；（3）人寿保险的满期生存金以及身故保险金。收到理赔金后会对这些资金进行管理和分配。在管理的过程中会产生一定的收益。因此，确定纳税基础是该阶段涉税问题的讨论重点。

（1）保单获得的利息、红利。根据《国家税务总局关于未分配的投资者收益和个人人寿保险收入征收个人所得税问题的批复》

---

❶ 赵珂冉：《信托税制法律问题研究》，中国社会科学院研究生院 2014 年硕士学位论文。

（国税函发〔1998〕546号）："二、对保险公司按投保金额，以银行同期储蓄存款利率支付给在保期内未出险的人寿保险保户的利息（或以其他名义支付的类似收入），按'其他所得'应税项目征收个人所得税，税款由支付利息的保险公司代扣代缴。"由此可见，税务机关对于分红、万能险保险的利息、分红，按其他所得持征税的态度。受托人收到的是税后利息、红利收入，因此无须重复纳税。

（2）年金保险的满期生存金和人寿保险的满期生存金。实际上说，由于我国《个人所得税法》税法未将以上两种保险金列为征税的项目，根据税收法定原则，可以将其理解为不征税收入。保险实务界也普遍认为，通过年金险、增额终身寿险作为教育金、养老金储备，用两全保险生存金作为养老金补充，能够比较安全地规避与保单"利息""红利"相关的所得税风险。

但是，随着税收递延型养老保险税收优惠方式的公布和推行，有的纳税人对普通商业养老险的涉税风险提出了新的质疑。因为税延养老险作为政策性很强的商业保险，在保费缴纳阶段、投资增值阶段免税，而领取养老金阶段有明确的征税规定；而大多数年金险的营利性较税延养老险强得多，却没有征收所得税的依据。这样的规定不符合税的一般性可税性原理，即营利性越弱、公益性越强的课税对象越应该课以较轻的税负。由此推理，将年金保险、两全保险的生存金给付明确纳入个人所得税应税范围，可能更准确地体现个人所得税立法的价值目标。❶

（3）终身寿险的身故保险金。终身寿险是提供终身保障的保险，就是在任何年龄如果身故或全残保险公司给付保险金的保险。

---

❶ 何雯：《论我国商业人身保险保单持有人所得税制度的完善》，中国政法大学2018年硕士学位论文。

对于这种保险金，我国和国际上普遍的做法一样，对其不予以征收个人所得税。这种国际通行的免税规定的本意是出于人道主义关怀。

（4）受托人管理期间产生的增值收益。根据前文的论述，笔者认为对于受托人管理期间的增值收入应该借鉴英美两国的规定，经过相关的损益计算后由受托人缴纳，信托受益人无须缴纳。这样有利于提高征管效率，保证税源。

四、结语

在我国，保险金信托制度的引入和应用尚处于探索阶段，现行各种税收法规对于保险金信托的规定还处于空白。但是，随着人们生活水平的普遍提高，对于自身财富如何更有效传承提出了更高的要求，保险金信托的应用场景会随之增多。建立完善合理的保险金信托法律和税务制度，对于指导该行业的健康发展有着重要的引导意义。

本文从研究英美两国保险金信托相关税务规定出发，发现在英美两国保险金信托涉及的最大税种是遗产税和相配套的赠与税。由于我国并没有相关的规定，导致保险金信托的税务负担极低，不符合国际惯例。因此基于我国开征遗产税的必要性和可行性出发，提出了开征遗产税的建议。另外，针对我国保险金信托的税务空白现状，就现行法律法规进行研究，提出了由受托人进行缴纳相关税负，以提高征管效率的建议。

保险业法

保险业数据安全与《个人信息保护法》合规要点解析

李伟华*

一、前言

随着网络信息技术的高速发展，我国已进入信息时代和网络时代，数据和个人信息的合理使用与保护变得更加重要。随着《中华人民共和国网络安全法》（以下简称《网络安全法》）、《中华人民共和国数据安全法》（以下简称《数据安全法》）以及《中华人民共和国个人信息保护法》（以下简称《个人信息保护法》）等相关法律法规的出台，我国目前已经形成以上述三法为核心的数据安全和个人信息保护的联动体系。保险行业所经营的保险业务作为人们日常生活中接触较为频繁的金融产品之一，保险行业企业获取的数据和个人信息存在体量大、范

* 作者简介：李伟华，法学硕士，现为锦天城律师事务所律师。原文载于《上海保险》2022 年第 11 期，收录于本书时又作了部分修改。

围广、种类多等特点，更有可能直接关系到每个人的个人隐私和切身利益。因此，保险公司在数据安全和个人信息保护方面面临着更多的风险，对此展开研究，更显其必要性和紧迫性。

尤其是随着保险业的数字化深入，"零接触"的全面线上金融业务越来越广泛，数据泄露的风险敞口也在增加。同时，相比传统封闭式架构，基于移动互联网的线上金融采取开放式架构，更易成为攻击目标。技术促进业务创新的同时，也须直面新技术的两面性，如云平台数据汇集使单体风险演化为系统风险，大数据时代的个人隐私数据易被滥用等需要重点关注。另外，保险未来业务场景与外部场景环环相扣，其中的个人金融信息保护成为发展的防线，也是底线。近年来金融机构容易成为主要攻击目标，加之攻击者进行技术攻击的目的复杂不一，金融机构对于攻击防范的复杂严峻形势可见一斑。

另外，在进入数字化时代之后，保险机构的竞争力在于能够充分发挥数据要素的效用，依托人工智能等技术了解客户、触达客户并获得其信息。保险机构未来将依托数据要素开展经营，必须合规合法整合多方、海量、高维、异构的数据，并采用数字化的运营模式，才能及时了解经营管理状态，降低经济环境不确定性带来的风险，降低市场与周期波动带来的风险，降低客户需求变化带来的风险。数字化运营的内生需要必须加大数据的集中程度，同时也将带来更大的泄漏风险。当前很多金融机构都在全力推进"数据中台""数据湖"建设，但是传统的授权模式、复杂的交换渠道也需要配套作彻底的改变，需要技术、思维与管理齐头并进，才能化解与之相伴相生的个人金融信息数据集中泄漏风险。

笔者认为，从 2018 年《欧盟通用数据保护条款》（General

Data Protection Regulation，简称 GDPR），到我国的《个人信息保护法》《数据安全法》，包括《个人信息安全规范》（《信息安全技术 个人信息安全规范》GB/T 35273－2020，2020 年 10 月 1 日实施）和《个人金融信息保护技术规范》（《个人金融信息保护技术规范》JR/T 0171－2020，2020 年 2 月 13 日实施）等国家标准及行业标准相继出台，全球个人金融信息安全保护司法与监管持续完善，并不断趋严。根据新的司法与监管要求，数据权益是指权利主体对数据享有的权利和利益，其贯穿在数据流转的整个生命周期，即使个人信息被授权使用，个人依然没有放弃对自己个人信息的合法权利。在数据已成为重要生产要素，并成为智能化发展基石的情况下，这些改变势必对个人金融信息数据保护提出新的要求。

近年来，原中国银行保险监督管理委员会（以下简称中国银保监会）也相继出台了《保险销售行为管理办法（征求意见稿）》以及《关于开展银行保险机构侵害个人信息权益乱象专项整治工作的通知》，有针对性地就保险机构保护消费者个人信息提出了具体的自查与整改的要求。相信，在不久的将来还会有更多的关系到银行业与保险业数据安全与个人信息保护的规定出台。

为了使保险企业进一步了解法律法规的要求，同时明确自身企业所面临的风险，以下，笔者结合自身经验，就保险业务典型场景中所涉及的数据安全与个人信息保护相关问题展开分析，归纳具体的风险要点，并提出相应的解决方案。

二、保险业务场景法律分析

由于保险产品的特殊性，保险行业区别于其他行业，有着独特的业务逻辑与运作模式，从而形成了其特有的业务流、资金流以及数据流。因此，保险行业企业在执行《网络安全法》《数据安全法》《个人信息保护法》以及其他相关法律法规与国家、行业标准时，会面临许多有别于其他行业的问题，为此，有必要根据保险业务典型场景按序逐一进行分析。

（一）保险产品设计

保险公司经营保险业务，保险产品是保险业务的基础与核心，保险公司在设计保险产品时，往往需要收集大量的数据作为确定保险产品保障范围及厘定保险产品价格的理论依据，这些数据可能是保险公司自身多年的经验积累，也可能会向外部数据供应商进行采集。如何确保合法合规地采集并使用这些数据，应成为保险公司在这一业务环节中关注的重点。

保险公司在收集使用数据时，应先判断数据的性质，即根据相关法律法规的要求，是否包含重要数据、个人信息，进一步判断个人信息中是否还包含敏感个人信息。如果建立了数据分级分类制度，就不同种类与等级的数据或个人信息采取不同的处理或保护措施。关注数据来源的合法性，如果涉及外部数据供应商，应重点检查其业务资质、数据来源、授权范围。如所处理的数据中包含个人信息，则应确保数据供应方已适当履行了《个人信息保护法》中的各项规定，如履行"告知—同意"义务等。保险公司作为数据的采集方，不但应关注数据来源的合法合规性，而且还应进一步留意在数据采集过程中可能存在的数据泄露、数据源伪造、数据篡改等安全风险。

实践中，建议根据《数据安全法》的相关规定，保险企业建立健全企业全流程数据安全管理制度，针对数据生命周期中数据的各个环节制定具体适当的规则与流程；同时，公司可以通过合同以及其他法律文件对第三方数据采集方予以监督管理，在合作前对其是否有合法资质且是否在授权范围内使用数据展开必要的验证与审查；保持对重要数据以及国家核心数据的敏感度，采取一切必要手段判断所收集的数据中有无触及该范围，可考虑通过协议等法律文件要求外部数据采集方履行告知义务，避免对重要数据或国家核心数据识别上的疏忽引发保险企业风险。

（二）保险营销

保险公司在开展保险营销过程中，会自行或通过中介渠道直接或间接向营销对象、潜在客户或现存客户提供保险资讯、展示企业形象、推介保险产品等，在此过程中会接触到大量的个人信息并予以使用，建议保险公司针对以下注意事项，检视相应的流程是否充分覆盖，责任部门是否明确。

1. 保险中介业务

保险中介销售即保险公司通过保险中介向目标客户开展的保险营销活动。如何对保险中介在个人信息保护方面进行有效管控，是否需要对不同类型中介进行一刀切式的管理？目前我国的保险市场中对于这些问题如何规制尚不清晰。

在讨论上述这个问题前，笔者认为应考虑不同种类中介机构的法律性质以及其在《个人信息保护法》下的第三方类型（见表1）。

表1　不同种类中介机构在《个人信息保护法》下的第三方类型

中介类型	业务内容	第三方类型
保险代理人（援引《保险代理人监管规定》第2条）	根据保险公司的委托…在保险公司授权范围内代为办理保险业务	● 受保险公司委托的个人信息处理者

续表

中介类型	业务内容	第三方类型
保险经纪人（援引《保险经纪人监管规定》第36条）	为投保人拟订投保方案…	• 经纪人接受客户委托并作为其个人信息的处理者 • 保险人为独立第三方处理者
	协助被保险人或者受益人进行索赔	
	再保险经纪业务	• 再保险分出人的受托人 • 再保险接受人为独立第三方处理者
	风险评估、风险管理咨询服务	• 受委托处理者或独立个人信息处理者（应结合咨询服务的内容与性质、服务提出方与接收方及法律关系等因素综合考虑）

从表1中的内容可以看出，保险代理人与保险经纪人根据其业务性质不同，其在《个人信息保护法》下的第三方类型会有所变化，甚至保险经纪人在其从事不同的业务项目时，第三方类型也会有所差异。因此，根据不同的第三方类型，保险企业应根据不同的法律要求，对中介机构采取差异化的管理措施，准备符合法律法规不同要求的法律文本。具言之，不同类型的第三方在《个人信息保护法》下的权利义务的主要区别点，可参考表2。

表2 不同类型第三方在个人信息保护法的权利义务

	独立第三方	受托第三方	共同处理者
告知	向其提供时需告知个人	向其提供无须向个人告知	收集需向个人告知

续表

	独立第三方	受托第三方	共同处理者
同意	向其提供需取得个人单独同意	向其提供无须取得个人同意	应分别取得个人同意
原处理者的监督管理责任	未规定	重	未规定
第三方的返还删除义务	无	有（优先适用《保险代理人监管规定》第56条规定）	无
再转移	无须原处理者同意，但应取得个人单独同意	需委托人同意	无须其他共同处理者同意，但应取得个人单独同意
责任承担	由第三方承担？	委托人承担	承担连带责任

在厘清中介的第三方法律地位以及需要承担的责任与义务后，保险企业应根据法律法规的要求，对中介进行差异化管控，比如保险经纪人向保险公司提供客户个人信息的，保险公司应确认其是否依法履行了"告知—同意"的义务，并且告知及同意的范围是否包含本保险公司；而针对保险代理人（机构），保险公司则应加强监督管理，确保个人信息收集使用等各环节的合法合规性并对第三方采取适当有效的管理措施。

2. 个人保险代理人

个人保险代理人是一个较为特殊的群体，其从本质上是保险销售的渠道，接受保险公司委托开展保险营销业务并代为收集客户个人信息，但也有一定的企业员工属性，如个人保险代理人接受保险公司的业绩考核与管理，一方面保险企业对其个人的信息进行处理，另一方面个人保险代理人自身也掌握着客户的个人信息。由于个人保险代理人人数众多，管理难度大，如果在数据安全及个人信息保护方面不予以重视，极有可能对保险企业形成风险。因此建议保险公司对个人保险代理人进行管理，主要可以从以下两个方面考虑：

（1）保险公司应妥善处理个人保险代理人自身的个人信息，在代理人招募、代理关系存续期间以及代理关系终止后的各个阶段，采取适当的措施予以管控，未经个人保险代理人同意，不得将其个人信息用于除保险代理业务以外的其他目的；

（2）针对个人保险代理人掌握的客户信息，保险公司也应掌握一定的管控主动权，比如控制个人保险代理人获悉的客户个人信息，解除代理关系时尽可能收回客户个人信息等。

2022 年 7 月，原中国银保监会起草了《保险销售行为管理办法（征求意见稿）》，该管理办法中强调了"保险公司、中介妥善保护个人信息的义务，加强第三方合作机构对于个人信息的管控义务"以及"销售人员离职后，不提供后续保单服务或怂恿退保"等事项，笔者认为，这与《个人信息保护法》内容进行了有效衔接，十分到位。

3. 传统保险营销手段

为提高销售效率，保险公司常常会采取一些营销手段，比如交叉销售、赠险获客或通过活动赠送礼品收集个人信息。在《个人信息保护法》出台后，这些营销方式将面临一定的挑战。《个人信息保护法》规定，"个人信息的处理目的、处理方式和处理的个人信息种类发生变更的，应当重新取得个人同意"。而上述的这些营销手段在收集个人信息时，往往改变了原先的目的，因此保险企业在实践中应注意以下事项：

（1）主动向个人客户或潜在个人客户履行"告知—同意"的义务；

（2）上述的"告知—同意"义务既可以在刚开始收集个人信息时履行，也可以在向其营销前履行；

（3）针对赠送保险或礼品赠送的对象，保险公司还应确保其来源的合法合规性。

（三）投保

一份保险合同涉及各种相关人员，而处理这些人员的个人信息在《个人信息保护法》下的合法基础是什么？哪些情况需要获得对方同意？哪些情况可以豁免同意？只有搞清楚这些问题，才能够让保险公司针对不同对象制定对应的措施，避免在投保时错误操作导致违反法律规定。

那么，在投保过程中究竟会涉及哪几类人的个人信息？笔者认为，除了最常见的投保人、被保险人以及受益人之外，还有相关企业投保的联系人、雇主责任险下被保企业的员工个人信息等；而后分析保险公司在处理上述个人信息时，以下这些情况可以豁免个人的同意：

（1）投保人作为保险合同当事人，保险公司可根据《个人信息保护法》第 13 条第 2 款的规定在投保过程中处理其个人信息应被豁免向其取得同意，而其他个人，如被保险人、受益人等无法根据此条规定得到同意的豁免；

（2）《保险法》第 18 条规定，保险合同应包括"投保人、被保险人的姓名或者名称、住所，以及人身保险的受益人的姓名或者名称、住所"，此条涉及被保险人与受益人，但个人信息的范围仅包括名称与住所，与实践中（保险公司需收集被保险人与受益人更详细的个人信息）的要求会有一定差距；

（3）进一步查询相关监管规定可知［《人身保险客户信息真实性管理暂行办法》（保监发〔2013〕82 号）、《金融机构客户尽职调查和客户身份资料及交易记录保存管理办法》（中国人民银行、中国银行保险监督管理委员会、中国证券监督管理委员会令〔2022〕第 1 号）］，针对某类型保险产品，如人寿保险合同和具有投资性质的保险合同、保险费金额人民币 5 万元以上或者外币等值 1 万美元以上的财产保险合同和健康保险、意外伤害保险以及保险期间超过一年的个人人身保险业务，保险公司都有义务收集被保险人及受益人的详细个人信息，包括姓名、性别、出生日期、身份证件或身份证明文件的类型、号码等。因此根据前述的规定，保险公司似乎可根据《个人信息保护法》第 13 条第 1 款第 3 项的规定，即"履行法定义务"处理被保险人与受益人的个人信息，而无需获得个人的同意；

（4）除了上述情况外，未被列入上述类型的保险产品，以及非上述人员，如投保雇主责任险时收集企业客户员工个人信息，则未查询到可以适用豁免同意的法律依据。

鉴于上述的分析，保险公司针对不同性质的客户投保不同产品时应采取不同的投保要求，比如在投保单上设计对应的话术请客户勾选签字同意，并通过适当的方式向个人展示《隐私政策》之类的文件，以满足《个人信息保护法》中个人信息处理者向个人履行告知的要求。

（四）核保

保险核保泛指保险人在对投保的标的信息全面掌握、核实的基础上，对可保风险进行评判与分类，进而确定是否承保以及承保条件的过程。作为核保的评判依据，人身保险会要求投保人如实告知或提供投被保人的健康状况、既往就诊记录、病例资料或职业内容等信息；财产保险则会要求提供保险标的既往出险情况、实施的安全措施等相关资料。在保险公司开展核保工作时，建议注意以下情况。

1. 核保信息收集范围

目前保险行业机构存在核保时除了为保险风险评估而收集信息，还会收集一些客户的其他类型个人信息作为用户画像信息的标签信息，如消费偏好、将来投资计划等信息，为进一步开展营销打下基础或开展大数据分析。而收集的这些信息若与评判投保风险关系不大，则可能超出了保险业务办理的必要收集范围，也有悖于《个人信息保护法》中的"直接相关"与"最小范围"原则。

因此，建议保险公司核保时收集客户个人信息的范围应事先确定（最好通过核保手册等书面文件确定），避免过度向客户索要与保险标的风险评估无关的信息资料存在的风险。如确有必要收集的，则建议妥善做好"告知—同意"等《个人信息保护法》规定的各项义务。

2. 核保信息保存期限

保险公司核保信息通常与保险合同一并保存，因此保存期限也会保持一致。根据《保险法》第 87 条的要求，保险业务经营活动有关的"账簿、原始凭证和有关资料的保管期限，自保险合同终止之日起计算，保险期间在一年以下的不得少于五年，保险期间超过一年的不得少于十年"。但保险公司对于拒保、参与保险招投标未中标等情况下，保险合同未最终成立时，似乎没有特别关注，保存期限也没有明确规定，这样有可能与《个人信息保护法》中"个人信息的保存期限应当为实现处理目的所必要的最短时间"

原则的相违背。

鉴于此，建议保险公司针对上述情况收集的个人信息，除非另有监管规定，尽量在业务目的完成后予以删除或作匿名化处理，并制定出明确的删除或销毁流程，由专人负责删除销毁。

（五）再保险

保险人在原保险合同的基础上，通过签订分保合同，将其所承保的部分风险和责任向其他保险人或再保险人进行保险的行为。再保业务中，直保人可能会将客户的数据或个人信息与再保险人共享。在再保险业务场景下，再保险人应被归类于《个人信息保护法》下的哪种类型的第三方，从而该采取怎样的对应措施、如何采用符合实际的法律文本内容？对此，本节将具体展开讨论。

1. 再保险人的第三方类型

从目前通行的再保险业务模式来看，再保险人与经营直保业务的保险公司从业务关系上相对独立，保险公司与再保险公司建立再保险业务关系后，其对于再保险人的管控度相对较低，并无彼此监督管理的权利或义务。通常情况下，保险公司根据再保险业务需要将直保客户个人信息提供给再保险人后，再保险人会根据自己的业务需要处理，包括大数据分析、予以转分保等等，并且，即使在双方再保险业务结束后，再保险公司也不会将在业务开展过程中收集到的个人信息返还保险公司，也不会删除和销毁这些信息。因此，鉴于签署再保险业务的现状，笔者认为再保险人的第三方类型为独立第三方个人信息处理者。

2. 再保险业务豁免单独同意可能性的讨论

既然再保险人定位为独立第三方个人信息处理者，就需要满足本文表 2 中相关的要求。首当其冲的就是保险公司在向再保险公司提供个人信息前应取得个人的"单独同意"，这也是目前保险公司与再保险公司执行时遇到的比较大的问题之一。在客户投保时，往往还没有确定具体的再保险业务接收人，即在保险公司，从而错过了投保时最好的取得个人单独同意的时机；并且，如果客户拒绝同意或事后撤回同意，又会对再保险业务开展产生不利影响，上述这些情况该如何处理，本节将对在此业务场景下豁免单独同意的可能性予以讨论。

对于单独同意，目前法律界一致的观点是，个人信息处理者取得个人单独同意义务的前提条件是处理个人信息的合法基础为"取得个人的同意（援引《个人信息保护法》第 13 条第 1 款第 1 项）"，如果处理个人信息的合法基础为该条款的其余几项，则豁免个人信息处理者取得个人同意或单独同意的义务。

检索相关法律与监管规定，《保险法》第 28 条与《再保险业务管理规定》第 15 条分别规定了"应再保险接受人的要求，再保险分出人应当将其自负责任及原保险的有关情况书面告知再保险接受人"以及"再保险分出人应当及时将影响再保险定价和分保条件的重要信息向再保险接受人书面告知；再保险合同成立后，再保险分出人应当及时向再保险接受人提供重大赔案信息、赔款准备金等对再保险接受人的偿付能力计算、准备金计提及预期赔付有重大影响的信息"。因此，保险公司是否能借助以上法律与监管规定，确定保险人根据"为履行法定义务"从而豁免取得客户个人的单独同意？笔者认为仍有以下一些障碍。

（1）保险公司向再保险公司提供个人信息是基于双方签订的再保险协议，该协议本身属于双方自行决定的商业性决定，虽然有《保险法》与《再保险业务管理规定》的规定，但是否可以将再保险业务完全归于"履行法定义务"有待商榷。

（2）保险公司向客户收集个人信息与其向再保险公司提供个

人信息，处理个人信息的目的不同，前者是为订立保险合同，而后者是以履行再保险合同为目的。基于不同的个人信息处理目的，是否依然可以适用豁免同意的情形也需要进一步考证。

因此，上述对于再保险业务保险公司是否可以豁免取得单独同意，建议与保险监管部门进行沟通，如实反馈保险行业在行业操作过程中的问题与难点，在取得监管部门认可的前提下开展业务。

3. 其他问题

当然，再保险业务可能出现的问题还不限于这些，譬如某个人如果直接向再保险公司行使自己在《个人信息保护法》下的各项权利，再保险人如何应对？再保险公司向其他再保险人转分保时，是否也需要履行"告知—同意"义务，又如何具体实施？这些问题，都需要在日后的业务开展中不断去摸索并能够采取适当的方式去解决。

（六）理赔

保险理赔是指在保险标的发生保险事故而使被保险人财产受到损失或人身生命受到损害时，或保单约定的其他保险事故发生而需要给付保险金时，保险公司根据合同约定履行赔偿或给付责任的行为。在处理理赔申请时，保险公司会向客户或相关机构收集或调查与保险事故相关的事实情况、证明资料，如就诊记录、损失凭证、公证文书、诉讼裁判文书等。保险公司往往委托保险公估人或调查公司等外部机构对保险事故开展调查取证工作，所涉及的信息都是客户的保险事故信息，大部分可能都属于敏感个人信息，包括住院病例、体检结果等，如何处理好这些信息对保险公司也是一个需要关注的合规要点。

1. 公估人与调查公司的第三方类型

公估公司与调查公司的第三方类型，根据其工作的方式、服务的内容以及与保险公司的业务关系，笔者倾向其为受委托个人信息处理者。因此保险公司应格外注意以下几点：

（1）保险公司对公估或调查机构应执行严格的审查和监督措施，包括确保业务资质、调查渠道等的合法合规性，若外部机构调查所获数据或个人信息源于非法渠道，保险公司将面临较大法律风险与声誉风险；

（2）外部机构处理的数据及个人信息有无超出约定的处理目的、处理方式；

（3）保险公司是否有限制或制止外部机构未经公司同意的转委托；

（4）委托调查事项结束后，外部机构是否可以继续存储调查时收集到的数据或个人信息，保险公司是否有机制监督外部机构实施数据的情况及执行个人信息的删除或匿名化措施的情况。

2. 理赔资料的保存期限

理赔资料的保存，尤其是拒赔或少赔的情况，由于后续可能引发的纠纷甚至诉讼仲裁，建议保险公司明确保存期限的原则，根据不同情况的理赔资料采取不同策略的保存期限。

（七）履行监管规定的义务

在保险机构履行监管规定的义务时，比如开展公司治理、递交监管报告等，保险机构需要收集处理相关人员的个人信息的，往往保险公司认为这些行为是"履行法定义务"，而《个人信息保护法》规定的豁免同意，却依然需要对个人进行告知。对此，笔者梳理了以下几种情况。

1. 信息公开披露

为满足《保险公司信息披露管理办法》的要求，保险企业在公司官网上公开披露董事、监事和高级管理人员与法定代表人的有关个人信息时，保险公司应考虑向相关人员告知其个人信息公开披露的情况，包括信息类型、目的、途径、方式等。

2. 关联方信息

根据《银行保险机构关联交易管理办法》的要求，保险机构应收集关联自然人的个人信息，除本机构的董事、监事和高级管理人员外，还包括自然人股东、实控人、一致行动人、最终受益人等及其前述人员的近亲属。保险公司有必要向这些自然人，尤其是向他们的近亲属履行告知义务，并建立有效可行的流程确保实施。

3. 其他监管报告

保险行业机构为履行监管要求，向监管部门或其指定的机构提供相关数据及个人信息。也应注意，这些人员的个人信息提供，也应遵循《个人信息保护法》的相关要求，并确保相关个人信息不会运用于监管报告以外的其他目的。

三、结语

虽然《数据安全法》与《个人信息保护法》已经出台一年时间，由于国家政策标准和法规的执行细则仍然处于草拟阶段，许多企业在如何正确解读及执行落地方面还处在学习及观望中。笔者对不同保险业务场景下的数据及个人信息的分析，仅停留于皮毛，尚未触及深处。对于保险业务典型场景中所涉及的数据安全与个人信息保护相关的一系列问题，还需要整个保险行业加以重视，更需要保险法理论界和实务界不断地进行深入的研究。不过，结合目前的发展情况，笔者大胆预测数据安全及个人信息保护可能会有以下两大发展趋势。

（1）数据安全及个人信息保护实践的"行业化"和"场景化"。由于不同行业、不同场景面临的数据安全风险与潜在威胁不尽相同，因此必须结合行业的自身特点开展数据安全治理。

（2）数据安全及个人信息保护从"离散型"到"体系化"演进。数据安全及个人信息保护问题由来已久，"离散型"的补丁式解决方法已不能完全适应企业当前的发展需要。如何整合有效资源，平衡数据安全个人信息保护与业务发展，推动"体系化"数据安全治理建设，是行业与企业需要考虑的问题。

如前言部分所述，2022 年 8 月，原中国银保监会开展了银行业、保险业个人信息保护专项整治工作，并强调"现在各行各业都把信息作为竞争的核心，可是个人信息保护也存在很多问题和漏洞，所以要全面推动银行业、保险业切实落实《个人信息保护法》，以提升个人信息使用的规范性、保护消费者信息安全权"。因此，笔者深信，保险企业一定能借此机会尽快把数据安全以及个人信息保护提上重要的议事日程，对发现的问题及时整改并予以纠正，规范个人信息处理和管理行为。展望未来，我国保险业也一定会全面提升消费者个人信息保护工作水平。故此，对于这一专项整治的成效，笔者乐观其成。

大数据背景下保险消费者数据的合法利用

王　晨[*]

　　大数据带来了更广泛、更精准的保险消费者个人信息，可作用于保险价值链中产品开发、分销、核保、理赔等各个环节，引发保险行业的深刻变革，使保险朝着以数据和科学为导向的战略目标进步。但是在这个过程中，出现了诸如未经同意收集信息、数据泄露、限制购买保险产品、不合理定价等不规范处理个人信息的行为。《民法典》和《个人信息保护法》虽然对个人信息保护作出了规定，但是过于泛化。基于保险行业的特殊性，个人信息保护的一般性规定适用于保险领域时仍需要进行具体解读。如何实现保险消费者数据的合法利用成为日益严峻的问题。

　　除了常见的倒卖个人信息、非法推销等普遍存在的侵害个人信息行为，建立在以处理个人信息为

　　＊　作者简介：王晨，华东政法大学经济法学院 2018 级硕士。

基础进行评估风险、计算保费的保险行业，在个人信息保护问题上也存在着许多冲突。例如，在互联网保险蓬勃发展的当下，在数据的收集阶段，知情同意原则的适用困难重重，在一定程度上剥夺了消费者信息自决的权利；随着保险数据共享平台的建立，税延养老险、产险、车险、商业健康险等多险种的保险数据的共享和交易应该受到怎样的限制？此外，利用大数据对投保人进行差异化定价已经成为行业的发展趋势，但保险公司在利用算法对保险消费者进行数据分析、差异化定价的过程中，由于数据错误、算法决策者或使用者的主观偏见等因素，导致自动化决策的结果不能真实反映投保人风险，产生"价格歧视"现象。这些问题直接涉及保险人收集及处理信息的标准，关乎着保险行业的正当性。

一、大数据背景下保险消费者数据应用的法律风险

（一）难以适用个人信息保护的知情同意原则

在个人信息保护中，知情同意原则一直处于基础性地位，[1] 但个人是否真正了解信息收集利用的方式及目的，基本上很难判断。[2] 知情同意原则实际上被架空了。

首先，由于保险科技的发展，对保险数据的收集和使用往往是通过自动化来实现的，如果要求保险机构在每一次自动化收集前都征得同意可能会过分地增加成本、降低效率。这在保险实践中往往很难做到，甚至是不可能的。其次，数据处理的目的可能经常发生变化，使征求同意的次数增加。一旦原先同意的情形和

---

[1] 林洹民：《个人信息保护中知情同意原则的困境与出路》，载《北京航空航天大学学报》（社会科学版）2018 年第 3 期。

[2] 姚佳：《知情同意原则抑或信赖授权原则——兼论数字时代的信用重建》，载《暨南学报》（哲学社会科学版）2020 年第 2 期。

目的发生变化，原先同意即失效。因此，有必要对同意及时更新，但这可能使保险机构陷入无休止地征求同意过程中。再次，信息的流通与共享导致数据处理者可能不是数据的原始获得者。在流通过程中，由于数据的可识别性降低，通过技术手段难以确定信息主体，或确定的难度较高。为了征询确定的同意，可能不合理地增加信息收集利用的成本。

随着保险科技的不断发展，许多保险机构也在线下布局人工智能设备收集用户的个人信息，例如智能家居物联网系统、红外线感应器、智能手环等。此时，收集用户信息变成了一种实时的、可监控的行为。在这个过程中，可能会出现保险机构越权收集用户个人信息的情况。实践中，保险公司的隐私政策中基本都将信息采集与利用的知情同意设置为默认条款，绝大多数用户并不知道自己的"同意"的情况下就已经构成了"同意"。❶

（二）保险消费者数据共享机制不健全

数据价值主要体现在数据的流通阶段，打通信息壁垒、实现数据的开放共享逐渐成为数据治理中日益重要的议题。例如，商业健康险的发展在一定程度上取决于保险公司对被保险人健康信息的掌握。尽管大数据时代带来了保险消费者信息的深度挖掘与利用，但是目前，被保险人的健康信息不足仍然是保险公司的现实困扰。由于数据缺乏，例如发病率不准确、诊疗结算数据库小等，大多健康险险种呈现出"拍脑袋定费率—卖亏调参数—再亏就关险种"的发展趋势，带病投保、精准定险等创新尝试更是很难进行。究其原因，就在于没有建立起完善的保险消费者信息共

---

❶ 张新宝：《个人信息收集：告知同意原则适用的限制》，载《比较法研究》2019年第 6 期。

享机制，导致数据呈现割裂状态，数据整合的代价高。

政府和具有长期经营实践的保险公司巨头，都掌握着非常丰富的数据资源，但大部分被置诸高阁，有数据需求的保险公司无法获取。其首要原因就在于数据产权尚未明确，分不清数据的权利人，自然就无法共享数据。一般而言，自然人享有的数据权利具有人格权和财产权的双重属性，保险公司所享有的数据权利从性质上属于独立于人格权的新型财产权。❶ 二者的法律性质和功能天差地别，但法律对于二者的保护和规范路径没有作出明显的区分。

（三）保险大数据的算法可能侵害保险消费者的合法权益

随着互联网保险和人工智能的发展，保险场景中的人工决策逐渐被淘汰，越来越多决策的选择权和决定权让渡于算法。然而，由于算法本身的技术专业性会导致出现"算法黑箱"，除了保险公司的相关人员和程序员外，保险消费者无从得知算法的内在运行机制。保险公司的价值立场和主观意愿直接决定了保险产品的运作方式。保险公司可利用人工智能系统精准分析投保人的消费习惯数据，匹配营销话术，在互联网上进行精准投放营销，从而促成投保行为。❷

随着保险科技的发展，利用大数据的用户画像进行"差异化定价"是保险行业的改革方向，但正常的"差异化定价"很容易被异化为"价格歧视"，与公众常讨论的"大数据杀熟"相类似。

---

❶ 程啸：《论大数据时代的个人数据权利》，载《中国社会科学》2018 年第 3 期。
❷ 例如，百度金服提供的保险客户大数据画像，可通过海量的大数据了解客户的风险承受能力、保险产品偏好、投保对象偏好等信息，选择最能打动保险消费者的保险产品或相关资讯，通过打折甚至赠送消费者感兴趣的礼品的方式，进行保险的精准营销。

价格歧视存在侵犯用户知情权、选择权和公平交易权等权益的可能。不仅隐蔽性强，也更有针对性，维权成本相较更高，在现实生活中也难以被有效地举证和监管。❶ 因此，有必要建立宽容审慎、与时俱进的保险监管方式。❷

二、数据收集阶段保险消费者知情同意原则的适用

（一）知情同意是收集、利用数据正当性的逻辑前提和合法性来源

保险公司对于保险消费者信息的采集是提供保险产品或服务所必然伴生的副产品，数据的收集与利用隐含在保险合同法律关系之中。依据合同法的思路，用户享有当然的缔约自由，只有在用户明确表示同意缔约、自愿缔结包含数据收集的合同关系时，保险公司的信息收集与利用行为才有正当性的基础。❸

知情同意的法理基础就在于信息自决，信息自决是意思自治的体现，这是毫无争议的。哪怕信息主体因为多种原因无法做出理性的判断，也是基于认知水平所作出的自我决定，不应由数据处理者横加干预，也不应由数据处理者评价信息主体所做出的判断是否理性。尽管征询同意必然会增加数据处理者的负担，但这是维护人格尊严所必需的，是平衡信息保护与利用的必然选择，否则极易导致数据的滥用。未经信息主体同意即进行数据的收集

---

❶ 廖健凯：《"大数据杀熟"法律规制的困境与出路——从消费者的权利保护到经营者算法权力治理》，载《西南政法大学学报》2020年第1期。

❷ 锁凌燕：《互联网保险监管的审慎与包容》，载《中国人民银行保险报》2020年10月30日，第7版。

❸ 郑佳宁：《知情同意原则在信息采集中的适用与规则构建》，载《东方法学》2020年第2期。

与利用，架空了信息主体的决定权，这本身就损害了人格尊严。

（二）基于信息分类和场景风险评估的同意分层

1. 信息分类下的同意分层

保险的正常运转以保险人对保险消费者个人信息的处理为基础，以此评估风险、计算保费，维持着风险共同体的内部平衡。这就导致保险人不可避免地掌握了保险消费者大量的个人信息，其中不乏敏感信息。

信息本身的敏感性和泄露后面临的风险程度是同意分层的依据。因此，对个人信息进行分类是适用同意分层的基础。❶ 在个人信息的范围内，也应当依敏感性和重要程度进行分层，适用差异化的保护模式。对于与能够直接指向特定信息主体、与个人身份联系最为密切的核心信息，如肖像、声音等，适用最高级别的保护，对可能影响个人生活安宁、行为自由的信息，如联络方式、地址、互联网行为偏好等信息，适用较低层级的保护。通过构建多元化的同意体系，对从严格遵守知情同意的情形到模糊性较大的概括性同意情形分别作出规定，以满足不同的同意需求。❷

从具体操作来说，保险领域混杂着敏感信息与非敏感信息，单独明示授权的区分反而给保险消费者增加了负担。所以，保险领域中"知情—同意规则"的落实不宜过分强调敏感信息与非敏感信息的区分，而更应该重视敏感信息与非敏感信息在责任认定上的区别。即保险人处理个人信息的行为在不满足合理使用规则

---

❶ 姚佳：《知情同意原则抑或信赖授权原则——兼论数字时代的信用重建》，载《暨南学报》（哲学社会科学版）2020 年第 2 期。

❷ 田野：《大数据时代知情同意原则的困境与出路——以生物资料库的个人信息保护为例》，载《法制与社会发展》2018 年第 6 期。

时，都应当取得保险消费者的明示同意。❶

2. 场景风险评估下的同意分层

考虑到互联网保险交易情境的多元化，可引入"场景化"理论，使得保险公司能够在多样化的保险情境中确定收集个人信息的合理边界以及利用程度，对数据处理的安全风险展开评估。所谓场景，就是影响用户对个人信息利用的接受度的因素。所谓"场景化"，其实就是在具体的应用场景中考察个人信息保护的合理程度，根据风险程度的不同采取不同的保护标准。

对于保险公司而言，出险概率是决定保险消费者信息保护强度和同意严格程度的核心。例如，当保险消费者购买齿科类的保险产品时，保险公司收集其在医院齿科门诊或其他口腔专科诊所的就诊记录就是与保险有关的信息收集，但是当保险公司收集保险消费者其他就诊记录（如糖尿病）时，就明显与齿科类保险产品的出险概率无关，保险公司不应关注此类风险，对于此类风险信息的收集就应该事先获得保险消费者的特别同意，适用更强的保护规则。

目前，保险公司降低运营风险，实现利益最大化的方式就是最大限度收集保险消费者的个人信息，甚至达到实时追踪的程度。面对不同的保险场景，保险公司应开展风险评估，针对其风险因子的大小确定必要信息收集的范围，以促进信息的合理利用。❷ 例如，在对健康险进行核保的过程中，可能会根据保险消费者的年龄和身体状况等因素确定信息收集的范围。

---

❶ 范庆荣：《保险消费者个人信息保护的困境纾解》，载《保险研究》，2023 年第 2 期。

❷ 万方：《隐私政策中的告知同意原则及其异化》，载《法律科学（西北政法大学学报）》，2019 年第 2 期。

（三）持续有效的信息披露与动态同意

大数据时代下，信息收集、利用的目的常常多变且难以预知，这使得信息主体难以动态了解信息收集的方式和目的，导致知情同意沦为形式上的产物。❶因此，应进行持续的信息披露，保障信息主体的知情权，使得信息主体能够根据变化了的风险对原先做出的同意进行修正。

许多保险平台也在线下推广人工智能设备，例如智能门锁、家居物联网系统、红外线感应器等，使得收集用户的个人信息变成了一种动态的、实时的、可监控的行为。那么与此相对应的信息披露也应持续有效，保险公司应持续向保险消费者披露收集信息的方式、范围、目的，对于收集到的敏感信息，还应该采取加粗、标红等显著方式提醒保险消费者注意。保险消费者能够对同意做出实时更新，根据信息利用目的的变化和风险程度的变化，撤回原有的同意或做出修正，如果认为保险公司超过必要范围收集信息或信息收集有误，可以要求进行更改或者删除。如果保险消费者认为收集信息的行为侵害了自己的权益，可以要求撤回同意，以此实现同意的动态化。

大数据处理的高频次和自动性决定了同意对象的模糊性，而知情同意的内在要求既具体且明确，二者在这一点上存在明显的冲突。如果要求数据收集者和控制者对每一次信息处理都征集同意，必将大幅提高成本，降低效率，❷ 个人也会被无休止的同意征

---

❶ Alessandro Mantelero, *Regulating Big Data. The Guidelines of the Council of Europe in the Context of the European Data Protection Framework*, Computer Law & Security Review, Vol. 33；5，p. 584 – 587（2017）.

❷ 田野：《大数据时代知情同意原则的困境与出路——以生物资料库的个人信息保护为例》，载《法制与社会发展》2018 年第 6 期。

集所困扰。由于无法在收集阶段对数据利用的目的作出全面准确的预估，因此，要使数据主体对未来每一项都作出精确的同意几乎是不可能的。解决这个问题的思路是拓宽同意的辐射范围，使其能够以最小化的同意获得最大化的数据处理。

宽泛同意并不要求信息主体对每一项信息的每一次利用都做出明确具体的同意，在一定程度上背离了知情同意原则。因此，必须对其进行限制以避免滥用。宽泛同意是多元化同意体系中的一种模式，也应进行持续的、动态化的信息披露，以使数据主体了解风险变化情况，确保随时撤回同意的权利。

三、数据流通阶段保险消费者数据共享的制度保障

（一）数据共享的合法性基础

数据的共享、转让是数据的重要流动形式之一，也是数据生命周期中体现资源配置、实现数据价值的重要环节之一。● 对于遵循"大数法则"的保险行业而言，经营中积累的保险消费者数据已经成为像不动产、股票或者设备一样的重要资产，保险同业公会和银保监局也在大力推进保险数据共享平台的建设，保险大数据也成为保险公司之间合作、交易的资源。2021 年 9 月起施行的《数据安全法》首次在法律层面提出促进数据要素安全、高效、有序流通。● 随着保险数据的共享、转让，信息不对称、保险欺诈的情况会有所减少，从而降低保险行业的逆向选择风险。

● 杨永凯：《互联网大数据的法律治理研究——以大数据的财产属性为中心》，载《石河子大学学报》（哲学社会科学版）2018 年第 2 期。
● 《数据安全法》第 7 条："国家保护个人、组织与数据有关的权益，鼓励数据依法合理有效利用，保障数据依法有序自由流动，促进以数据为关键要素的数字经济发展。"

在大数据时代，原始的、单一的个人信息并不能带来巨大的市场价值，真正具有市场价值的是对大量原始数据进行汇总、分析、整理后形成的衍生数据。与个人控制的个人信息不同，保险公司掌握的数据库往往是海量保险消费者个人信息的集合，负载着保险公司的劳动和财力投入。有些数据在经过去识别化处理后，已经丧失了个人信息的指向性，独立于保险消费者而存在，例如保险公司在经营实践中积累的索赔数据等。如果保险公司掌握的数据没有经过去识别化处理，尚能据此识别出保险消费者的身份，就不能忽视其人格权属性，仍需通过隐私、个人信息的保护规则予以保护。能在保险市场上直接进行共享与交易的，必须是丧失可识别性的数据。

（二）保险公司数据权益与消费者个人信息权的协调

具有人格属性的保险消费者信息并不能直接共享与转让，但是，这些数据对于控制逆向道德风险与反保险诈骗具有重要的意义。为此，美国众多寿险公司联合设立医疗信息局，构建健康数据查询平台，对会员保险公司开放，由保险公司上传现有客户的健康信息和风险信息，包括就诊记录、体检报告单、信用信息等。在核保过程中，如若被保险人同意，会员保险公司会向医疗信息局提出查询的申请，以全面了解保险消费者的健康状况，准确做出风险评估，由此构建出具有人格利益的保险消费者信息共享机制。这个共享机制的逻辑基础就在于对数据的控制与数据权利归谁是两个不同的问题。● 在实现个人信息的人格保护前提下，保险公司即便不享有财产权，也可通过合法途径使用、共享、交易可

● 金励、周坤琳：《数据共享的制度去障与司法应对研究》，载《西南金融》2020年第 3 期。

识别的保险消费者信息以获得利益。

由于数据不具有人格属性，更存在赋权的可能。❶ 虽然目前我国立法并未针对数据的绝对财产权作出明确规定，但是法院在多个司法裁判中明确，企业可以将其合法掌握的数据作为资产进行利用、许可，并从中获益，实际上确认了企业在"竞争法意义"上的财产权利。❷

对于具有人格属性的保险消费者信息，保险公司控制的仅仅是数个单一个人信息的集合，个人信息权作为人格权不受保险公司财产权利的限制，所以保险消费者有权排除他人非法收集、利用其个人信息，有权要求查询并更正错误信息。此外，对任何收集及利用行为都要得到信息主体明确的授权同意，严格遵守知情同意原则。

换言之，对保险公司数据权益的限制应局限于维护人格尊严需要。在满足个人信息的人格权保护下，保险公司即可在授权同意范围内进行使用、共享、交易，充分实现保险数据价值与个人人格尊严的协调。

（三）明确保险消费者数据共享的规则

个人信息保护是数据共享的核心问题。❸ 我国个人信息的基本规则是围绕"知情—同意"原则构建来的，个人信息共享的规则

---

❶ 孟涛：《基于"丰鸟数据之争"的数据财产的法律属性与保护路径》，载《大连理工大学学报》（社会科学版）2019 年第 2 期。

❷ 徐实：《企业数据保护的知识产权路径及其突破》，载《东方法学》2018 年第 5 期。

❸ 叶明、王岩：《人工智能时代数据孤岛破解法律制度研究》，载《大连理工大学学报》（社会科学版）2019 年第 5 期。

也是如此。《网络安全法》❶ 和 2021 年国家网信办发布的《数据安全管理办法》也作出了相应规定。❷ 2020 年 3 月发布的《信息安全技术　个人信息安全规范》对个人信息的共享、转让规则进行了更清晰的规划，即以不对外提供为原则，对外共享为例外。并对个人信息的共享提出了开展安全影响评估、全程电子留痕、采取安全措施等基本要求。

　　另外，在查阅多个保险公司的隐私声明后，笔者发现，在保险公司内部，不同子公司或不同业务部门之间也经常发生数据的共享。在中国平安财产保险的隐私声明中，平安声明可能会把收集到的保险消费者信息提供给平安集团的关联企业及其分支机构，用户进入中国平安财产保险的网站，即视为同意该条款。太平洋保险集团也在隐私声明中承诺，在取得保险消费者授权后才会将个人信息共享给集团的各个子公司，合作共同为保险消费者提供咨询、售前帮助、售后等服务。这些都体现了三重授权原则，即用户授权平台使用其个人信息，平台授权第三方利用用户个人信息，用户授权第三方使用个人信息，以确保在数据传输的过程中

❶ 《网络安全法》第 42 条规定："网络运营者不得泄露、篡改、毁损其收集的个人信息；未经被收集者同意，不得向他人提供个人信息。但是，经过处理无法识别特定个人且不能复原的除外。网络运营者应当采取技术措施和其他必要措施，确保其收集的个人信息安全，防止信息泄露、毁损、丢失。在发生或者可能发生个人信息泄露、毁损、丢失的情况时，应当立即采取补救措施，按照规定及时告知用户并向有关主管部门报告。"

❷ 《数据安全管理办法》第 27 条规定："网络运营者向他人提供个人信息前，应当评估可能带来的安全风险，并征得个人信息主体同意。下列情况除外：
（一）从合法公开渠道收集且不明显违背个人信息主体意愿；
（二）个人信息主体主动公开；
（三）经过匿名化处理；
（四）执法机关依法履行职责所必需；
（五）维护国家安全、社会公共利益、个人信息主体生命安全所必需。"

的每一环节都有法律依据。

（四）安全原则

为数据交易提供安全的交易环境是开展数据共享、转让的重要基础，如果不能保障数据的安全，数据主体做出授权同意的动力就会大大减弱，影响数据的流通性，打击各方数据共享、交易的积极性，增加交易成本。因此，有必要采取措施确保数据交易中的数据安全。

在数据共享、转让中，各方需关注开展数据共享、转让的网络系统是否具备妥善保护共享、转让数据安全的能力。各方可以通过核查网络系统是否完成网络安全登记保护工作，以及是否具有应急预案等方式判断网络系统的安全保障能力，在具备安全能力的基础上进行数据共享及转让。

笔者在查询了市场上大多数保险公司的隐私政策后发现，基本上所有保险公司的隐私政策中都有安全措施的条款，但是多集中在个人信息的收集和保存阶段，基本不涉及对于个人信息共享及转让阶段的安全措施。在"安全措施"部分叙述最翔实的太平洋保险也仅仅是在信息共享的条款中简略提到，对于与太平洋保险共享个人信息的公司、组织和个人，会要求其按照太平洋保险的说明、隐私政策以及其他任何相关的保密和安全措施来处理个人信息。目前，保险消费者数据已经成为保险公司之间合作、交易的资源，但尚未建立起完善的机制来确保数据交易过程中的数据安全。

四、数据使用阶段保险监管的完善

（一）保险业大数据风控系统的算法歧视

在保险公司的传统经营过程中，风险控制主要依赖于投保人如实告知义务的履行和保险代理人的询问。但现实中，各类带病投保、恶意欺诈，甚至骗保行为屡见不鲜，传统的风险控制模式收效甚微。现在，随着保险科技的高速发展，保险公司对大数据进行深入挖掘与分析，通过打造智能化的风控系统，在投保阶段就可将高风险人群排除在外，从而有效控制了出险概率与理赔数额。通过对被保险人的大数据筛查，分析出潜在风险，例如经常深夜打游戏、高额信用卡账单、在法院的老赖名单内、频繁的医院就诊记录、"骗保"相关问题的搜索记录、支付宝蚂蚁积分低、每日运动步数过低、睡眠时间过少等，都可能会引起大数据风控系统的警觉，被认定存在高风险因素。

风控系统就像是嵌在保险公司和客户之间的一道防火墙，完全由自动化的算法控制。算法自动化决策在为保险公司控制风险的过程中，也可能因其录入数据的不准确和程序的不公开而对某些保险消费者造成歧视，❶ 不合理地减少潜在保险消费者获得风险保障的机会，从而形成"算法监狱"。❷

保险风控算法的不公开、不接受质疑和不解释，使得这种算法权力难以受到监督。受数据质量和算法设计者主观意图的影响，风控系统往往会对保险消费者的职业、地域、学历或资产状况构成隐性偏见，并对这些偏见进行自我强化，从而系统性地减少个人获得保险的机会。这会使他们的处境恶化并在未来的投保中处于不利地位。

目前，并非所有保险公司的保险产品都建立起这样的风控系

---

❶ 张凌寒：《算法权力的兴起、异化及法律规制》，载《法商研究》2019 年第 4 期。

❷ See B. Lepri&J. Staiano&Sangokoya, *The Tyranny of Data? The Bright and Dark Sides of Data – Driven Decision – Making for Social Good*, Transparent Data Mining for Big and Small Data 3, 24, Springer International Publishing, 2017.

统，拒保记录并不影响保险消费者对其他保险产品的选择。但随着保险信息共享平台的建立以及大数据的深度挖掘，风控系统可能实现拒保记录的同步，被歧视的群体可能成为"保险孤儿"，侵犯保险消费者的平等投保权。因此，有必要对保险公司风控系统的算法进行事先及事后性规制，并加强保险行业的自律规制，在投保阶段营造良好的保险生态。

（二）对保险业大数据风控系统算法的预先规制

1. 算法审查与评估

算法审查与评估强调算法在实施前应该受到行业监管部门的审查，并接受社会公众的检验，使其在运行过程中尽可能不存在有歧视性质的敏感性因素。[1] 例如，在糖尿病保险产品中，为了防止风控系统中存在地域歧视或性别歧视，我们就会检验算法中是否隐含了地域、性别等信息。例如，在审查寿险的投保时，个人身份证前六位数字可能会与地域信息联系在一起。从审查与评估的主体上看，保险公司无疑应承担算法审查的义务。

2. 数据收集与自由退出机制

对有偏见的数据进行分析，就会得到有偏见的结果。另外，在收集数据时可能就缺乏技术严密性和全面性，存在误报或漏报等现象，也会影响结果的精准性。因此，基于数据和算法推断出的结果可能会使有些保险消费者获得意想不到的优势，而另一些保险消费者则处于不公平的劣势。因此，完善数据收集与自由退出机制，确保数据来源的合法性与数据质量的客观性对于消除算法歧视具有重要意义。

---

[1] 郑智航、徐昭曦：《大数据时代算法歧视的法律规制与司法审查》，载《比较法研究》2019 年第 4 期。

在数据的收集阶段，例如，在订立保险合同的磋商阶段，保险公司往往会要求投保人提供身份信息、医疗信息、财产情况等个人数据，其收集信息具有目的上的正当性。如果保险合同成功订立，保险公司对该信息的利用就有了正当性的来源。但如果未能成功缔约，保险公司就不得对缔约阶段获取的信息进行后续利用。❶

在数据退出机制中，为用户提供"删除历史数据"的选择，弥补数据收集过程中存在的错误。例如，用户在浏览保险商城后留下大量电子痕迹。保险公司可以利用这些数据推测出用户的投保意愿与投保倾向，从而实现精准营销。这种算法决策有可能存在价格歧视的风险，侵害保险消费者的选择权。

（三）对保险业大数据风控系统算法的事后审查

对滥用算法权力造成损害的行为进行事后追责，是法律规制的传统模式。❷ 在对算法进行审查时，应重点关注保险公司商业目的的合理性。保险公司设立风控系统的目的在于排除高风险人员，降低传统保险行业的逆向选择风险，对不同保险消费者产生的差异性影响在所难免，但应保证已采用合理的技术手段确保算法能够符合其合理的商业目的。换言之，这是要求保险公司承担过错推定责任，由保险公司承担举证责任的风险，在其无法解释算法的商业必要性及合理性时，就应当承担相应的责任。

五、结语

信息时代的飞速发展在促进保险市场繁荣的同时，也让保险

❶ 胡鹏、刘硕：《大数据时代保险消费者数据权益的保护》，载《上海保险》2020年第 8 期。

❷ 廖建凯：《"大数据杀熟"法律规制的困境与出路——从消费者的权利保护到经营者算法权力治理》，载《西南政法大学学报》2020 年第 1 期。

消费者个人信息保护经历着前所未有的考验。《民法典》《个人信息保护法》等法律法规搭建了个人信息保护的框架。然而，基于保险行业的特殊性，个人信息保护的一般性规定适用于保险领域时需要进行具体解读。为了适应时代的要求，在数据的收集阶段，应在坚持知情同意原则价值取向的基础上，对知情同意原则进行修正以适应大数据的时代发展，通过信息分类与场景风险评估对同意进行分层，构建多元化的同意体系，构建持续有效的信息披露机制，以满足不同数据处理的需求。在数据的流通阶段，应正确认识数据共享背后的利益关系，明确数据转让的具体规则，做好保险公司共享数据的内部合规。在数据的利用阶段，保险公司的风控系统和用户画像极有可能带来"保险孤儿""价格歧视"的现象，侵害保险消费者的知情权和选择权。因此，有必要对保险公司风控系统进行事先及事后性规制，并加强保险行业的自律规制，在投保阶段营造良好的保险生态。

金融服务实体经济导向下保险资金投资股票的法律监管

胡　鹏[*]

一、引言

　　风险管理和分散是保险业发展的前提和基础。其意义在于汇集个人力量成立危险共同团体，于成员发生事故需要补偿时提供经济帮助，以实现风险管理和分散的目的。[1]与此同时，广大投保人缴纳保费累积形成规模巨大的保险基金，保险机构也因此被视为资本市场重要的机构投资者。保险资金投资股票能够对上市公司的经营管理行使表决权，如若保险资金凭借庞大的资金优势控制被投资公司的经营决策，大举介入实体产业，将引发不公平的市场竞争及潜在的利益冲突。2015 年下半年我国发生的

　　*　作者简介：胡鹏，上海立信会计金融学院保险学院讲师，法学博士，研究方向为保险法、金融法。
[1]　江朝国：《保险法基础理论》，中国政法大学出版社 2002 年版，自序。

险资举牌上市公司宝能系利用旗下前海人寿的保险资金与其一致
行动人钜盛华买入万科股份,企图争夺万科控制权(以下简称
"宝万之争")印证了上述担忧。在金融混业趋势下,金融控股集
团为利用保险资金的规模优势,纷纷把保险公司纳入组织架构之
下。保险资金投资股票也异化为金融控股集团敌意并购,炒作股
票的工具。保险服务实体经济是保险资金投资股票的价值导向,
如何遏制保险资金滥用庞大的经济力量冲击实体产业成为亟待研
究的课题。

二、金融控股集团之下保险资金投资股票产生的问题

在金融混业趋势下,各金融机构在业务上致力于综合经营,
纷纷布局银行、证券、保险等多个金融领域,并在组织上朝金融
控股集团方向发展。金融控股集团在业务、资金、技术和人才等
方面具有协同优势,但由于组织结构复杂、关联交易隐蔽,也极
易衍生金融风险。[1] 在险资举牌上市公司及"宝万之争"中,保险
资金的增持、各路资管计划的运用以及一致行动关系的建立,无
一不是在宝能、安邦这类金融控股集团的操纵下进行。其具体手
法是:首先,在组织端将保险机构纳入金融控股集团旗下作为子
公司;其次,在资金端使保险子公司过度开发理财型保险来筹集
资金;最后,在投资端以"产融结合"的名义利用保险资金的优
势持股并控制上市公司。

(一)组织端:保险机构异化成金融控股集团的融资平台

在金融综合化经营的潮流下,各金融业包括银行、证券、保

---

[1] 姜爱林:《财税金融:理论、政策与对策研究》,华龄出版社 2012 年版,第 197 - 206 页。

险，乃至实体企业，纷纷以"产融结合"的名义通过持股金融机构进行组织上的结合，希望建立金融控股集团，达到跨业经营并在细分领域扩张的目的。[1] 保险作为四大金融支柱之一，具有不可替代的优势。近年来各大金融控股集团为取得保险牌照，在组织架构上纷纷设立或持股保险机构，试图把保险业纳入自身的金融版图中。各大金融控股集团布局保险业的深层次原因有三。

其一，保险产品具有风险管理和分散的专有属性，这是银行、证券等其他金融商品无法取代的优势。[2] 我国保险业近年来发展迅猛，社会大众对健康养老等风险保障需求日益提升，金融控股集团布局保险业是迎合产业发展方向。

其二，保险以大数法则为基础，必须汇集大量保险契约并收取保费，才能形成规模庞大的保险基金。但保险契约期限长，且在保费收取和事故理赔之间存在时间差，这使保险机构能够沉淀大量资金。特别是人寿保险公司，其保费规模巨大，投保人分期缴纳保费对保险公司而言现金流也较为稳定。保险资金具有期限长、规模大、成本低的特征，能够作为金融控股集团长期的融资平台。

其三，近年来，我国保险监管机关不断取消保险资金投资的限制，拓展保险资金运用的渠道和范围。根据《保险资金运用管理办法》第 6 条的规定，我国保险资金几乎可投资市场上所有的

---

[1] 不完全统计显示，目前我国的金融控股集团有 53 家，但事实上的数量远超于此。无论是传统金融机构、国企或民企，抑或是互联网公司都非常热衷于布局金融控股集团。参见李国辉：《金融控股集团：全牌照路径下的暗流涌动》，载《金融时报》2018 年 1 月 18 日，第 5 版。

[2] 陈彩稚：《人身保险——人寿保险、年金与健康保险》，沧海书局 2015 年版，第 33 页。

投资品种。❶ 因此，较银行、信托、基金等金融机构，保险机构的资金运用自由度更大。

（二）资金端：过度开发理财型保险，背离保险风险保障的本质

基于保险风险分散的特色，以及保险资金筹集和投资运用上的优势，一些金融控股集团把保险机构纳入自身的组织架构当中。保险机构成为金融控股集团的子公司，其经营决策在一定程度上受母公司的影响和控制。在险资举牌上市公司过程中，保险子公司利用万能险产品增持股票便是例子。

在"宝万之争"中，宝能系利用旗下前海人寿子公司作为一致行动人，通过其所开发的万能险产品持股万科股份约5%左右。万能险的持股也在双方的控制权争夺中起到非常关键的作用，但社会公众普遍质疑"万能险产品投资上市公司股票是否有权行使表决权、万能险资金能否用于敌意收购上市公司、万能险投资股票是否有悖于保险风险保障的本质"。❷ 其实，从保险产品的历史演进分析，以万能险为代表的理财型保险是为吸引客户投保而开发的，虽然在一定程度上满足了投保人的投资理财需求，但其本质上仍是分散风险的保险产品，绝不可本末倒置。

然而，一些金融控股集团为迅速扩大资金规模，指挥和运作旗下保险子公司大量开发存续期短、收益高的理财型保险。这一策略虽然在短期内实现了保费规模的快速扩张，但保险期限短、

---

❶ 《保险资金运用管理办法》第6条规定，保险资金运用限于下列形式：（一）银行存款；（二）买卖债券、股票、证券投资基金份额等有价证券；（三）投资不动产；（四）投资股权；（五）国务院规定的其他资金运用形式。保险资金从事境外投资的，应当符合中国保监会、中国人民银行和国家外汇管理局的相关规定。

❷ 吴婧：《万能险投票权争议未了局》，载《国际金融报》2016年8月1日，第9版。

保障功能资金占比低，保险产品的风险保障功能被大大削弱，这一产品设计严重背离了"保险姓保"的理念。

（三）投资端：金融控股集团滥用保险资金的优势争夺控制权

在金融控股集团的组织架构下，保险子公司的保险资金通过投资股票行使被投资公司的表决权，进而介入被投资公司的经营管理当中去。但"股东表决权是公司所有和公司控制的连接点，还是不同股东之间争夺公司控制权的工具"。❶ 金融控股集团滥用保险资金的庞大优势大量投资股票，并举牌上市公司势必会引发上市公司的控制权争夺。例如，"宝万之争"中万科管理层与宝能系的公开冲突，宝能系强势入主南玻 A 使其董事会集体辞职，等等。❷

金融控股集团利用保险资金争夺上市公司控制权，往往打着金融和产业融合的旗号，宣称完善产业布局和延长产业链。但实际上，金融和产业融合应以实体产业为根本，金融业为辅助，两者实现共生共长，而非以产融结合之名，在资本市场上进行炒作和赌博。实践证明，险资大量举牌上市公司不仅引发舆论的强烈质疑，更冲击了实体企业的正常经营秩序。许多上市公司已开始有针对性地完善自身治理结构，在公司章程中制定反收购条款，预防保险资金举牌。❸

综上分析，保险资金服务实体经济是保险业的价值导向。但在金融控股集团的运作下，保险资金投资股票行为在组织端、资

---

❶ 梁上上：《股东表决权：公司所有与公司控制的连接点》，载《中国法学》2005年第3期。

❷ 任明杰、王兴亮：《南玻 A 高管集体辞职"罗生门"》，载《中国证券报》2016年11月17日，第 A06 版。

❸ 张敏：《34 家上市公司遭举牌 防"野蛮人"反收购条款盛行》，载《证券日报》2017年6月16日，第 A01 版。

金端和投资端都出现异化，不仅有损保险业社会稳定器的形象，更有可能引发金融领域的系统性风险。而在法律监管层面，应充分重视金融控股集团这一新特点，防止保险资金沦为金融大鳄在股市恶意并购、炒作股票的"帮凶"。

三、金融控股集团之下保险资金投资股票的应然逻辑

在金融控股集团的组织架构下，保险资金投资股票行为出现异化，并沦为金融大鳄敌意收购上市公司的工具。但保险制度的内在机理决定了保险资金运用决不可恣意而为，必须在价值取向上坚持以安全性为前提并兼顾收益性，在投资策略上以财务投资为主、战略投资为辅，在监管政策上充当资本市场的压舱石和稳定器。围绕此三个层面展开，才是保险资金投资股票的应然逻辑。

（一）价值取向：以安全性为前提，兼顾收益性

就性质而言，保险资金属金融资金范畴，在运用中追逐高额回报是其天然倾向。然而，保险制度的内在机理决定了保险资金运用包括投资股票，必须以安全性为前提并兼顾收益性。具体理由如下。

其一，保险资金本质上源于广大投保人所缴纳的保费。在保险会计科目中，保险机构收取的保费并非其收入，而是长期负债。换言之，在保险契约缔结后的未来相当长的期间内，如若发生保险事故，保险机构必须随时能够履行保险金给付义务。保险资金的负债性决定了其运用必须以安全性为前提，并追求相对稳健的投资收益，决不能将保险资金置于较大风险当中。如果保险资金运用发生严重亏损，保险机构则无法按期履行对保单持有人的赔付义务。保险风险分散的制度目的也随之落空。

其二，保险契约的长期性决定保险资金运用必须有长期价值

投资上，不可短期炒作。保险产品为广大保单持有人提供长期的风险保障。例如，传统寿险保单的期限通常在 15 年以上甚至终身，分红险的期限一般也在 10 年以上，万能险和投连险的投资期限虽然相对灵活，但实践中期限通常也在 5 年以上。因此，保险资金的投资标的必须是长期资产，实现长期受益，以达到资产负债匹配的最优状态。在保险发达市场，保险机构投资者相对稳健，也被视为天然的长期价值投资者。

其三，保险制度的社会性和公共性决定了保险资金运用必须合理审慎。首先，保险制度是向加入危险共同团体的个体成员收取保费，积少成多汇聚成规模庞大的保险基金，当有特定的危险事故发生并造成损失时，由保险基金补偿单个被保险人的损失。其次，就法律规范而言，投保人的义务是向保险机构缴纳保费，而保险机构的义务是危险事故发生后向保单持有人给付保险金。由此保险制度才能实现其风险管理和分散之原始功能，马克思曾称保险是"精巧的社会稳定器"。保险的社会性和公共性决定了保险资金的运用不得背离社会公益。

（二）投资策略：财务投资为主，战略投资为辅

保险的负债性、长期性和社会公益性等特征决定了保险机构投资者是长期价值投资者，保险资金运用必须以安全性为前提，兼顾收益性。在具体投资策略上，保险机构还应当以"财务投资为主，战略投资为辅"。所谓财务投资是重视单纯的财务收益，较少参与投资上市公司的经营管理，而战略投资则更关注战略利益，会适当介入经营管理。[1] 我国保险监管机关希望保险机构对绝大部

---

[1] 陈文辉等：《新常态下的中国保险资金运用研究》，中国金融出版社 2016 年版，第 172 页。

分股票的投资应以获取稳定的财务收益为主，对于少量保险关联行业可以进行战略投资。即便是进行战略投资，也要以参股为主，而非绝对控股。❶ 之所以坚持"财务投资为主，战略投资为辅"的投资策略，主要基于以下三个方面的原因。

其一，保险资金运用的首要目标是追求长期稳定的绝对收益，实现保险资金保值增值。保险资金投资上市公司股票也要贯彻这一理念，选择价格被低估的蓝筹股长期持有，从而获得稳定的财务收益。

其二，保险的主业是为全社会提供风险管理和分散服务，服务保险主业是保险资金投资的前提与基础。保险机构实施战略投资，其行业范围必须是"与保险业务相关的企业"和"非保险类金融企业"，所追求的不仅仅是单纯的财务收益，而更多的是延伸上下游产业链，促进保险机构整体发展。保险机构实施战略投资，不仅要对被投资上市公司所属行业非常熟悉，还需要投入大量资金和人力对被投资企业进行管理和控制。如果保险机构对不熟悉的非保险业务领域进行战略投资，不仅不利于保险机构专注于保险主业，也不利于维护保险资金安全，实现稳定收益。❷

其三，保险资金往往体量巨大，保险机构凭借庞大的资金实力，是资本市场上举足轻重的机构投资者。若保险机构集中大量资金从事股票投资，进而控制发行股票公司的管理，经营保险以外的业务，实为滥用保险业的经济权力，扰乱正常的市场秩序。❸特别是在我国金融控股集团跨业布局保险业时，保险资金投资股

---

❶ 李致鸿：《保监会专题会议明确保险资金运用三大原则》，载《21 世纪经济报道》2016 年 12 月 14 日，第 1 版。
❷ 陈文辉：《保险资金股权投资问题研究》，中国金融出版社 2014 年版，第 193 页。
❸ 袁宗蔚：《保险学——危险与保险》，首都经济贸易大学出版社 2000 年版，第 360 页。

票行为严重异化。如何防范利用保险业的庞大经济力量介入一般产业，在监管上必须予以重视。

（三）监管定位：充当资本市场的压舱石和稳定器

在我国股票市场中，许多上市公司治理结构不完善，长期存在一股独大和内部人控制的现象，大股东或管理层利用关联交易侵占公司利益等违法行为屡禁不止，中小股东权益得不到保障。除此之外，我国股票市场还长期盛行"炒题材""炒概念"等短期投资理念，而缺乏长期价值投资理念。

为健全上市公司治理结构，支持资本市场长远发展，2000 年起，原中国证监会首次提出"超常规发展机构投资者"，作为改善资本市场的战略性举措。而保险资金的独特属性决定其是天然的长期价值投资者，能够满足我国股票市场建设的现实需要，保险资金直接入市投资股票也因此备受我国监管机关的重视。2004 年国务院颁布的《关于推进资本市场改革和稳定发展的若干意见》明确指出：支持保险资金以多种方式直接投资资本市场，逐步提高商业保险资金等投入资本市场的资金比例，使保险公司等机构投资者成为资本市场的主导力量。迄今为止，在历次有关保险业自身发展及加强股票市场建设的政策文件中，均不同程度地提及要发挥保险机构对股票市场的支持作用。❶

---

❶ 2004 年国务院颁布的《关于推进资本市场改革开放和稳定发展的若干意见》指出，支持保险资金以多种方式直接投资资本市场，逐步提高商业保险资金等投入资本市场的资金比例，使保险公司等机构投资者成为资本市场的主导力量。国务院在 2006 年颁布的《关于保险业改革发展的若干意见》、2014 年颁布的《关于加快发展现代保险服务业的若干意见》、2014 年颁布的《关于进一步促进资本市场健康发展的若干意见》及 2017 年颁布的《关于加快发展商业养老保险的若干意见》均有相同表述。

四、我国保险资金投资股票的法律监管体系及其不足

逐利性和利益最大化是金融投资的内在驱动力，保险资金亦不例外。保险资金投资股票绝不可放任自流，必须构筑强监管体系，通过制度引导保险资金贯彻长期价值投资理念，实现服务实体经济的顶层目标。

(一) 指标监管和行为监管并行的法律监管体系

在金融市场化改革的背景下，我国监管机关对保险资金运用的限制越来越宽松，并从微观监管向宏观监管转变。而对保险资金投资股票，我国实行指标监管和行为监管并行的监管体系。

1. 保险资金投资股票的指标监管

自 2004 年我国保险资金获准直接入市投资股票以来，保险机构投资股票一直处于不温不火的状态，既未如监管机关所愿对股票市场起到明显的提振作用，也没有对股票市场造成太大的风险。在此期间，监管机关对保险资金投资股票进行指标监管，主要目的是为了确保保险机构的财务稳健、偿付能力充足，而并没有对保险资金投资股票附加过多的行为限制。

指标监管有两个重要表现：一是偿付能力指标，这是衡量保险机构经营状况的基础性指标，也是保险机构投资股票必须满足的前提和基础；二是投资比例指标，是指保险机构投资股票的余额占总资产的比例限制和保险机构对一家上市公司持股比例的最高限制。在 2015 年"股灾"中，原中国保监会曾放宽保险机构增持蓝筹股的投资比例限制，鼓励保险资金投入股市稳定市场。但在险资举牌事件发生后，原中国保监会又将当时放宽的投资比例收回。由此可见，指标监管是保险监管机关的常用手段。

在指标监管之下，保险机构投资股票的自主权较大，只要达

到保险监管法规所设定指标的要求，保险机构便可自由配置股票的种类、金额和比例。但是在"宝万之争"中，原中国保监会风险排查后表示："前海人寿举牌万科股票没有违反相关监管规定，压力测试的结果表明风险可控。"❶ 但从社会舆论的反应来看，保险资金举牌上市公司却广受批评，甚至被质疑为"野蛮人""妖精""害人精"。由此可见，在指标监管之下，保险机构投资股票陷入了"合法却不合理"的尴尬。

2. 保险资金投资股票的行为监管

原中国保监会亦认识到指标监管之不足，立即出台一系列行为监管规则，引导保险机构落实"财务投资为主，战略投资为辅"的监管导向。行为监管具体包括股票投资行为分类监管、资金来源监管和信息披露监管。

（1）股票投资行为分类监管。为防范个别保险机构的激进投资行为，原中国保监会颁布《关于进一步加强保险资金股票投资监管有关事项的通知》（以下简称《通知》），《通知》将保险资金股票投资行为分为一般股票投资、重大股票投资和上市公司收购三种情形。❷ 并根据持股份额变化，实行层层递进的差别监管。对占绝大部分不涉及举牌的一般股票投资行为，不增加限制性措施。但开展一般股票投资涉及举牌的，应当在信息披露基础上进行事

---

❶ 赵萍、李致鸿：《独家专访保监会副主席陈文辉：用"底线思维"监管保险资金》，载《21世纪经济报道》2016年3月21日，第4版。

❷ 一般股票投资是指保险机构或保险机构与非保险一致行动人投资上市公司股票比例低于上市公司总股本20%，且未拥有上市公司控制权的行为。重大股票投资是指保险机构或保险机构与非保险一致行动人持有上市公司股票比例达到或超过上市公司总股本20%，且未拥有上市公司控制权的行为。上市公司收购，包括通过取得股份的方式成为上市公司的控股股东，或者通过投资关系、协议、其他安排的途径成为上市公司的实际控制人，或者同时采取上述方式和途径拥有上市公司控制权。

后报告。达到重大股票投资标准的，应向监管部门进行备案。保险机构投资股票涉及上市公司收购的，应当在事前向监管部门申请核准，并且保险机构不得与非保险一致行动人共同收购上市公司。

（2）资金来源监管。《通知》规定，若保险机构与非保险一致行动人共同开展重大股票投资，新增投资部分应使用自有资金。保险机构收购上市公司，也应当使用自有资金。同时为防范保险资金间接参与举牌，《通知》规定，保险机构与非保险一致行动人开展一般股票投资发生举牌时，监管机关可以采取暂停保险机构资金最终流向非保险一致行动人的直接或间接投资等监管措施。

（3）信息披露监管。原中国保监会颁布的《保险公司资金运用信息披露准则第 3 号：举牌上市公司股票》规定，保险公司举牌上市公司股票应当披露参与举牌的关联方及一致行动人情况、投资比例、交易方式、资金来源等信息。信息披露监管能够增加保险资金投资股票的透明度，健全事中事后的行为监管。

（二）现行保险资金投资股票法律监管规则之不足

保险资金投资股票应当以财务投资为主，战略投资为辅。原中国保监会针对保险资金投资股票的市场乱象，设计出严密的分类监管体系，能够有力防范规模庞大的保险资金扰乱市场秩序。但保险监管制度必须立足长远，不宜采取"运动式"的强监管策略。科学合理的监管制度一方面要强力纠偏、防范风险；另一方面也要鼓励保险机构创新资金运用形式，积极引导保险资金服务实体经济。

其一，完全禁止保险资金收购上市公司不尽合理。首先，保险机构可运用资金主要由自有资金和各种责任准备金构成。自有资金是保险股东投入及公司经营所得，性质上属于所有者权益资金。而各种责任准备金是由保费积累而成，性质上属于保险公司负债。❶《通知》第 3 条规定：保险机构收购上市公司，应当使用自有资金。换言之，在资金来源上完全禁止保险资金收购上市公司。其次，保险资金收购上市公司属于保险资金长期战略投资范畴。保险资金通过收购能够参与被投资公司的经营管理，整合保险相关业务，不仅能和相关产业发挥协同优势，也能够提升保险资金的长期收益。完全禁止保险资金收购上市公司虽然最大限度地保证了保险资金的安全性，但不能发挥保险资金长期价值投资的独特优势。最后，《通知》第 3 条亦规定，保险机构不得与非保险一致行动人共同收购上市公司。上述规定过于严厉，事实上保险机构可以与非保险机构合作收购保险相关业务，这属于长期战略投资范畴，这也是金融与产业融合的内在趋势。

其二，对"保险相关事业"的内涵和外延未予以明确界定。《通知》第 7 条规定，保险机构收购上市公司的行业限于保险类企业、非保险金融企业和与保险业务相关、符合国家产业政策、具备稳定现金流回报预期的行业，不得开展对高污染、高能耗、未达到国家节能和环保标准、技术附加值较低的上市公司的收购。上述规定划定了保险机构长期战略投资的行业范围。前两类"保险类企业"和"非保险金融企业"的外延较容易确定，而第三类"与保险业务相关的企业"的外延非常模糊。原中国保监会在 2010 年颁布的《保险资金投资股权暂行办法》及 2012 年颁布的《关于保险资金投资股权和不动产有关问题的通知》中针对保险资金投资股权设定了行业范围限制，并明确"与保险相关事业"是指养老、医疗、汽车服务、现代农业、新型商贸流通等企业。但在我

---

❶ 庹国柱：《保险学》（第八版），首都经济贸易大学出版社 2018 年版，第 300 - 301 页。

国保险资金投资股权和投资股票是两种性质不同的投资类型，监管规则之间不得直接适用。❶ 因此，应对保险机构可以对哪些"保险相关事业"进行长期战略投资以明确。

综上所述，当前出台的保险资金投资股票分类监管体系虽能有效遏制保险资金与一致行动人介入上市公司，但未给保险资金长期战略投资预留太多空间，实有矫枉过正之嫌。

五、我国保险资金投资股票法律监管体系的重构

保险业具有稳定社会经济秩序，促进社会发展的公共属性。保险服务实体经济，要求保险机构提供保证实体经济顺畅运行的资金循环体系，而非利用庞大的经济力量敌意并购一般产业。我国有必要从监管理念和监管规则上重新划定保险资金投资股票的法律界限，寻求保险资金服务实体经济和防范保险滥用资金实力之间的最佳平衡点。

（一）金融与商业适度分离：保险资金投资股票法律监管的理念

1. 金融与商业适度分离的具体内涵

金融与商业适度分离最初是由美国银行立法上的"银行与商业分离"衍生而来，其目的是对银行业务与商业进行区隔，以避免银行凭借庞大的资金优势，进行垄断或从事高风险的投资行为。例如，1933 年《美国格拉斯－斯蒂格尔法》除规定各金融

---

❶ 原中国保监会在 2010 年颁布的《保险资金运用管理暂行办法》第 9 条和第 12 条对保险资金投资股票和投资股权分别定义。原中国保监会也分别制定了《保险机构投资者股票投资管理暂行办法》和《保险资金投资股权暂行办法》两类监管规范。可见在我国保险资金投资股权和投资股票是性质不同的两种投资类型，应适用不同规则进行监管。

业态不得彼此兼营外，也规定了银行业与非金融业亦不得彼此混业经营。1956 年《美国银行控股公司法》规定银行业务仅及于"与银行业务相关而有适当之从属性者，纯商业行为不得成为银行业务，并限制银行不得管理或控制与银行业务无关的非银行资产"。1999 年《美国金融服务现代化法》仍继续维持传统银行与商业分离原则，禁止储贷机构直接投资生产事业的股份，且金融控股集团不得持有生产事业的股份，原则上也不得经营及管理生产事业。

我国台湾地区所谓"保险法"亦借鉴美国金融与商业适度分离的法理，用以区分保险资金短期财务投资和长期战略投资。❶ 其中，短期财务投资集中表现在我国台湾地区所谓"保险法"第 146 条之一，保险业投资上市公司股票，不得以保险业或其代表人担任被投资公司董事、监察人，不得行使对被投资公司董事、监察人选举之表决权……若保险业有前项情形，其或代表人担任董事、监察人、行使表决权、指派人员获聘为经理人、与第三人之约定、协议或授权无效。长期战略投资则表现在第 146 条之六，保险机构参与或主导被投资公司经营仅以"保险相关事业"为限。❷

2. 金融与商业适度分离在我国的实践意义

金融与商业融合互动是金融资本和实体产业通过参股、持股、控股等股权关系相互渗透，实现相互融合以及共生共长的目的。❸

---

❶ 李伟群、胡鹏：《保险机构股票投资行为的法律规制——以"金融与商业分离原则"为视角》，载《法学》2018 年第 8 期。

❷ 依据我国台湾地区所谓"保险法"第 146 条第 4 项的规定：保险相关事业指保险、金融控股、银行、票券、信托、信用卡、融资性租赁、证券、期货、证券投资信托、证券投资顾问事业及其他经主管机关认定之保险相关事业。

❸ 胡恒松：《产融结合监管问题及制度创新研究》，中国经济出版社 2016 年版，第 24–26 页。

金融与商业结合是市场经济发展到一定阶段的产物，在带来规模经济、产生协同效应和提高经济效率的同时，也容易诞生产业与金融结合型的大型企业集团，可能产生滥用市场优势地位实施破坏市场竞争的行为。❶ 在险资举牌上市公司事件中，前海人寿、恒大人寿及安邦保险都隶属于金融和产业深度结合的大型金融控股集团。大型金融控股集团如果不当干预旗下保险机构的管理和投资决策，通过投资上市公司股票的方式行使被投资公司的表决权，进而介入上市公司的经营管理当中去，则会加速传递并放大金融风险。

2018 年年初，中国人民银行、原中国银保监会和中国证监会联合颁布《关于加强非金融企业投资金融机构监管的指导意见》针对目前部分企业与所投资金融机构业务关联性不强、以非自有资金虚假注资或循环出资、不当干预金融机构经营、通过关联交易进行利益输送等问题作出指导意见。这表明我国金融主管机关试图突破条块分割的监管格局，并穿透复杂的金融交易结构，透视到金融与产业适度分离的层面上。

在金融与商业适度分离的理念下，保险资金投资股票应依据行为性质不同而分别适用差异化的法律规范。保险机构对与保险业务密切相关的"保险相关事业"可以参与并介入经营，但对非保险相关的纯商业领域，保险监管机关则应警惕保险资金与之过度结合，并通过立法限制保险资金不得介入"非保险相关事业"的经营，以防范利用保险的资金优势造成不公平的市场竞争及潜在的利益冲突。

---

❶ 孙晋：《产融结合的金融监管与反垄断规制研究》，人民出版社 2010 年版，第 42－43 页。

（二）金融与商业适度分离下保险资金投资股票法律监管规则的重构

1. 保险资金长期战略投资和短期财务投资实施差异化监管

保险机构投资上市公司股票，不仅有利于促进保险资金服务实体经济的效能，更能够发挥协同效应，服务保险主业。但对保险机构短期财务投资和长期战略投资这两类不同类型的投资方式应实行差异化监管。其一，对于财务投资，保险机构仅能取得单纯的财务报酬，而不得参与上市公司经营管理。同时为扩大投资范围，保险机构财务投资不应被施加行业范围限制，但必须严格遵循比例限制，以分散保险资金运用风险。其二，对于战略投资，保险机构应被严格限定以"保险相关事业"为投资范围。保险机构投资"保险相关事业"股票，保险监管机关应当允许保险资金参与并控制被投资企业的经营管理，使得保险相关事业可以服务保险主业，发挥保险业风险管理和分散的独特优势。

2. 保险资金长期战略投资应限定于"保险相关事业"

保险机构投资股票的性质如果是长期战略投资，在监管上应严格限定在"保险相关事业"的范围内。但目前我国保险监管规则中对"保险相关事业"明确划分为三类："保险类企业""非保险类金融企业""与保险业务相关的企业"。前两类行业范围较容易确定，而第三类"与保险业务相关的企业"的外延非常模糊。保险业是为各行各业提供风险管理服务的，天生就具有跨界的特质。倘若采取"正面清单"列举的方式，实在难以满足保险业延伸产业链的现实需求。因此建议保险机构对保险相关事业进行战略投资，应在程序上事前向保险监管部门申请核准，并提交主营业务规划、业务相关度说明、业务整合方案、后续经营管理计划等说明材料，由保险监管部门自主判断保险机构长期战略投资的可行性。这种监管方式既顾及保险机构投资的自主性，又促使保险机构对长期战略投资更加审慎。

3. 强化对保险资金财务投资行使表决权的制度引导

保险机构投资股票的性质若是短期财务投资，应仅以获取财务报酬为目的，而不应肆意介入经营。此时只有在被投资上市公司的管理者滥权或经营绩效不佳恐有降低投资价值之虞时，保险机构才能运用表决权向管理层施压，要求提升公司经营绩效。同时为防范保险机构以积极监督之名行扰乱正常商业秩序之实，保险监管机关应要求保险机构事先披露表决权行使政策，声明财务投资时表决权行使的方向、具体内容、利益冲突解决办法等，使市场得以提前预见保险机构表决权行使的方向。如若保险机构在行使表决权过程中违背此前所作出的声明和承诺，对上市公司经营及决策产生不利影响，保险监管机关应当及时进行问询或窗口指导。在严监管及行业自律之下，保险机构财务投资一定会回到积极监督而不肆意介入的正轨。

六、结语

保险业在银行、证券、信托、保险这四大金融行业中一直处于"不温不火"的状态。险资举牌上市公司及"宝万之争"事件着实让社会公众领略到了保险资金的巨大威力。保险资金投资股票表面上是保险资金运用行为失当，但其背后却隐藏着金融综合化经营趋势下金融控股集团跨业经营的深层次目的。同时也折射出我国金融监管部门对金融和商业过度融合缺乏关注。而在保险比较成熟国家，保险资金投资经历了漫长的过程，早已形成长期稳健的投资风格。在我国市场环境下，保险机构股票投资行为出现变异，如何制定科学有效的监管制度合理引导保险资金回归长期价值投资的轨道，仍需进一步深入研究。

海峡两岸互联网保险监管制度比较研究

丁旭明 *

一、引言

互联网技术的快速发展，特别是通过互联网进行各种沟通的商业模式，深深地影响到了人们的生活方式。虽然互联网相对于其他的营销渠道属于被动形态的，但也符合现代多数消费者希望不被打扰与点选自己所需信息的心态。根据专注网络媒体咨询研究机构艾瑞咨询（iResearch）的统计，2015 年中国第三方互联网支付交易规模已经达到 11.8 万亿元，同比增速 46.9%。❶ 与此相对，台湾地区的发展速度较慢，直至 2015 年才开放第三方支付业务，但业务量亦呈急剧上升趋势。毕竟，人们通过智能手

* 作者简介：丁旭明，华东政法大学法学博士，江苏大块建材开发有限公司董事长，研究方向为保险法。该文原载于《上海金融》2018 年第 7 期，收录于本书时又作了部分修改。

❶ http://report.iresearch.cn/content/2016/03/259313.shtml. 访问日期：2018 年 3 月 17 日。

机数字化平台购买保险商品，保险公司通过互联网提供精细的保险服务，都早已不是什么新鲜事。

2015 年 3 月，大陆制订了"互联网＋"行动计划，体现了国家对互联网发展的高度重视。2015 年 7 月 22 日原中国保监会公布了原《互联网保险业务监管暂行办法》（以下简称《暂行办法》），使得互联网保险业务的推展有了法律上的依据，同时亦为互联网保险监管确立了原则与方向。监管的重心是围绕"依法监管、适度监管、分类监管、协同监管、创新监管"❶ 这一主轴展开，监管的态度则显得较为积极主动。与此相对，我国台湾地区金融监管部门早在 2014 年即制定了所谓的"保险业办理电子商务应注意事项"（以下简称所谓的"注意事项"），将其作为监管的依据。该所谓的"注意事项"特别强调增进保险业服务效能，旨在保护消费者利益。至于内容上，其与所谓的"保险业经营电子商务自律规范"大致上相同，无任何新意。可见，对于互联网保险这一新领域，台湾地区保险监管机构的态度显得略微消极、审慎。

在互联网时代，保险监管机关要维护一个有效、公平、安全、稳定、规范的保险市场、切实有效地保护保单持有人与潜在的保单持有人，就必须确保保险业务相关环节的信息能及时提供给监管部门、保单持有人、保险公司及保险中介机构，让监管主体与市场主体的每一方都无信息不对称问题。保险监管机构既要对这些危险因子进行有效管控、实施监管，还要兼顾到保险业创新驱动、持续发展的长期策略。

---

❶ 2015 年 7 月 18 日中国人民银行等十部委发布的《关于促进互联网金融健康发展的指导意见》。

二、互联网保险业务的监管思维与元素

互联网保险业务本质上属商业模式的创新，这一点毋庸置疑。既然如此，其监管模式是否应异于传统业务？美国联邦保险监理官、学术界及司法界均认为互联网保险业务交易模式与传统业务不同，必须重新思考规范监管的新法则[1]。为此，笔者以国际保险监理官协会（International Association of Insurance Supervisors，IAIS）提出的互联网保险三大监管原则[2]与核心监管要素为考察对象，以此来判定重新制定法律的必要性。

（一）互联网保险业务监管原则

1. 一致性的（Consistency of Approach）原则

互联网保险业务的监管方法必须与其他渠道监管办法相一致。主要涵盖了对保险人等市场参与者的准入规定、信息披露与风险管控的要求。保护保险消费者的重点在于保证互联网保险消费者享有不低于其他业务渠道的投保和理赔等保险服务，保障保险交易信息和消费者信息安全[3]。

由于互联网保险是依托互联网和移动通信技术建立支持咨询、投保、退保、理赔、查询和投诉的在线服务体系，使得保险人与第三方网络平台的交易上的风险（Transaction Risks）、营运上风险（Operational Risks）[4]、数据资料安全性风险（Data Security Risks）

---

[1] Vance Gudmundsen, Regulation of Insurance Transactions on the Internet, Presented at the CPCU Seminar " Doing Business in The Internet," NAIC Summer Meeting, New York City, March 26, 1996. PP150 – 151.

[2] Principles of the Supervision of Insurance Activities on the Internet, IAIS, Approved in Amman on 7 October, 2004, p5 – 7.

[3] 原《互联网保险业务监管暂行办法》第 2 条第 3 款。

[4] 指对互联网设备未能进行良好管理导致失灵，致使营业中断而生的风险。Risks to Insurers Posed by Electronic Commerce; International Association of Insurance Supervisors, p6, 16 July, 2003.

与系统串联性风险（Connectivity Risks）受到格外的重视。担心上述这些风险因素会引发互联网保险交易的重大风险，因此大陆对于自营网络平台和第三方网络平台都设置了严格的经营条件，除硬件能力外，还对软件操作与管理工作提出了较高的要求❶，以确保信息的安全。可是，台湾地区仅以具有经营网络投保业务能力即可，并无设定严格的经营条件和软、硬件的具体操作要求。

2. 透明与告知的原则（Transparency and Disclosure）

在互联网保险业务的全过程中，保险监管机关应规定保险人与保险中介人必须坚守信息透明原则和明确说明之原则，确保与其他渠道和方式开展业务的标准保持高度的一致❷。消除信息不对称与进行全面充分的说明，乃是保险监管过程中的重中之重。因此，以消费者为中心，对其实施全面的保护这一基本原则不能因为营销渠道的不同而有所变化，相反，所有有助于消费者决策的信息，从事互联网业务的保险公司与中介机构都得详细予以发布。

按照原《暂行办法》规定，保险公司必须向保险消费者提供的最低限度的信息内容：例如，商品信息、服务信息、获得保险监管机关核准的批复、中介机构拥有销售保险产品的资格证明、理赔程序及流程、投诉或保险争议处理的机构及其联系方式。以上这些信息必须完整、合法、真实、准确❸。因为给消费者提供完整、充足的信息，既是减少日后保险合同纠纷之需，更是为了促使保险人建立自律机制（self – regulation）的一种有效手段。通常情况下，确保各类信息的真实、充分，是市场运行变得更效率、

---

❶ 原《互联网保险业务监管暂行办法》第 5 – 6 条。

❷ Insurance supervisors should require insurers and intermediaries over which they exercise jurisdiction to ensure that the principles of transparency and disclosure applied to Internet insurance activities are equivalent to those applied to insurance activities through other media.

❸ 原《互联网保险业务监管暂行办法》第 8 – 9 条。

更有序的必要前提和基础。

另外，保险监管部门实施的各种备案制度以及规定的各类许可程序，其目的在于确保每个保单持有人在同等的条件下，其所接受的费率标准、受保障范围、能享受的服务内容都是完全一致的，从而能够公正地对待每一位消费者，体现社会的公平与正义。

3. 合作原则（Cooperation）

保险监管部门在监管互联网保险业务时，应当与互联网有关的相关主管机关进行密切合作❶。因为，对互联网保险业务活动实现全面、有效的监督并非保险监督机构一家能够独立完成，而是需要其他主管部门高度配合并提供各种协助方能奏效。例如，在经营互联网保险业务过程中，网络与通信设备的正常运行、网络犯罪的防止、第三方网络平台的维护、消费者个人信息资料的保护等等，保险监管部门必须与其他主管机关密切合作，互换信息。

可以说，各监管部门之间的信息交换乃是有效监管互联网业务活动的一大利器。从国际保险监理官协会的角度而言，本项合作原则还包括国际的合作，因为为了规避税负及一些费用，有些互联网址特意选择设在无司法管辖权的境外❷。那么，为解决保险活动跨境交易法律纠纷的问题，监管机构之间的国际合作就尤为必要。

（二）互联网保险业务监管核心元素

除了国际保险监理官协会提出的上述三大原则外，互联网保险业务监管核心元素还包含清偿能力、增加竞争环境、市场禁止行为三项内容。

---

❶ Supervisors should cooperate with one another, as necessary, in supervising insurance activities on the Internet.

❷ Gregory Krohm, 1996, "A survey of Insurance Industry and Regulatory Applications on the Internet", Journal of Insurance Regulation, pp. 537 – 538.

1. 清偿能力（Solvency）

无论采用何种营销渠道，确保保险人清偿能力是保险监管的最高准则。当保险人决定投入互联网保险这部分业务时，不仅需要考虑建置互联网硬件设备的成本问题，还须平衡公司内部业务之间组合的成效问题，意即互联网保险业务与公司其他业务组合之后，是否与公司总的营销策略和经营目标相一致？与传统营销渠道配合，会否产生额外的营运风险？可接受的风险种类与范围是什么？公司的组织架构能否支持这部分业务？承接这部分业务是否会影响公司的清偿能力？

总之，笔者认为，保险公司必须审慎考虑发展互联网保险的决策风险（Strategical Risks）。此外，保险公司还必须关注一些附属的事项，诸如公司在大量、快速地拓展业务的背后，往往容易引发道德风险，换言之，逆选择（Adverse Selection）问题会在快速业务发展的同时结伴而生。再者，互联网保险业务本身的利润未必丰厚，为了吸引保险消费者对网站的关注，还得投入一笔开支不小的广告费用，而广告之后的实际效果如何却不得而知。因此，这种广告成本风险自然也不可忽视。

基于此，保险监管部门会通过制定不少测试法则，以对保险公司实行营运限制与安全检查，其最终目的是防范保险公司丧失清偿能力。对此，我国台湾地区所谓的"注意事项"第5条明确规定："保险业申请办理互联网保险业务的，最近一年的自有资本与风险资本之比率不得低于200%。"❶ 笔者认为，这一点十分重要，值得大陆参酌。

2. 增加竞争的环境

欲使市场做大做强，要件之一就是深挖市场，让更多的人参

---

❶ 我国台湾地区所谓"保险法"第143条之4第1款。

与其中。大陆因互联网市场发展势头强劲，具有相当的规模和实力，所以原中国保监会采取的策略比较宽松，只要申请单位的财务强度与软件、硬件设备安全符合一定条件的，都可经营互联网保险业务。根据《暂行办法》第1条规定："保险机构、保险专业中介机构（保险专业代理公司、保险经纪公司和保险公估机构）与第三方网络平台都可经营互联网保险业务"❶，且采取备案制市场准入，显得相当宽松。大陆之所以采用这一做法，其根本目的在于降低准入门槛，增加自由竞争的大环境。

反观我国台湾地区的做法，仅限保险机构可以经营互联网保险业务，且必须符合一定的资格条件才可进入❷。可见，海峡两岸对互联网保险业务监管思路迥然不同，大陆采用的是"市场先行、法规后至"的先行先试监管思维，而台湾则是秉持"法规先行"这种略带保守的审慎监管态度。两者相比较，凸显大陆在"互联网＋"的大背景之下保险监管部门大力推动互联网保险业务快速发展的愿景。

3. 市场禁止行为

在美国，如果保险人在某一州没有取得营业执照，就不得在该州用电话、邮件及互联网方式销售保险产品，即使发送保险产品广告或资讯一类的行为，也被严格禁止。可是，与一般传统广告的最大不同之处在于保险人也许并未主动招揽业务，而是保险消费者因自身需求，通过搜索引擎进入某一保险公司的主网页，而恰巧该保险公司或保险代理人并未获得保险消费者所在地区的销售营业执照，在这样的情形之下，保险监管机关会实行严格监管，督促保险公司及时建立有效的限制进入机制（efficient access limits），以防止误打误撞情形的发生。

---

❶ 原《互联网保险业务监管暂行办法》第1条第1、2款。
❷ 我国台湾地区金融监管部门发布的所谓的"保险业办理电子商务应注意事项"。

三、两岸互联网保险监管的对比与互补

"互联网+保险"的创新商业模式，从互联网（媒介）创建、互联网内容构思、信息发布、渠道经营、商品设计、互动模式、信息反馈、客户服务等过程，构成了动态商业经营模式。虚拟环境下的商业模式、交易构成的要素，与传统商业环境截然不同，这些特质使得相关法律都必须作出相应的修订和调整。那么，近年来两岸互联网保险监管方面推出了哪些新举措？两者间有何区别？以下围绕此中心进行比较研究。

（一）两岸互联网保险监管的比较分析

一般来说，清偿能力监管、市场行为监管与公司治理结构监管，构成了现代保险监管的三大支柱。为此，笔者将从这三个方面对两岸互联网保险业务的监管逐一展开分析研究。

1. 清偿能力监管

如上所述，清偿能力为互联网保险监管的核心要素之一，因为它涉及保险人的业务组合时会产生策略上的风险。为此，台湾地区所谓的"注意事项"第 5 条规定，保险业办理互联网保险业务，风险基础资本（RBC）必须要达到200%，此乃为最低标准。保险监管部门的工作，就是全力发展互联网技术的搜索引擎，使消费者易于获取这类信息，从而进行无障碍判断❶。

2. 市场行为监管

必须加强对市场行为的监管，因为这是与保护消费者的合法利益紧密联系在一起的。在大陆，保险公司必须秉持一致性原则，让

---

❶ Gregory Krohm, 1996, "A survey of Insurance Industry and Regulatory Applications on the Internet", Journal of Insurance Regulation, pp. 540 – 541.

互联网保险消费者能够享有到不低于用其他业务渠道进行投保和理赔的保险服务，同时还得确保交易信息和投保人个人信息的安全。

此外，原《暂行办法》还详尽规定了保险公司网站的销售页面必须登载保险产品的内容介绍、服务信息、提示信息，甚至还有销售区域范围的限制等重要事项。换言之，保险公司经营互联网保险业务，进而在网上进行保险产品的销售、承保、理赔、退保、投诉处理及客户服务等一切保险经营行为，必须在网络平台的显著位置，以清晰易懂的语言，列明该产品的内容及提供何种服务的信息。保险公司在投保人、被保险人、受益人或保险标的所在的省、自治区、直辖市没有设立分公司的，应在销售时就其可能存在的时效、时差、服务不到位等问题作出明确的提示，由投保人确认知晓后，还得将确认记录留存归档。

对于容易引发纠纷的"免责条款提示和明确说明义务"一项，怎样认定保险公司已经在网站上履行了该项义务。对此，《最高人民法院关于适用〈中华人民共和国保险法〉若干问题的解释（二）》第 12 条作出了明确规定："通过网络、电话等方式订立的保险合同，保险人以页面、音频、视频等形式对免除保险人责任条款予以提示和明确说明的，人民法院可以认定其履行了提示和明确说明义务。"为使投保人达到完全了解的程度，除了网络提示和明确说明以外，保险公司还要设立专线服务电话，为投保人提供咨询通道，从而使消费者的权利受到更周全的保护。

基于权责统一考虑，纵使保险机构与第三方网络平台合作，在平台上公布的保险产品相关信息，也是由保险公司统一制作和授权发布。因此，若有违法或是误导消费者的，应由保险公司负责❶。若

---

❶ 原《互联网保险业务监管暂行办法》第 7 条第 3 款，第 8 条第 2、3、4 款。

第三方网络平台夸大宣传保险产品优点，作出更有利于消费者承诺的，保险公司应当履行该部分的承诺，以严格规范网络销售行为的合法性和正当性，杜绝夸大宣传和虚假承诺❶。

此外，渠道信息也被列为披露重点。原《暂行办法》规定保险机构经营互联网保险业务，应在其官方网站建立互联网保险信息披露专栏，其包含下列内容：（1）经营互联网保险业务的网站名称、网址，如为第三方网络平台，还要披露业务合作范围；（2）客户服务及消费者投诉方式；（3）保险费的支付方式，以及保险单证、保险费发票等凭证的配送方式、收费标准等。

与此相对，我国台湾地区没有大陆那样对于互联网保险商品销售作出如此具体又详细的规定。首先，在财产保险方面，还是利用原有的数据库共享平台系统办理核保程序。此外，还得设立实时连线，其目的在于避免费率适用错误、查验有无重复投保及以往有无投保、理赔的纪录，排查是否存在道德危险的可能。其次，在人身保险方面，若有道德风险疑点或对投保动机存在合理怀疑时，保险公司应于保险合同成立起 24 小时内，立即向监管部门办理承保通报，并最大限度缩减支付保险金上限，以控制住风险口。至于借由第三方网络平台办理保险业务事宜，此项内容在台湾地区完全没有展开，由此可见，在这一领域台湾地区比大陆表现出更为审慎立场，显示出一种保守的姿态。

3. 公司治理结构监管

在我国台湾地区，为了奖励保险业者重视公司治理结构，所谓的"注意事项"特别规定了差异化监管措施，意即按该保险公

---

❶ 李伟群：《我国互联网保险监管规定之评析》，载《"新国十条"背景下保险法的新发展》（上册）（中国保险法学研究会 2015 年年会暨两岸保险法研讨会论文集），第 84 页。

司最近一年中有无违规记录、遭投诉率的高低、贯彻政府政策的力度、推动社会公益活动的效果、资金安全与否以及个人资料管理系统完善与否等各项考核标准，依此得出"积极指标"与"消极指标"两个不同的评定等级。

在对违反规定作出罚则方面，台湾保险监管部门偏重于公司治理与自律相结合的做法。首先，对于准入资格方面，该保险公司必须在最近一年中未受主管机关重大处罚，且投保人给出的综合评分居前80%的，方可办理互联网保险业务。其次，对保险公司经营互联网保险业务，必须将所谓的"注意事项"相关内容纳入内部稽核与内部控制项目，办理内部稽核及自行查核。如有违反所谓的"注意事项"之规定的，保险监管机关依照所谓的"保险法"相关规定，根据情节轻重对保险公司作出相应处罚。

笔者认为，对违规的处罚完全依据所谓的"保险法"及其相关规定而不再另立规定，这种做法更符合互联网保险业务监管与传统保险业务的监管保持一致性的原则。我国台湾地区实行无差异监管的这一做法，颇值大陆保险监管机构将来对原《暂行办法》进行修改或者进一步完善时重点予以参考。

保险公司用互联网承接保险业务时，应按照相关法令及内部核保、保全、理赔内控等程序进行审核，且于完成审核时以电子文件方式通知投保人审核结果。如果保险公司决定承保时，须寄发纸质保险单或电子保单给投保人。另外，为积极推动利用手机投保，抽样的电话回访可采用简讯、微信等足以辨识的方式取代。

由于在网络虚拟环境里，投保人身份的真伪辨识较难，这也是容易引发犯罪的主因之一。针对这一问题，原《暂行办法》第20条第1项规定，保险机构应建立健全的客户身份识别制度，加强对大额交易和可疑交易的监控和报告，严格防止利用互联网保险业务进行洗钱活动。与此相对，我国台湾地区规定通过网络投保，投保人首先必须完成身份验证程序才能进行后续的投保程序。投保人的身份验证程序，一般经由网络公司与保险公司的计算机联机操作完成或投保人亲临保险公司完成身份验证。

在当今的现实生活中，互联网交易身份的验证大多是通过手机方式来完成。笔者认为，这种方式在精确性和同一性等方面尚存疑点，有值商榷之余地。不过，未来有更完善的脸部识别技术或更加先进、精确的认证方式，无疑会大大促进互联网保险业务的更大发展。

（二）两岸监管制度优劣与长短互补

1. 我国台湾地区监管法令有待完善

我国台湾地区引进互联网保险业务思维较大陆为早，但发展至今，无论在业务量、普及度，还是在思维上，远远落后于大陆。究其原因，保险业发展历史较长，业务人员队伍已经十分庞大。如果快速引入互联网保险业务，必然会使得大量业务人员失业。囿于庞大业务人员消极抵抗的结果，使得该项业务开展缓慢。这是其一。在客观条件未完全成熟之下，保险公司也不愿为互联网保险业务的开展投入巨额建置成本。这是其二。监管部门执行最低限度的监管政策，在目前网络交易的安全性还无法完全得到确保，第三方支付制度未臻成熟的情形下，监管部门也不愿积极推动。这是其三。以上三者的叠加效应，使得互联网交易发展显得尤其迟缓。

从表面上看，我国台湾地区已制定了所谓的"注意事项"作为监管的依据。可是，论其实质，仅限于保险公司申办该项业务的操作方式与准入规定的层面而已。主管机关未能以创新的思维来分配保险合同当事人的权利和义务，而是依然停留在"保险业务员"的角度来思考各种问题，从而根本无法打破"人与人""面对面"的传统惯性思维。

我国台湾地区的所谓的"注意事项"与原《暂行办法》，两者之间最大差异即在对保险公司市场销售行为的监管上。其实，对市场销售行为进行监管之需，本来自于保险业的自律规范不断修正而逐步形成。较之大陆，我国台湾地区的规定缺失这一核心内容。不仅如此，还缺乏对消费者保护的监管要求。此外，有关保险人明确说明义务的方式、范围等相关法律规定，无论是我国台湾地区所谓的"保险法"，还是所谓的"注意事项"均付之阙如。笔者认为，以上这些内容，是我国台湾地区的亟待完善的。

2. 大陆监管法令亟待补漏

互联网保险业务属远程营销之一种，通常情况下，保险产品看不见也摸不着。出于对消费者的保护，给予投保人一定的时间，允许其重新思考其购买的产品是否与自己的需求相符。在这段冷却期间（cooling - off period，或称犹豫期），消费者可以无条件解除合同。

我国台湾地区所谓的"注意事项"第 14 条规定，投保二年期以上人寿保险，可以有 10 天的犹豫期。可是，原《暂行办法》中却没有这方面的规定。笔者认为，为追求理性合同自主权，建议未来修改时将这项规定纳入其中。

另外，对于大陆来说，保险风险通报制度的建立也是当务之急。所谓保险风险通报制度，是指为了防止投保人的不良动机，各家保险公司期望能早期发现这一危险而设立的一种风险预警制度，其目的在于抑制道德危险。我国台湾地区保险监管机构在传统保险营销时，早就设有该制度，使得各保险公司能早期发现和觉察到一些异常情况，例如，出现极端的高额保险金、重复投保十多家保险公司等这些反常情况而提前采取预控对策。互联网保险业务毕竟是在虚拟的环境下进行交易，为防止一些投保人短时间内利用网络密集向多家保险公司投保，牟取不法利益，我国台湾地区所谓的"注意事项"继续沿用此制度，这一点值得赞许。

与此相对，我国大陆地区幅员辽阔，保险公司数量众多、投保人的数量庞大。从竞争角度考虑，为了防止业务信息外泄，保险公司间信息隔阂，彼此不愿分享投保信息，所以在较多的场合下保险公司之间都不太愿意将风险信息进行相互的传递与沟通，从而使不法分子有机可乘。显然，这是大陆保险业中的一大陋弊。笔者认为，大陆应该向台湾地区学习，尽快建立保险风险通报机制，以实现"建制堵漏"之目的。退一步说，即便马上建立该制度尚不具备完全成熟的条件，但至少可以建立保险公司之间的"保险事故通报机制"，用以防堵居心不良的投保人。只要保险公司之间相互配合，风险信息及时沟通，即可达到弥补这一漏洞之功效。

为预防保险诈骗案件发生，我国台湾地区还将人身保险商品的身故受益人限定为直系亲属、配偶或法定继承人，并且还设定了投保金额的上限。虽然，此举可能在一定程度上会影响互联网保险业务的增长，但这正是囿于互联网保险中身份难以验证下不得已而为之的一大举措。

同时，在网络上销售人寿保险产品中，由投保人订立的以被保险人死亡为给付保险金条件的合同，当投保人与被保险人非同一人时，攸关保险合同效力的保险利益是否存在？进而，即便投保人对被保险人具有保险利益，该合同生效的前提是必须经被保险人同意，同时该保险金额还得经被保险人认可，以防止投保人可能故意谋害被保险人的危险。在传统的保险营销中，被保险人是否同意并认可保险金额，以其书面签字为准，从而筑起了一道有效的反骗保防火墙。

可是，在网络投保中，以被保险人死亡为给付保险金条件的合同是否经被保险人同意并认可，保险公司通常无法查知，从而道德风险剧增。例如，发生在大陆的"赌徒婚后两月买凶杀妻骗保300万"一案，就是通过网络投保诈保的典型一例❶。与大陆不同，台湾地区早就充分注意到此问题，故特意在所谓的"注意事项"中明确规定网络上销售的人身保险产品，必须满足投保人与被保险人以同一人为限之要件❷。这一点非常值得大陆参考。

四、结语

由于两岸监管思维不同，因此必然带来法律、法规上的迥异。原《暂行办法》规定围绕以保险人说明义务的内容、互联网业务平台管理这一主轴。而我国台湾地区所谓的"注意事项"则以办理互联网作业内容为核心，且以谨慎操作，积极防弊为主。故两者间的差异可谓一目了然。虽然，目前两岸保险业在互联网保险领域上推出都以小险种、标准化的产品为主，故无须繁复的核保手续；又因其保额较低，对保险业的经营绩效影响不大。

但是，随着互联网技术的日新月异及保险业经营技术的改善，未来互联网保险这类的业务量必然会有较大的突破。与此对应，不同的监管态度，必将会对两岸互联网保险业务发展的前景产生决定性的重大影响。在此，笔者建议，两岸保险监管机构应设立

---

❶ 陈伊萍：《赌徒买凶杀妻骗保 沪法院判保险公司赔死者家属三百万》，载澎湃新闻网：http://www.thepaper.cn/newsDetail_forward_1686310，访问日期：2018年4月10日。

❷ 《保险业办理电子商务应注意事项》第5条第2款。

专门从事监管远程营销的部门、并配备充足的人力，用以妥善监管及协助这类业务的健康发展。

建立健全妥适的市场经营环境也是现代政府的责任。比较两岸保险市场的发展历程，台湾地区比大陆地区起步更早且发展更为成熟，但是前者在互联网保险业务活动却落后后者甚多，究其原因，可归纳为政府监管部门有畏惧甚至排斥新事物的心理存在。为确保消费者权益不受侵害，市场交易秩序不被破坏，我国台湾地区保险监管部门应该与时俱进，及时地制定网络保险的运行法则让参与者知晓并依法遵守。

另外，大陆顺应网络时代发展之需，在先行先试、勇于创新的原则下快速发展互联网保险业务，这一点可圈可点。不过，在迅速发展过程中仍需着重防范网络保险中的法律风险与互联网保险业务衍生出来的其他新的法律问题。在知识产权、个人隐私权、消费者保护、公平交易等方面，我国台湾地区所谓的"注意事项"已经对此进行合理规范。这些成熟的经验可资大陆方面借鉴。除此之外，再汇集所谓的"电子签章法""洗钱防制法""保险业招揽及核保理赔办法"等相关"法令"，辅以公司治理之强调等科学做法，也值得大陆方面参考学习。

总之，既能促进市场发展，又能兼顾交易安全及消费者保护的监管规则，就是一种好法制。笔者相信，只要两岸保险监管模式能够相互学习、相互渗透、取长补短、适度整合，两地互联网保险业务的发展一定会迎来美好的明天。

存款保险制度之功能辨析及影响

朱耀文 *

存款保险制度是金融安全网的三大支柱之一，当银行面临挤兑、破产或者其他危机时有助于保护储户利益，减小危机对金融体系造成的破坏，降低财政救援成本。存款保险制度与关注资本充足率要求和最后贷款人制度两大支柱有所不同，其更加关注保护金融消费者和增强存款人信心。存款保险制度通过引入市场机制解决监管困境。一方面，差异化的存款保险保费促使银行谨慎采取激进的经营策略，通过综合考虑安全性、流动性和效益性，寻求利率市场化与银行业安全经营之间的平衡点。另一方面，建立了银行的市场化退出机制，经营不善的银行通过破产清算程序实现退出，而不是由政府无条件充当银行的后盾，将市场失灵交由市场机制解决。

存款保险制度具有通过法律促进经济发展的特

---

* 作者简介：朱耀文，华东政法大学博士研究生，研究方向为保险法。

点。高负债、高风险的银行在存款保险制度下承担着更高的合规成本，实现了更加合理的监管成本分配；同时，存款保险制度降低破产银行清算退出的交易成本。与商业保险公司不同，存款保险公司其具有明显的政府机构性质，可以有效地解决传统保险业存在的违约风险、经营风险、信息不对称等问题。

一、建立存款保险制度的成因分析

中国的金融体系长期的银行业中心化监管的模式面临着两个问题：一是金融自由化改革的推进过程中，为了确立市场在资金定价机制中的主导作用，监管部门需要逐步放开对存贷款利率的硬性管制。然而放松管制与金融脱媒背景下的竞争环境刺激了银行，尤其是中小银行，采取更加优惠的利率通过更有风险的产品吸引存款，增大了银行的系统性风险。这与商业银行法安全性的要求相悖。二是传统的去中心化监管给经营中的商业银行带来多重的监管措施，但是对经营状况恶化以至无法继续生存下去的银行却无有效的应对措施。银行的破产与退出机制的缺失，无法有效地约束国有银行的道德风险，变相对商业银行的经营产生逆向激励。政府对违反审慎经营原则的银行进行一系列的兜底，导致监管失灵和市场失灵都交给政府来处理解决。

中国与世界上其他发展存款保险制度的国家不同，直到近年来才开始实施存款保险制度。这与其长期使用隐性担保体系有关，商业银行的国有制实际上由政府为其信誉作出背书担保，为储户提供了一定程度上的信心。我国隐性担保方式提供的最有力的保护形式取决于商业银行隶属于国家的事实，政府以维持一种不干预的方式，放手让银行自己管理经营的风险。

实际上，中国早在 1993 年就开始探索建立存款保险制度，历经 20 多年的深思熟虑，在 2015 年正式建立该制度。存款保险制度历时 20 余年才推出的原因之一是中国的存款基础庞大，是世界上有着最大存款基础的国家之一。存款基数庞大使存款保险制度之下的赔付数额巨大，如何平衡存款保险保费与赔付支出的关系，这是中国在设计存款保险制度时需要重点加以考虑的地方。对中国来说，运营一个如此庞大的存款保险制度将带来很大的行政负担，因管理存款保险制度最常见的方式即是行政管理。此外，存款保险可能会因运营一个保险公司而增加预算成本，而且如果这家公司为国有公司，那么就对政府行为的合规性增加了挑战，政府的行政压力也有可能增加。存款保险制度的复杂性要求监管机构有能力实施透明化的监管措施、并确保监管的威慑力，这必然会给政府带来额外的监管成本。如果因存款保险中所包含的道德危害奖赏了"不好的"银行，却惩罚了"好的"银行，增加了国库的额外负担，这将增加未来发生潜在危机的风险。在存款保险制度中，当银行发生挤兑事件时，保险人将对破产银行的储户支付大额赔偿。

显性存款保险制度的赔付规模将比储户所期待的要小，因此说服大型商业银行的储户是非常困难的，因为他们不相信在大型国有商业银行中的存款和在城市商业银行以及农村商业银行的存款具有同样的安全性，尽管我国的存款保险赔付额度低。那么我国为什么要建立存款保险制度呢？事实上，存款保险是一种避免可能的金融不稳定而采取的一种危机管理战略。中国拥有庞大的存款基数，单户赔偿额度限定在本息 50 万以下已能覆盖绝大多数存款人，因而避免发生金融危机的可能。

在之前隐性保险时期，因为都可以期待得到政府的救助，政府隐性担保产生了逆向激励，银行更有动力发放不良贷款，促使投资人买入可选范围内风险最大的产品。甚至规模庞大的影子银行体系所提供的投资也被认为是安全的，因为国有银行和金融机构已经深度参与其中。为了解决这一道德风险，有效的办法是，接受银行破产或银行违约，允许市场和法治在经济中扮演更重要的角色，并将更多的风险克服机制引入银行业体系中。

因此，推行存款保险制度是无限度救助走向终结的一个重要信号：存款保险制度将使金融机构对其自身的损失和收益负责，同时也让储户和投资人更加清醒地意识到他们所面临的风险，从而变得更加谨慎。这可以降低银行的风险偏好和金融风险传染的可能性。

二、存款保险制度本质的厘清

存款保险制度作为金融安全网中的一项工具，2015 年我国《存款保险条例》颁布后至今，在面对复杂多变的经济环境，应对复杂的金融风险时，《存款保险条例》仍有不足之处。在完善该制度时，厘清存款保险制度的本质是一项重要的课题。

存款保险制度是一种特殊的保险，具有政策保险的外在表现形式和商业保险的内在法理属性。一方面，政策保险是国家促进相关产业的发展，运用作为政策支持的手段，对该领域内可能发生的风险给予保护或扶持的一种特殊类型的保险。❶ 根据《存款保险条例》第 2 条规定，我国的存款保险是强制性保险，具有政策性保险的特点。其不仅是保护存款人利益，更是维护金融秩序，具有公益属性。此外，《存款保险条例》规定存款保险的保险人是存款保险基金管理机构，并赋予监管职能，故该机构具有行政主

---

❶ 张洪涛、郑功成主编：《保险学》，中国人民大学出版社 2008 年版，第 201 页。

体的性质。另一方面，存款保险仍遵循商业保险的法理基础，投保人是银行金融机构，保险人是存款保险基金管理机构，保险标的是债务的履行。因此从法理基础理论来看，存款保险保障的是债务人按时履行返本付息的义务。

学界对存款保险定性为责任保险还是保证保险有一定的争议。我国《保险法》第65条第4款定义责任保险是指以被保险人对第三者依法应负的赔偿责任为保险标的的保险。责任保险涉及保险人、投保人、被保险人和第三人，立法旨在分摊责任者对第三者的赔偿责任。结合责任保险的保障目的、保险适用条件、被保险人等要素来看，责任保险与存款保险的本质相悖。

笔者认为，存款保险应定性为保证保险。我国目前对保证保险没有统一的定义，《保险法》中概括性叙述保证保险是财产险中的一种，但对其具体的规定、当事人等概念仍非常模糊，需要进一步厘清。

保证保险源自美国的保险业经营保证制度，系由保险业收费提供保证服务，担保债权人因其受雇人不诚实行为使其遭受财产上的损失，由保险人填补债权人的损失。[1] 对保证保险的被保险人是债权人还是债务人，理论存有争议，但是大部分学者认为被保险人是债权人或称为权利人。我国台湾地区对此问题有一致的认识，认为保证保险的被保险人是债权人。台湾地区所谓的"保险法"第95条第1款规定：保证保险于被保险人因其受雇人之不诚实行为或其债务人之不履行债务所致损失，负赔偿之责。该定义将保证保险分为诚实保证保险和确实保证保险。确实保证保险保障债务人对债权人造成的损失，保险人保障债务的履行，若债务

---

[1] 江朝国：《保险法逐条释义》，元照出版公司2015年版，第870页。

人不能履行债务，致债权人遭受金钱或财务损失的，保险人负给付之责。所以，保证保险的保险利益的归属主体是债权人，债权人是保证保险的保障对象，属被保险人。

美国保险公司起初经营保证业务时，没有区分保证或保证保险，将两者混用，这造成了对保证保险法律性质的理论争议，导致无法判定保证保险是保证还是保险。一方面，保证保险的法律性质决定保证保险合同适用的法律规范以及合同主体承担的法律责任，如果保证保险法律性质为保证，对其应当适用《民法典》中关于担保的规定；如果保证保险的法律性质为保险，对其应当适用《保险法》的规定。担保法和保险法对合同主体权利、义务的规定存在差异。另一方面，根据《存款保险条例》规定，存款保险包含投保人、保险费、保险人等保险合同要素，本质是保险。因此，保证保险的法律属性是保险，适用《保险法》。保险是基于大数法则，对具有同一风险的团体成员收取保费，形成风险基金，在保险事故发生时，将风险分摊到共同团体之中，其要素便是：共同团体性、危险一致性、有偿性和独立法律请求权。❶ 保证保险符合上述要素。存款保险与保证保险的本质具有相同性，存款保险应当定性为保证保险。

首先，存款保险和保证保险的被保险人是相同的。按照责任保险与保证保险的定义，判断存款保险属于责任保险抑或保证保险的标准之一是被保险人指向为谁。责任保险保障被保险人对第三者负赔偿责任，若存款保险为责任保险，则被保险人应为银行机构；保证保险保障债权人权利，若存款保险为保证保险，则被保险人为存款人（债权人）。

---

❶ 江朝国：《保险法基础理论》，中国政法大学出版社2002年版，第20－26页。

从被保险人定义看，在三分法的立法体制下，即投保人、被保险人分离，被保险人才是真正受损害之人。在存款保险制度下，银行机构偿付不能时，真正受到损失的是广大存款人，存款人没有要求银行机构承担合同违约责任前，银行机构并未真正遭受损失。因此从受损害角度判断，存款保险的被保险人是债权人，也即存款人。从立法目的来看，存款保险是为了保护存款人的合法权益，及时防范和化解金融风险。存款保险保障的首要对象是存款人，而不是银行机构。因此，存款保险的被保险人是存款人，而不是银行机构。责任保险的被保险人是银行机构，与存款保险要素不符。反观保证保险的被保险人为债权人，即存款人，与存款保险要素契合。

其次，存款保险与保证保险的保障目的是一致的。存款保险是保险人于保险事故发生，即银行机构陷入偿付不能时，给付保险金于存款人，以履行保险责任的保险，其保障的是债务之返还。保证保险系指保险人保障被保险人的债务人忠实履行债务，如债务人有不履行债务之事情，由保险人负给付之责。存款保险和保证保险的定义相符，均由保险人保障被保险人的债务人忠实履行债务。两者保险标的相同，均是保障存款人债权的实现。

最后，将存款保险定性为保证保险更利于存款人追偿权的实现。发生保险事故后，被保险人对保险金具有直接请求权。若存款保险被视作责任保险，被保险人为银行机构，存款人是第三人。虽然第三人也具有请求保险人赔偿的权利，但其被保障的程度大打折扣。根据《保险法》第65条第2款规定，仅有当被保险人怠于请求的，第三人才能向保险人请求赔偿保险金。即存款人需证明银行机构怠于请求保险金，才能要求保险人赔偿，求偿顺序限制让存款人受保障幅度减损。然而，在保证保险中，存款人是被保险人，享有直接请求保险金给付的权利，当银行机构债务违约时，保险事故发生，存款人可直接向存款保险基金管理机构（保险人）请求赔偿，及时获得应有的存款，保障自身权利。这与存款保险希望达成的目的一致。

综上，存款保险的本质应当界定为保证保险，非责任保险。保证保险的被保险人是债权人，存款保险的被保险人是存款人。当存款保险的保险人在银行机构无法偿付的时候对债权人的赔付，旨在保护债权人，维护的是存款人的利益，这与保证保险的标的债务履行的目标也是一致的。

三、存款保险制度的功能及其多角度影响

存款保险制度是维护金融体系安全稳定的重要法律保障制度。其主要功能是在银行机构出现债务违约时，由存款保险机构代替银行机构向存款人偿付，提振存款人对金融系统的信心，避免挤兑现象发生，维护金融系统稳定。除为存款人提供现金赔付外，存款保险也具有金融监管的功能。存款保险机构督促银行合规经营，当银行出现潜在风险时采取事前干预和风险控制措施。国外实证表明，赋予存款保险机构监管职能有利于降低银行风险、保护存款人的利益。[1] 另外，存款保险具有风险防范、危机处理功能，在银行濒临破产时，由存款保险机构承接其业务，为其寻找购买方或直接作为破产清算人清算，保障其平稳退出市场，消除金融市场震荡。从功能来看，无论是现金赔付、金融监管，还是处置问题机构，都表明存款保险制度追求的是：保障存款人利益、

---

[1] Raheel Mumtaz and Imran Abbas Jadoon, "Deposit Insurance and Bank Risk: Does Dual Banking Supervision Matter?" *Pakistan Journal of SocialSciences* (*PJSS*) 41, no. 1 (2021): 13 -24.

防范银行业风险、维护金融体系稳定。从历史经验来看，1933 年美国银行体系崩塌之后颁布实施的联邦存款保险制度不仅安抚了银行业市场，而且恢复了银行体系的信心，并使挤兑现象减少。❶存款保险在保障金融体系安全方面所承担的作用甚为重要。

关于建立存款保险制度的影响，特别是我国存款保险制度对银行个体风险的影响以及其作用机制的结果表明，存款保险制度显著增加了我国其他商业银行（除四大行）的个体风险。❷此外，有研究数据提出存款保险制度显著降低了银行的信用风险和破产风险，在新兴市场国家中的作用尤为明显；一国对银行体系的监管越严格，该国的存款保险制度对银行风险的抑制作用越强；存款保险制度规定的最高偿付额与银行风险之间存在"U"字型关系，我国规定的 50 万元人民币相对人均 GDP 属于偏高。❸另外也有研究表明，存款保险限额与银行的政府背景不仅能对银行风险承担产生影响，而且银行的政府背景将削弱市场机制的约束作用，削弱银行风险承担与存款保险限额间的"U"字型关系。❹

故存款保险制度的确立仍不足以保证宏观经济的稳定性，其仅是整个金融安全网中的一项工具，补充其他宏观审慎监管工具（如审慎监管和最后贷款人）的不足。存款保险制度的目的是加强对银行的监管，防止金融业中的系统性风险以及保护公共利益。尽管存款保险制度意图减少银行挤兑造成的威胁，创造社会效益，

---

❶ ［美］理查德·斯考特·卡内尔等：《美国金融机构法（上册）》，高华军译，商务印书馆 2016 年版，第 571 页。

❷ 郭晔、赵静：《存款保险制度、银行异质性与银行个体风险》，载《经济研究》2017 年第 12 期，第 134－148 页。

❸ 赵胜民、陈蒨：《存款保险制度能够降低银行风险吗？——基于 116 个国家面板数据的研究》，载《国际金融研究》2019 年第 7 期，第 98－107 页。

❹ 胡援成、王星宇：《存款保险限额、银行政府背景与风险承担行为》，载《经济经纬》2021 年第 4 期，第 1－20 页。

但是它也涉及大额的财政支出，用来证明管理监督和政府干预是合理的。包含存款保险制度的金融安全网，是不完全契约理论在金融监管领域的一项实践。若该制度是自愿性的，那它可能会造成逆向选择，会将具有高风险的银行作为成员留在制度中，而更好的银行则不用参与。如若发生监管失灵、道德风险以及保险基金不足，存款保险制度很可能会变成累赘并随之无效，使银行不能集中于市场和宏观审慎实践，可能会成为银行业不稳定性最大的诱因。良好的公司治理、基于风险调整的保费、存款保险人对破产银行的有效决议、市场秩序和审慎监管，均能缓解道德风险的问题。❶

中国现在之所以需要存款保险制度，是因为经济增长放缓背景下，中小银行隐含着发生流动性危机的风险，伴随国际市场复杂变化的金融风险，这项制度既是给处于困境的银行提供一项以市场为导向的退出策略，又是一种加快确立以市场为导向的风险预防和解决机制的方式。中国大多数银行是国有的，少有破产，但是近年来一些金融机构发生了罕见的挤兑现象，包括对其现金管理不善的农村合作银行。而存款保险制度则在一定程度上阻止银行挤兑的发生。同时，通过承认银行破产的可能性，可促使那些在小型银行中账户余额超过 50 万元人民币的储户将其账户转移到更加稳定的大银行之中。

存款保险制度可能将中国的银行置于一种不确定的市场经营环境之中。因此，银行需要在经营上更加谨慎。任何账户额超过 50 万元人民币的个人或公司都希望确保其账户所在的银行适当运营。银行的表外工具将不属于保险的承保范围，这些提供高收益

---

❶ Basel Committee on Banking Supervision, Core Principles for Effective Deposit Insurance Systems: A Methodology for Compliance Assessment, 2010, pp. 16 – 17.

的银行产品（不计入银行存款）看上去也将不再那么具有吸引力。如果不能灵活且适当地管理，引入存款保险和允许银行破产可能会极大地增加发生严重金融危机的可能性。因为储户更愿意将储蓄存款转移至较大的银行机构，这会导致小银行资金的流动性更差，从而大大提升其破产的可能性。

另一个担忧则是，存款保险制度因规模太小而难以发挥作用。由于征收额将不超过存款的 0.05%，故其需要十年积累到一万亿元人民币，才能勉强承保一个中等规模银行的存款。政府或许可以通过发行债券来解决这一问题，从而在一开始就缓解该保险基金的现金压力。更大的担忧在于，政府继续做未投保存款的坚实后盾。有 0.4% 的账户是未被全面覆盖的，其包含的金额已经超过了所有存款数额的一半。这其中的大多数属于国有企业，政府不允许这些公司破产，也不允许管理其现金的银行面临崩溃。因此，对国有企业和大型的银行而言，隐性和全面的担保还可能会持续。

四、存款保险制度是否会实现其目的?

有研究表明，存款保险并不是一定能够解决金融危机和金融不稳定的问题。事实上，在契约环境不发达的国家，存款保险制度反而会降低银行业的稳定性。[1] 存款保险涉及了多方委托代理合同的问题，银行、储户、监管者、政府对确保存款保险发挥作用都十分重要。存款保险制度使政府让渡了更多参与银行事务的权利。

一个高效的契约环境不仅对金融活动的层级和波动性有着积极影响，而且也有助于减轻因存款保险制度产生的道德风险。同

---

[1] Asli Demirguc – Kunt and Enrica Detragiache, "Does Deposit Insurance Increase Banking System Stability?," The World Bank Conference Paper, 2000.

样，契约环境较弱的国家则更可能遭受因实施存款保险制度而出现的负面结果。较差的契约环境或者体制基础设施，包含了损失控制和破产解决的稳定机制，从而会限制存款保险可能给金融市场和宏观经济增长带来的贡献。

近几十年来，即使存在大量的不良贷款，中国隐性存款保险制度仍然发挥了作用，并维持了经济的长期增长。这在更广泛的制度背景下具有经济上和政治上的重要原因——在受到金融抑制的银行业市场中，这成了一个优势，使得中国能以较低的融资成本来保持其经济快速增长。中国在此时要明确推行存款保险制度，这是对银行业发出的一个强有力的信号，即政府对破产银行无条件的援助走向了尾声。此信号带来了至少两项启示：第一，市场应当意识到，不应总是指望政府来救助陷入困境的银行；第二，政府大力推动市场化改革以此缓解银行业高负债的压力。这在债务日益扩大、增长逐渐减缓的经济形势下，是一个明智的举动。政府的政策正在改变，针对商业银行日渐恶化的不良贷款和地方政府日渐积累的债务，通过市场化改革推动银行监管体系的构建。

全球的经验展示了制度环境的重要性，金融安全网的不足之处需要加以解决。在确立存款保险制度的同时，需要建立银行破产机制，健全信息化会计准则，建立稳定可靠的契约实施程序。就中国而言，当前更加棘手的制度性不足是解决银行破产问题的责任不明确。除了存款保险制度，中国还需要将更加以市场为导向的商业银行破产解决机制落实到位。❶ 银行和储户之间的私人秩序和联系对塑造银行的贷款模式也十分重要，此种模式可能提高

---

❶ Douglas W. Arner, Financial Stability, Economic Growth, and the Role of Law. (Cambridge: Cambridge University Press, 2007) p. 208.

也可能降低银行的脆弱性。尽管监管体系存在不足，但私人监督也可以被用于缓解金融监管的不足。如果没有一个强有力的契约环境，那么存款保险或许会降低储户监督银行风险的动力，导致监管失效，市场秩序被破坏，这将对市场产生破坏而非积极的调整性影响。

五、结语

我国已经初步建立起具备基本结构的存款保险制度，将原有的隐性存款保险制度转为显性存款保险制度。从功能角度看，中国现行的存款保险制度在覆盖范围、承保限额方面较为合理，但在承保存款及其对象、基金来源、基金管理、保费确定、保险人及其权限等方面有待完善。通过对存款保险本质定性的梳理，有助于对存款保险制度具有清晰的属性认识。

存款保险制度具有必要性，但是传统的观点仍认为该制度的效力与市场和法治环境具有重要相关性，应当与其他银行业监管工具结合使用。

我国作为世界上存款基础最为庞大的国家之一，在设计存款保险制度时需要更加审慎，在管理成本、赔付规模、承保范围等方面都要详细考察和论证。存款保险制度通常是作为处理危机管理的一项工具，目的在于避免可能的金融不稳定性；而在没有金融危机时，银行业运行良好往往是适合推行存款保险制度的时机。

从多角度看，存款保险制度也存在着一些重要的不利影响，其影响到银行的微观运营，形成道德风险；要求银行对于自身的风险承担能力更谨慎；通过构建显性制度来破除隐性担保的道德风险，有限地提升政府对小银行破产可能性的肯定。

　　存款保险制度的作用与制度环境紧密相关，作为金融安全网的组成部分，以破产解决机制为基础的金融安全网能否发挥作用取决于契约环境的优劣。通过存款保险制度的构建表明政府引入市场与法律为银行业减负的意图，在逐渐构筑市场化的我国金融环境下，只有在一个强有力的契约环境中，配之以市场为导向的机制，才能让存款保险制度发挥其积极的作用。

我国相互保险制度规范建议

——以日本相互保险制度为鉴

李嘉雯*

一、问题的提出

2022 年 2 月 15 日，中国渔业互助保险社获批筹建，这是渔业互助保险系统体制改革落地的主要标志，也是我国下发的第五张相互保险牌照。同时，银保监会同意中国渔业互助保险社辽宁、大连、广西、海南等 4 家省级分支机构同步筹建。由此可见，我国相互保险市场仍呈发展态势，更可以反映我国各个地方、各个行业目前对于相互保险的实际需求。

然而，目前我国相互保险制度的规范仍存有不成熟、不完善之处，加之 2018 年"相互保"以"相互保险"之名宣传而未行"保险"之实一事，更可能导致大众对相互保险制度的抵触、怀疑情绪，构

* 作者简介：李嘉雯，华东政法大学硕士研究生。原文刊载于《上海保险》2023 年第 2 期，收录于本书时又作了部分修改。

成了我国目前相互保险制度发展与规范的多重困境。在发展层面，我国目前的相互保险组织数量较少且违规情况层出不穷，相互保险组织的资金运用方式也十分有限；在规范层面，专门针对相互保险制度的法律法规明显缺位，而直接参照适用我国《保险法》又无法满足相互保险制度的特殊性要求。

笔者认为，欲解决上述问题，不仅需要对我国相互保险发展现状有充分认识，更亟须对外国成熟相互保险制度的引入与学习。故笔者尝试通过梳理、比较中日两国的相互保险制度，找出我国制度中存在的问题，学习和借鉴日本的发展经验，为我国相互保险组织法律制度进一步完善提供创新思路和实践路径。

二、相互保险制度的定义及特征

（一）相互保险制度的定义

根据《相互保险组织监管试行办法》（以下简称《试行办法》）第 2 条规定，相互保险指，"具有同质风险保障需求的单位或者个人，通过订立合同成为会员，并缴纳保费形成互助基金，由该基金对合同约定的事故发生所造成的损失承担赔偿责任，或者当被保险人死亡、伤残、疾病或者达到合同约定的年龄、期限等条件时承担给付保险金责任的保险活动"。相互保险组织指，"在平等自愿、民主管理的基础上，由全体会员持有并以互助合作方式为会员提供保险服务的组织，包括一般相互保险组织，专业性、区域性相互保险组织等组织形式"。

特别需要注意的是，2018 年 10 月 16 日，蚂蚁金服、芝麻信用与信美人寿相互保险社（以下简称信美人寿）联合推出一款名为"信美人寿相互保险社相互保团体重症疾病保险"的团体重疾险（以下简称相互保），从相互保的运行机制来看，其实质并不属于保险，而是网络互助计划。理由是：其一，相互保的"先赔付，后分摊"模式，不符合我国《保险法》中"先缴纳保险费，后承担保险责任"的规定；其二，信美人寿名为保险人却并未实际发挥保险人的作用，参与人的风险通过分摊转移而并未转移给保险人；其三，相互保与商业团体保险大多采用的统一保险费率的模式相比存在本质区别。此外，相互保仅规定芝麻信用分超过650分以上者即可参与，而信用分的高低与参与人的健康状况、风险水平并无实际关联。

综上可知，相互保是基于互联网平台运行的重疾互助计划，其不属于保险，更不属于"相互保险"。

（二）相互保险制度的特征

1. 相互保险组织的成员同时为投保人，组织注重会员治理

相互保险组织的会员兼具投保人的身份，这是相互保险与传统保险公司最大的差异，也是相互保险之精髓所在。相互保险的投保人有权以参与会员（代表）大会决议的形式，影响相互保险组织的决定。具体而言，相互保险组织的内部组织结构由会员（代表）大会、董（理）事会和监事会三个层次组成，其中会员（代表）大会由全体会员组成，董（理）事、监事的产生均适用《中华人民共和国公司法》（以下简称《公司法》）中股份有限公司的约定，由选举产生。相互保险的最高权力机构为会员（代表）大会，会员的选举权、表决权实行"一人一票"原则，成员可以平等自由地参与到相互保险组织的治理中。

根据《试行办法》第20条的规定，会员（代表）大会可以通过决议，修改组织章程，决定组织的合并、分立、解散以及制定支付初始运营资金本息、分配盈余、保额调整等方案，但应由出席会议的会员或会员代表表决权总数的四分之三以上通过。这充

分体现了相互保险组织注重会员治理与权利平等的特征。

2. 相互保险组织属于社团法人性质

相互保险组织既非营利法人，亦非公益法人，而是一种社团法人，主要目的即为满足会员需求。笔者认为，对于相互保险组织的"不以营利为目的"应当作辩证理解。一方面，相互保险组织最初的成立目的即为满足风险同质的会员"获得保障"的需求，如中国船东互保协会，其最初系为了向船东提供各类海上互助保障而设立，同行的会员并不以通过险资获利为主要目的，而是为了获得从业活动中的风险保障；另一方面，组织会员同样可以通过投保加入组织，并享受险资投资的盈利。因此，虽然相互保险组织可以向会员分配盈余，但不得以营利为主要经营目的。

3. 相互保险组织的盈余分配注重服务投保人利益

区别于股份制保险公司中投保人仅在承保范围内发生保险事故时拥有对保险金的请求权，相互保险公司的投保人既能享受保险保障，同时还能共同参与公司管理和盈余分配。

在股份制保险公司，其经营盈余按照以下顺序操作。首先要依法弥补往年亏损，提取法定公积金，再依据出资比例进行股东分配。与此相对，相互保险公司的经营盈余则归投保人所有，既可以进行分配，也可以作为盈余公积金或准备金充实保险基金。正因相互保险公司的初始设立资金多为借款性质，公司管理层不必考虑投资者对公司业绩施加的盈利压力，使得相互保险公司可以坚持更长期的发展规划，注重服务投保人利益。

三、我国相互保险制度的发展现状

（一）相互保险组织及相互保险合同的规范困境

相较于相互保险市场成熟的国家，目前我国针对相互保险制度所出台的法律法规仍呈现明显的缺位及不足。我国现行《保险法》及其司法解释仅以营利保险为调整对象，而未纳入相互保险制度。针对相互保险制度现行有效的法规及文件包括：由原中国保监会于2015年颁布的《试行办法》以及于2017年颁布的《中国保监会关于加强相互保险组织信息披露有关事项的通知》，两者从效力层面而言均属部门规范性文件，且规定内容不甚全面，完全无法涵盖相互保险组织的日常业务及其自身运行。

规范性文件虽然作出了个别参照适用的规定，例如《试行办法》第22条规定，"相互保险组织的董（理）事会、监事会适用《中华人民共和国公司法》关于股份有限公司董事会、监事会的规定"，但此类条款数量较少且规定比较笼统，实际操作缺乏具体的细则。

我国相互保险的规范面临相互保险组织与相互保险合同的双重困境。第一，相互保险组织系以非营利目的成立的组织，而不同于普通的非营利性法人或其他组织，其作为以非营利目的成立的组织，却又同时涉及盈余分配的安排，导致其无法直接适用《公司法》或《中华人民共和国合伙企业法》的尴尬境地，而《保险法》中又缺乏对相互保险组织的规定。

第二，《试行办法》中将"相互保险合同"表述为"保险合同"，但是根据我国《保险法》第10条对于保险合同的定义，"保险合同"指"投保人与保险人约定保险权利义务关系的协议"，将保险人限定为保险公司。由于相互保险组织与传统的股份制保险公司之间存在诸多差异，除了前者属于非营利组织而后者属于营利法人以外，还有以下明显的不同：前者由全体会员持有，而后者作为企业法人，具有独立法人资格，股东仅持有公司股份而无法"持有"公司；前者的最高权力机构为会员（代表）大会，而后者为股东大会。因此，将"相互保险合同"直接表述为"保险合同"，一并通过《保险法》予以调整的现状，将导致相互保险合同的法律适用面临现实困境。

（二）偿付能力统一参照保险公司管理而未作特殊规定

偿付能力，指保险公司对其所承担的保险责任在发生赔款时所具备的经济补偿能力。保险公司偿付能力直接关系到投保人是否能在保险事故发生时获赔，关系到广大被保险人的利益，故保险公司的偿付能力始终是保险监管的核心。根据《试行办法》第38条规定，"相互保险组织偿付能力管理参照保险公司偿付能力管理规定执行，中国保监会另有规定的从其规定。当偿付能力不足时，相互保险组织应当向会员及时进行风险警示，并在两个月内召开会员（代表）大会确定改善偿付能力措施"，对相互保险组织的偿付能力未作特殊规定。

然而，我国银保监会于2021年发布并实施的《保险公司偿付能力管理规定》第8条规定："保险公司同时符合以下三项监管要求的，为偿付能力达标公司：（一）核心偿付能力充足率不低于50%；（二）综合偿付能力充足率不低于100%；（三）风险综合评级在B类及以上。不符合上述任意一项要求的，为偿付能力不达标公司。"由此可知，目前我国保险公司分为"偿付能力达标公司"与"偿付能力不达标公司"，一般认为"核心偿付能力不达标"即为"偿付能力不足"。考虑到相互保险组织的保险销售方式、目标投保群体与传统股份制保险公司均存在差异，保险费率亦不尽相同完全参照保险公司的偿付能力标准进行规定存在不妥。此外，就相互保险组织内部而言，其各自偿付能力亦存在差异。《试行办法》第8、9条将我国相互保险组织分为"一般相互保险组织""专业性、区域性相互保险组织"及"涉农相互保险组织"；

在实务中，相互保险组织形式主要有相互保险社、保险合作社和相互保险公司等类型，其三者之间的规模也存在较大差异。笔者认为，要求以上三种组织一并参照适用保险公司偿付能力管理的规定，显然过于笼统，而且也难以实际落地。

（三）资金筹集方式较为有限

根据我国《试行办法》第7条至第9条规定，设立一般相互保险组织应当有不低于1亿元人民币的初始运营资金，设立专业性、区域性相互保险组织应当有不低于1000万元的初始运营资金，设立涉农相互保险组织的初始运营资金不得低于100万元。除初始运营资金以外，相互保险组织还持有通过会员缴纳保费而形成的互助基金，二者的实际设立目的为提高相互保险组织的准入门槛，同时保障广大被保险人的利益。因此，就相互保险组织的资金运用，《试行办法》第29条规定："相互保险组织的资金应实行全托管制度。相互保险组织应在保证资金安全性的前提下，按照中国保监会有关规定进行资金运用。其中，专业性、区域性相互保险组织实行自行投资的，其资金运用限于下列形式：（一）银行存款；（二）国债及其他中国保监会认可的低风险固定收益类产品；（三）经中国保监会批准的其他形式。专业性、区域性相互保险组织委托经中国保监会认可的专业投资机构进行投资的不受上述形式限制。"

可见，我国相互保险组织的资金运营不仅采用全托管制度，且资金运用的具体形式极为有限，此规定一方面出于相互保险的设立初衷，力求保障基金安全及投保人权益；另一方面，在经济环境恶化以及管理不当的情况下，又可能导致相互保险组织的发展受限乃至投保人权益受到威胁。

四、日本相互保险制度的发展现状

（一）日本相互保险的立法较为完善

日本的相互保险制度发展的起点较早，早在 1900 年 7 月，日本实施的第一部保险监管特别法《日本保险业法》和《日本保险业法施行规则》，即明确规定了"相互会社"（相互保险公司）的概念，并逐步发展至今。根据《日本保险业法》第 2 条规定，"相互保险公司是以从事保险业为目的而成立的社团，根据《日本保险业法》订立保险合同的一方为公司成员"。此外，《日本保险业法》第 18 条至第 67 条详细规定了相互保险公司的组织机构、成员的权利义务、法定最低资本金、基金募集与保管、会计制度、章程变更等各方面内容。除相互保险公司之外，日本针对业内发展较为成熟的专业性保险组织及时出台特别法予以规范。例如，1950 年出台的《日本船主责任相互保险组合法》对船主责任相互保险组织作出定义，并对组织的设立、成员的出资投保、组织的决策机关及决策方式直至解散与清算都作出了明确规定。

其次，就相互保险合同的规范，根据《日本保险法》第 2 条对保险合同的定义可知，"保险合同不问是否名为保险契约、共济契约或其他名称，当事人一方约定以一定的事由发生为条件进行财产上的给付，对方约定对此按照该一定事由发生可能性支付保险费的契约，即为保险合同"。该定义未规定保险合同一方必须为保险公司，而是从保险合同内容的本质出发对该概念进行了界定，为相互保险合同的适用留下了较大的空间。

综上，日本相互保险组织可以适用《日本保险业法》《日本保险业法施行规则》或特别法，且日本相互保险合同与传统保险合同一并适用《日本保险法》，法律依据清晰又明确，没有任何的障碍。

（二）相互保险公司资金筹集方式日趋丰富

由于相互保险组织会员与投保人同一的特性，相互保险组织必然在其资金运用上更为保守。20 世纪 90 年代的金融危机中，日本相互保险公司便因其利用资本市场的能力有限（例如无法发行股票、投资范围有限等），相较于传统公司在筹措资金方面存在着天然缺陷，造成相互保险公司财务严重资不抵债。

在经济重建的过程中，政府对于相互保险公司的筹资方式监管也日益拓宽。目前，《日本保险业法》第 61 条中对相互保险公司发行公司债作出了详细的规定，包括发行公司债的申请程序、设立债券管理人、发行短期公司债券的特别规定等等。此外，日本相互保险公司的资金筹集方式较为多样，以日本生命保险公司（以下简称日本生命）为例，根据其官网所公示的《2022 年上半年的财务业绩和管理战略简报》显示，日本生命 2022 上半年的投融资总额达 74 兆日元，其中国内债券占 38.7%，国外债券占 15.9%，国内股票占 12.8%，国外股票占 11.6%，贷款占 10.3%，不动产占 2.3%，其他领域占 8.4%。

（三）相互保险公司的制度融合

自 1996 年《日本保险业法》修法之后，日本已经允许相互保险公司向部分非成员出售保单。因此，日本相互保险公司的投保人中同时包括成员和非成员，且随着相互保险公司的规模日益扩大，相互保险的投保人更为注重自身经济利益，而对自身同时作为相互保险组织会员的身份意识较弱，相互保险组织的人合性减弱存在其必然性。此外，相互保险公司的内部运作已经日益向股份制保险公司趋同，随着允许相互保险公司向非会员出售保单的规定颁布，相互保险公司会员依据会员权利进行公司盈余分配，而非会员的投保人则不享有该分配权，这实质上已与股份制保险公司中对股东的分红极为接近。

基于相互保险公司的实际运行情况，《日本保险业法》第 68 至 96 条规定，相互保险公司与股份制保险公司之间允许相互转化，此为日本相互保险制度中较为特殊之处。在相互保险公司性质转化之后，不影响原有保单持有人的地位及相互保险合同关系，而保险公司可以通过发行股份的方式拓宽自身融资路径，提高公司资本竞争力。

五、我国相互保险制度的规范建议与展望

（一）夯实我国相互保险制度法律基础

1. 完善、健全法律依据

如前文所述，第一部《日本保险业法》及《日本保险业法施行规则》都提到了相互保险，根据规定保险公司能够以股份制或相互制公司形式经营保险业务，从规定的文本层面将股份制与相互制保险公司置于同等地位，并不断予以完善。

相比之下，我国目前针对相互保险制度现行有效的法规及文件仅包括《试行办法》及《中国保监会关于加强相互保险组织信息披露有关事项的通知》，位阶较低。而现行《保险法》及其司法解释仅以"营利保险"为调整对象，全无相互保险制度的影子，导致相互保险制度的规范陷入尴尬困境，既无法适用《保险法》之规定，又无法完全依靠《试行办法》解决相互保险制度中的所有实践难题，而且《试行办法》中参照适用现行法律的规定也极为笼统且不够全面，无法落地见效。

笔者认为，若为了相互保险制度的规范而修改我国《保险法》中诸如"保险合同"等的基础定义，以拓宽《保险法》的调整对象，可能导致《保险法》前后条文及其司法解释的一致性受损。

因此，笔者建议采用两分法，区分相互保险制度中可以参照适用现行《保险法》的项目及出于相互保险制度的特点而必须特殊规范的项目，使得未来相互保险制度可以在背靠现行《保险法》的同时，也能制定并出台针对必须特殊规范的项目的具体规定。

2. 加强规定实操性

以偿付能力为例，《试行办法》第38条仅规定，"当偿付能力不足时，相互保险组织应当向会员及时进行风险警示，并在两个月内召开会员（代表）大会确定改善偿付能力措施"，未提及相互保险组织向会员进行风险警示的方式及时限，未明确改善偿付能力的措施有无限制，亦未明确大会所确定的改善措施若未实现提升偿付能力的目标后应如何解决等。

由此可见，《试行办法》体现的主要是相互保险监管的主要原则和核心理念，起到的更多是指导和理论意义，标志着监管层面对我国相互保险组织的认可和促进。而相互保险组织具体的组织治理、章程制定、偿付能力、分支机构及风险处置等方面的配套细则仍有待于尽快制定。

（二）谨慎拓宽我国相互保险组织资金筹集方式

目前，我的相互保险组织仍处于发展初期，如何合理把握投资比例与投资风险的关系，充实核心资本，探索筹资渠道，等等，均是我国相互保险组织在发展过程中需要特别予以关注的问题。

1. 后期应谨慎拓宽相互保险组织的投资范围

企业的投融资问题系关系到企业竞争力、生命力的重要问题。同样以日本生命为例，其企业官网显示，"日本生命为从长远角度努力稳健经营，在资产管理方面，始终致力于有利于社会公益性的投资融资"，其社会公益性的评价标准为"ESG：E 代表环境、S 代表社会、G 代表政府治理"，具体投资的项目包括"英德国际输电线路项目贷款""九州电力公司发行的过渡债券投资""为澳大利亚铁路维护运营项目提供贷款"等。

由于我国对于相互保险组织基金的运用管理仍比较严格，具体表现为仅可投资于以下三个方面：（一）银行存款；（二）国债及其他中国保监会认可的低风险固定收益类产品；（三）经中国保监会批准的其他形式。是故，笔者建议我国后期可以引入类似于"ESG"这样的评价标准，对投资项目的主要目的、风险情况、社会影响等进行多方面的综合评价，对于符合标准的投资项目应当准许相互保险组织直接进场，而不必事事由银保监会批准，从而实现自身的稳健经营。

2. 相互保险组织的投资行为应记录并公开

根据《试点办法》第15条规定，相互保险组织的会员享有包括"按照章程规定和会员（代表）大会决议分享盈余的权利"在内的各项权利，因投资行为与盈余情况息息相关，应当认为会员自然享有相互保险组织投资行为的知情权。因此，应细化规定相互保险组织对其成员公开投资行为的形式、内容、异议提出方式等。此外，投资行为的信息公开同样是对于相互保险组织资金运用的监督手段之一，若投资的过程中会员存在过错或重大失误，并因此给相互保险组织及投保人造成损害的，还应考虑参照公司法中"刺破面纱"的原则，研究对相关会员进行处罚的可能性。

（三）建立更多行业、更多数量的同行业协会

同行业协会是相互保险组织的一种重要形式，无论是2022年最新获批筹建的中国渔业互助保险社，抑或是最早于1984年获批设立的中国船东互保协会，同行业协会的出现本身便体现了部分行业的从业者对相互保险制度的实际需求，亦体现了协会管理层与其会员们建立的长期友好、相互信任和尊重的关系，这正是相

互保险组织与商业保险公司最为本质的区别。

1. 建立更多行业的同行业协会

目前在我国银保监会批准下设立的同行业协会主要仍集中于渔业互助协会、船东互助协会，应考虑在此基础上挖掘更多行业中的投保需求，如农业机械安全互助协会，抑或是林业领域互助协会，等等。究其本质，同行业协会实现了对商业保险的弥补，在商业保险未能承保的范围内起到保险作用。挖掘更多行业的投保需求，建立更多行业、更多类型的同行业协会，既是对相互保险制度的发展，亦是对传统保险制度的启示。

2. 建立更多数量的同行业协会

以航运行业为例，我国的海运量目前约占世界海运总量的20%。我国目前大约有 1 亿总吨的远洋船舶，其中入会中国船东互保协会的船舶占接近一半的总吨位，另一半的船舶分别加入了世界各地不同的保赔协会。依据国际惯例，欲挂靠国外港口的远洋船舶，都必须加入一家具有一定资质的保赔协会。此时，如小型协会的资质和实力不够，船东则需临时另外购买保险，方能使船舶进港。因此，我国亟须设立更多的同行业协会，以满足我国各行业的全面发展，推动保险事业的良性竞争和优化。

（四）谨慎引入相互制保险公司与股份制保险公司的转化

日本的相互保险公司的转化制度的不断发展有其特定背景。其一，从公司内部角度而言，在 1996 年《日本保险业法》修改之前，日本并不允许相互保险公司接受非成员保单，即不是其成员就不能投保；在修法之后，日本允许相互保险公司向部分非成员出售保单。投保人与成员身份的分割，实际导致了相互保险公司的社团性、人合性的弱化。其二，从外部大环境而言，在 20 世纪末的金融危机中，相互保险公司经营恶化，亟须加强治理的需求也日益明显。日本金融厅年度报告显示，"1995 年，日本共有 29 家寿险公司，其中相互制公司 18 家。随后的 10 多年间，18 家相互保险公司中有 7 家公司破产、2 家合并、5 家转型股份制公司"，至 2019 年，生命相互保险社的数量仅剩 5 家。正是基于前述的内外背景结合，推动着日本相互保险公司的转化制度不断完善。

目前，我国相互保险制度仍处于初期发展阶段，但根据原保监会于 2017 年 5 月 5 日作出的《关于信美人寿相互保险社开业的批复》，原保监会要求信美人寿的会员产品保费收入占全部保费收入的比例不得低于 80%。可知，我国现已确立了相互保险组织的会员保险产品和非会员保险产品共同发展的基调，仅购买非会员保险产品者，不会成为相互保险社的会员，当然不会纳入会员的权利义务保障体系。当下，我国已经具备了相互保险公司向股份制保险公司转化的内部背景——同时存在会员投保人与非会员投保人，若待同时具备经济下行且相互保险公司的经营发生实际困难这些外部背景时再制定转化制度，恐怕届时规定出台将过于滞后，不仅会出现被动局面，还有可能导致投保人的权益受损。因此，笔者建议有必要谨慎引入相互制保险公司与股份制保险公司的转化制度，并从两个转化方向上分别作出具体规定。

1. 从相互制保险公司转为股份制保险公司

在相互制保险公司转为股份制保险公司的过程中，我们应特别注重相互保险组织如何调整内部结构以适用《公司法》相关规定。其一，在形式层面，制度转化的决议通过比例、转化所需的申请材料、转化结果的公告方式及时间、非会员投保人及其他债权人的异议提出方式等，均为有待明确的问题；其二，在内容层面，从"相互保险公司中的会员"向"股份制保险公司中的股东"转化的流程为何，是否可以直接通过相互保险组织的运营资金或保费，去认购转化后股份制保险公司的股份，又是否应当以转化日为界限区分转化日前后获得的资金并规定不同的运用形式，等等，亦为有待明确的问题。

2. 从股份制保险公司转为相互制保险公司

在股份制保险公司转为相互制保险公司的过程中，我们应特别注重原股份制保险公司投保人及债权人的权益保护。其一，应保护原股份制保险公司的投保人及债权人提出异议的权利，并规定其异议提出的时限及方式，必要时应当要求该保险公司对原投保人及债权人提供相应担保、承诺或偿付；其二，对于制度转化过程中及制度转化后一定时间内签订的保险合同，保险公司应当对投保人履行一定的说明义务，明确说明目前保险公司正在进行制度转化，并应当获得投保人表示已明确了解有关情况的确认；其三，股份制保险公司属于股份公司，其股东表决权一般根据出资比例行使，而相互制保险公司属于相互保险组织，其会员表决权实行"一人一票"原则。如此表决权规则的差异可能导致的问题是：若拥有更多表决权的股份制保险公司股东希望完成制度转化，而转化后的相互制保险公司的会员（代表）大会却对制度转化提出异议，或依据"一人一票"的原则再次要求相互制向股份制的转化，则会形成制度转化的前后困境。

对此，笔者建议可以借鉴《日本保险业法》第73条规定，设立"投保人大会"，在规定时限内，若投保人中对于制度转化有异议的人数达到一定规模，则应当召开投保人大会，进行情况说明并了解投保人诉求，防止制度转化中可能出现的前后困境与程序启动的障碍。

六、结语

2018年"相互保"的本质正是相互人寿保险组织及互联网平

台联合借"相互保险"之名而行"违规网络互助计划"之实。笔者认为，这一则从侧面体现了我国民众目前普遍对相互保险制度了解甚微，才给了保险公司及互联网平台以可乘之机；二则体现了市场对于相互保险的需求客观且大量存在。此外，2021 年 5 月，我国原银保监会共开具 147 张保险罚单，罚款金额高达 1 636.5 万元，其中罚款最多的机构即为某相互保险公司，该公司由于虚列费用、车险直接业务虚挂代理人、违规任用临时负责人、违规变更营业场所、内控管理不到位等原因，被当地银保监分局罚款 195 万元，合计 22 张罚单，范围涉及 12 个支公司（营销服务部），由此可知，目前我国相互保险制度的规范情况不容乐观。

综上所述，相互保险制度的发展是我国保险行业发展的必然趋势，也是保险市场需求的体现。目前我国的相互保险制度规范仍处于初期阶段，现行的《试行办法》仍处于指导阶段，基于此，我们更应当把握先机，积极借鉴别国先进的法律规定与发展经验，结合我国实际情况和《民法典》《公司法》等其他部门法的规定，进一步完善我国相互保险组织法律制度。

引领改革之风　强化金融创新

——从再保险和金融风险监管角度看自贸试验区十年的改革与发展历程

林雪涵[*]

一、前言

金融是国家经济的血脉、现代经济的核心，国家金融体系的稳健运行关系到一国经济安全的全局性问题，因而金融体系的安全、稳定对国家经济的高质量发展具有重要的战略意义。当今世界正面临"百年未有之大变局"，全球金融系统也不例外。近年来，全球负债过高、资产价格风险增大、金融危机多发、世界性通胀压力增强、世界地缘政治冲突迭起等问题交织，对全球金融安全产生诸多挑战。

随着国际金融体系的关联性提升，金融全球化趋势不可避免，金融风险在国际范围内的传播性愈

　＊　作者简介：林雪涵，华东政法大学经济法学院硕士研究生。原文载于《上海保险》2023 年第 9 期，收录于本书时又作了部分修改。

发显著。保险业被认为是分散风险的重要途径，随着保险资金运用的广度和深度提升，保险业在金融体系内的稳定作用也逐渐提升。再保险作为保险的保险，有保险业的"安全阀"和保险市场的"调控器"之称，对于国际化风险的分散具有重要意义。

自 2013 年以来，上海自贸试验区以及临港新片区相继设立。十年来，上海在金融改革、金融开放领域先行先试，探索出一批可复制可推广的"上海经验"。2023 年 6 月，国家金融监督管理总局、上海市人民政府共同宣布上海再保险"国际板"正式启动。上海自贸试验区以及临港新片区作为金融开放的先行者，通过建设上海国际再保险中心并将其深度融入金融开放进程中，对试验区内的金融风险进行有效防范。在此过程中，试验区内的再保险监管以及金融监管需要与时俱进，沐改革之风，行开拓之路，进一步先行先试，积极探索，不断创新，走出一条新路。

二、回望我国自由贸易试验区发展的十年历史

（一）自由贸易试验区总体概述

2012 年，党的十八大提出，要全面提高开放型经济水平，必须实行更加积极主动的开放战略，自此加速了我国建设自由贸易试验区的进程。2013 年 9 月 18 日，国务院下达《关于印发中国（上海）自由贸易试验区总体方案的通知》，同年 9 月 29 日，中国（上海）自由贸易试验区正式挂牌，这是我国设立的首个自由贸易试验区，开辟了自由贸易试验区建设的新步伐，是党的十八大以来实行更加积极主动的开放战略的标志性事件。

2015 年 12 月，国务院发布《关于加快实施自由贸易区战略的若干意见》（以下简称《意见》），这是我国开启自由贸易区建设以来的首个战略性、综合性文件。《意见》明确指出，"继续深化自

由贸易试验区试点"，鼓励大胆试验、大胆突破。2017 年，党的十九大进一步提出，要推动形成全面开放新格局，"推动建设开放型世界经济"，自由贸易试验区的建设是在践行改革开放政策。

目前，我国已先后在上海、广东、天津、重庆、北京等 21 个省市分别设立了自由贸易试验区。自由贸易试验区遍布全国各地，逐渐形成了东西南北中协调、陆海统筹的开放新态势。

2023 年是我国开启自贸试验区建设征程以来的第十年，也是关键的一年。十年来我国自贸试验区的建设有所成就，成功的改革试点经验逐步在全国推广。自 2013 年设立中国（上海）自由贸易试验区以来，国务院于 2014 年出台《关于推广中国（上海）自由贸易试验区可复制改革试点经验的通知》，这是我国首个关于自由贸易试验区改革试点工作经验推广的通知，随着此后自由贸易试验区建设的逐步深入，在各个自由贸易试验区实践中形成的一些可复制的改革经验也得到广泛推广和宣传。在此期间，国务院相继发布不同批次的改革试点经验复制推广工作的通知，至 2023 年 6 月 24 日，该类通知已经由国务院发布到第七批次。可见这些年来，无论是自贸试验区的建设工作，还是自贸试验区改革试点经验的复制推广工作，都在稳健推进。

然而，我国自贸试验区的发展面临着巨大的外部环境压力，世界经济增长趋于下滑、逆全球化思潮涌动以及俄乌冲突都对世界贸易产生极大的冲击❶。在国际政治、经济形势双重复杂的今天，自贸试验区的改革与发展面临新的机遇与挑战。党的二十大报告明确提出："实施自由贸易试验区提升战略，扩大面向全球的高标准自由贸易区网络。"这意味着即使面对纷繁复杂的国际政

---

❶ 参见裴长洪：《我国设立自由贸易试验区十周年：基本经验和战略提升》，载《财贸经济》2023 年第 7 期，第 11－14 页。

治、经济形势，我国仍然坚持互利共赢的开放战略，坚持推进自由贸易试验区建设，深入推进高水平制度型开放政策不变。

2023 年 6 月 1 日，国务院印发《关于在有条件的自由贸易试验区和自由贸易港试点对接国际高标准推进制度型开放若干措施的通知》，对部分自由贸易试验区和自由贸易港提出了更高标准的开放要求，这是加快构建新发展格局，着力推动高质量发展的又一重要举措。

（二）中国（上海）自由贸易试验区发展历程

如上所述，我国自由贸易试验区的建设始于上海。2013 年设立之初，其范围只是涵盖上海外高桥保税区、上海外高桥保税物流园区、洋山保税港区和上海浦东机场综合保税区等四个海关特殊监管区域。2015 年 4 月，国务院印发《进一步深化中国（上海）自由贸易试验区改革开放方案》，决定将上海自由贸易试验区范围进一步扩大，新增范围包括陆家嘴金融片区、金桥开发片区以及张江高科技片区。2019 年 7 月，国务院印发《中国（上海）自由贸易试验区临港新片区总体方案》，决定在上海临港设立上海自由贸易试验区新片区。

上海作为自由贸易试验区的先行者，应当肩负起改革开放排头兵的重任。在自由贸易试验区推进的十年历程中，上海有效利用自身发展的区位条件和政策优势，在金融改革开放领域大胆先行先试，成为全国经济增长的重要引擎。自上海自贸试验区设立后，中国人民银行于 2013 年 12 月出台《关于金融支持中国（上海）自由贸易试验区建设的意见》，于 2015 年 10 月会同原中国保监会、上海市人民政府等共同制定《进一步推进中国（上海）自由贸易试验区金融开放创新试点加快上海国际金融中心建设方案》，之后又在 2020 年 2 月与原中国银保监会、上海市人民政府等联合发布《关于进一步加快推进上海国际金融中心建设和金融支持长三角一体化发展的意见》。由此可见，中国人民银行、金融监管部门和上海市人民政府共同为上海自贸试验区的金融创新、金融开放提供倾斜性支持政策，同时，也对上海自贸试验区的金融开放创新提出了"服务实体经济高质量发展、深化金融体制机制改革以及防范系统性金融风险"的更高要求。

上海自贸试验区围绕上述文件，结合自身特点和优势，在自贸试验区内着力深化金融领域开放创新，联动上海国际金融中心建设，深化对内金融改革，扩大对外金融开放，十年来，始终在金融领域发挥先行先试的模范引领作用。回望上海自由贸易试验区发展的十年，可谓不忘初心、牢记使命，以逢山开路、遇水架桥的开拓精神，实现了从"赶上时代"到"引领时代"的伟大跨越。

三、上海再保险"国际版"启动及国际化服务能力的提升

2021 年 4 月，《中共中央 国务院关于支持浦东新区高水平改革开放打造社会主义现代化建设引领区的意见》发布，其中提及"发挥上海保险交易所积极作用，打造国际一流再保险中心"。2021 年 8 月，原中国银保监会和上海市人民政府发布的《关于推进上海国际再保险中心建设的指导意见》明确提出，"支持在自贸试验区临港新片区开展跨境再保险交易试点"。

2023 年 6 月 8 日，第十四届陆家嘴论坛在沪开幕，主题为"全球金融开放与合作：引导经济复苏的新动力"。上海市委书记陈吉宁表示，要努力把上海国际金融中心建设成为金融与科技融合创新的引领者、服务绿色低碳转型的示范样板、金融风险管理与压力测试的试验区。开幕式上，《关于加快推进上海国际再保险

中心建设的实施细则》正式发布，旨在支持各类保险机构、再保险机构在上海国际再保险中心设立再保险运营中心，在临港新片区打造国际化的再保险功能区，吸引各地再保险资源在临港新片区集中。

2023 年 8 月，国家金融监管总局官网发布的批复信息显示，7 家财险公司获批设立上海再保险运营中心，并准予开业。自此，上海国际再保险中心正式进入自贸试验区发展轨道，将深度融入自贸试验区金融开放，其发展目标是成为临港新片区乃至全国、全球金融风险防范的重要保障。

再保险对于保险市场而言，市场份额相对较小，但是作为保险业的"安全阀"和保险市场的"调控器"，其对于国际化风险的分散具有重要意义，再保险市场的稳健运行对于金融体系的安全和稳定以及金融服务实体经济的能力有着不可忽视的重要作用。有学者对中国再保险市场演变规律进行分析研究后指出，我国再保险市场起步于 2001 年，至 2008 年初具规模，至今规模愈发庞大，形成了相对集中的市场结构，保险公司之间的联系愈发紧密❶。再保险不仅具有内部分散风险作用，也可能具有外部风险传导效应，为了有效发挥再保险对金融风险的防范、控制作用，同时保持再保险市场自身的稳健运行，金融监管部门也应当进行适当的引导和监管。

其一，建立与国际接轨的再保险监管规则体系。规范再保险业务的基础性市场机制，包括市场准入、退出机制以及业务运营监管机制，借鉴国际再保险发达市场的成熟再保险监管机制，在制度层面与国际接轨，提升再保险领域的制度型开放。建立系统

---

❶ 牛晓健、吴新梅：《基于复杂网络的再保险市场系统性风险研究》，载《保险研究》2019 年第 3 期。

性、强制性的信用风险保证机制❶，降低在我国境内设立再保险分支机构的经营成本，提升我国境内的再保险分支机构设立需求，在上海国际再保险中心集聚境内境外优秀的再保险机构、再保险业务、再保险人才，打造连接国内外再保险市场的国际再保险功能区。同时，对境内外再保险机构实施同地位的监管政策，优化再保险营商环境，扭转我国长期以来存在的再保险业务逆差，推进金融开放、维护金融稳定、保障金融安全。

其二，支持再保险创新，提升对再保险科技的监管能力。保险科技为保险机构进行风险管理提供更为充足的数据和工具，也为保险业的高质量发展提供更多空间❷。上海自贸试验区以及临港新片区作为制度创新的试验田，再保险机构应当在自贸试验区内对再保险产品创新进行先行先试；再保险监管机构应当将再保险创新纳入监管体制，注重对再保险新产品的监管模式创新，探索兼顾再保险发展与金融风险防范的监管模式，激发试验区内再保险市场活力。

我国拥有全球第二大的保险市场，这为我国再保险业的发展提供了坚实的基础，当下更应当以上海国际再保险中心的建设为契机，抓住全球再保险重新布局的窗口期，全面提升我国再保险业的承保能力和风险管理能力。除了监管层对再保险机构、再保险行为、再保险市场的风险监管措施，在金融风险管理实践中，仍需要各类市场参与者共同探索更有效的风险管理机制，上海国际再保险中心也有待各类市场主体共同建设，直接保险公司、再

---

❶ 周延礼：《加快沪港两地再保险市场协同发展的观察与思考》，载《清华金融评论》2022 年第 6 期。

❷ 完颜瑞云、锁凌燕：《保险科技对保险业的影响研究》，载《保险研究》2019 年第 10 期。

保险公司、再保险经纪公司等都可能成为再保险市场以及金融体系风险管理机制的有机组成部分。

随着国际国内再保险市场的深度合作，再保险领域的竞争愈发激烈，国内再保险公司应当从提升自我承保能力、技术和研发水平、管理效率和服务水平等方面入手，提高其在再保险领域的竞争能力[1]，提升再保险市场服务实体经济的能力，提升再保险国际化服务能力。成熟的再保险市场以及金融体系需要再保险市场的各类参与主体共同发挥作用、共同建设。

四、自贸试验区金融风险监管政策

（一）自贸试验区对金融风险的测试作用

为了应对经济局势变化，西方国家中央银行正试图通过不断加息来抑制大幅度的通胀率，由此引发破产潮，诸如瑞士信贷银行、美国硅谷银行等破产危机接连发生，这都预示着全球金融市场极不稳定。当前，由于金融业的自由化改革、金融技术进步以及金融创新，金融发展的地域限制逐渐减少，全球性金融市场和国际化的金融机构逐步发展壮大[2]。

一方面，随着金融全球化进一步深化，各国金融系统联系紧密，形成愈发完整的全球金融网络。但随之而来的是金融风险的全球化，任何一环的崩盘，都有可能导致更为剧烈的全球性金融风险事件，由此引起的市场恐慌情绪可能会蔓延至全球，给全球金融系统的安全造成威胁。另一方面，随着我国金融对外开放程

---

[1] 史鑫蕊：《中国再保险市场的竞争态势及发展策略》，载《保险研究》2012 年第 3 期。

[2] 陈启清：《竞争还是合作：国际金融监管的博弈论分析》，载《金融研究》2008 年第 10 期。

度和利率市场化程度的提升，我国金融系统与全球金融系统进一步接轨，我国系统性金融风险的溢入程度随之增加，全球经济政策的不确定性将会显著增加我国的系统性金融风险❶。显然，全球性的金融风险事件也给我国新时代的金融安全带来了更为严峻的挑战。

中国（上海）自由贸易试验区作为我国全面深化改革开放的试验田，发挥自身特长，在贸易便利化、投资自由化、金融开放、政府职能转变等领域先行先试，成为我国在金融领域实行改革开放的重要载体。2013 年，国务院在《中国（上海）自由贸易试验区总体方案》中提出，要深化金融领域的开放创新，加快金融制度创新，建立试验区金融改革创新与上海国际金融中心建设的联动机制，增强金融服务功能；上海自贸试验区扩容后，国务院于 2015 年在《关于印发进一步深化中国（上海）自由贸易试验区改革开放方案的通知》中再度提出，要加大金融创新开放力度，加强与上海国际金融中心建设的联动；在此基础上，国务院于 2017 年 3 月 30 日在《关于印发全面深化中国（上海）自由贸易试验区改革开放方案的通知》中，对标国际标准作出了新的决策部署，强调要进一步深化金融开放创新，加强与上海国际金融中心建设的联动，加快构建面向国际的金融市场体系，建设人民币全球服务体系，有序推进资本项目可兑换试点。加快建立金融监管协调机制，提升金融监管能力，防范金融风险。

在自贸试验区金融领域与国际市场全面对接之前，金融领域的风险管控机制必须充分完善。由于金融风险存在不确定性，由许多复杂的经济因素共同构成，加之金融领域本身一直处于快速

---

❶ 郑天歌、豆振江：《全球经济政策不确定性对中国系统性金融风险的溢出效应》，载《湖南人文科技学院学报》2023 年第 3 期。

的创新与发展中，原有的监管政策通常无法及时适应新的金融行为和金融市场，上海自贸试验区通过对金融监管等政策进行充分的压力测试，在小范围内先行探索可能发生的未知的系统性金融风险，提升系统性金融风险的可预见性，确保守住不发生全国乃至全球范围内的系统性金融风险的底线，实现金融领域的有序开放，为更高水平的开放型经济提供安全、稳定的环境。在自贸试验区内实施的金融监管政策和制度，在进行充分的压力测试后，对于部分切实有效防范系统性金融风险、鼓励金融创新、促进金融发展的做法、经验，经过必要论证后可以在全国范围内复制、推广，这对于实现金融领域的高水平对外开放具有重要意义。

自贸试验区在试点金融领域的新制度、新政策时，既要注重提升金融领域的开放效率，又要守住金融领域的安全底线，在强化上海自贸试验区在金融领域开放探索职能的同时，严格把控金融开放风险，牢记安全发展是经济高质量发展的底线。

（二）金融全球化视角下的自贸试验区金融监管政策选择

在金融全球化的过程中，随着各国银行等金融机构跨国业务的扩展，各国银行等金融机构之间因为更频繁、更广泛的交易关系或业务联系形成更为紧密的全球性金融体系，各国银行等金融机构之间相互依存，一旦一家甚至几家国际性金融机构出现问题，引起的连锁反应很可能导致全球性的金融危机。

随着金融全球化的发展，金融资本逐渐脱离实体经济，新的金融衍生工具在原有金融工具基础上层层叠加，金融资本逐步虚化，导致全球产业空心化以及经济泡沫化，虚拟经济的疯狂扩张使全球经济处于严重的系统性金融风险之中；加之当前金融保护主义势头上升，逆全球化浪潮蔓延，大国之间战略竞争加剧，国

与国之间的对抗性持续增强❶，全球金融体系面临的不确定性也随
之增加。

在金融全球化进程中，随之而来的是金融风险的全球化，暗
藏着影响力更为广泛、后果更为严重的全球系统性金融风险。金
融全球化是经济全球化的重要组成部分❷，自贸试验区的建设作为
我国坚持全方位对外开放、主动引领经济全球化健康发展的重要
举措，其存在的意义本身就是为了推进经济全球化。上海自贸试
验区临港新片区作为在更深层次、更宽领域、以更大力度推进全
方位高水平开放的新片区，将进一步深度融入经济全球化的浪潮，
成为我国深度融入经济全球化的重要载体。在全球化条件下，临
港新片区与国际进一步接轨，对接国际高标准，同时也使其与国
际金融风险的接触面更宽泛，国际金融风险产生的概率以及影响
也将更大。因此，为守住不发生系统性金融风险的底线，有必要
从金融全球化视角对自贸试验区的金融监管政策进行考量。

在金融全球化的大环境下，金融风险的全球化不可避免。在
顺应金融全球化趋势、坚持扩大金融对外开放政策的前提下，自
贸试验区金融监管机构如何制定更有效的金融监管政策，对自贸
试验区内的金融风险管理乃至全国范围内的金融风险管理都具有
重要意义。

第一，当前由于金融规则的国别化以及强有力的全球性监管
机构缺失，全球金融环境难以得到强制性的治理，因此，为应对
金融全球化带来的金融风险全球化，首要的问题是解决金融全球
化与金融监管国别化、分散化之间的矛盾。在国务院印发的《关

---

❶ 张发林、姚远：《国际金融安全观的演进与评估》，载《国际安全研究》2021 年
第 6 期。

❷ 巫文勇：《新金融法律制度学》，复旦大学出版社 2021 年版，第 52 页。

于在有条件的自由贸易试验区和自由贸易港试点对接国际高标准推进制度型开放的若干措施》部署下，上海自贸试验区应着眼于国际金融监管合作，探索合适的监管合作模式，借鉴国际成熟的金融监管规则，对接国际高标准金融监管制度，推进金融领域的制度型开放，注重自贸试验区内金融监管政策与国际金融监管政策有效衔接。

第二，在金融创新势头迅猛的当下，金融创新与金融风险呈螺旋式关系❶。尤其是在互联网金融野蛮生长的时代，金融风险加速聚集、扩散，必须适配以更先进的监管理念、更高效的信息共享机制以及监管主体间的合作联动机制❷，对自贸试验区的金融风险进行有效把控，进而为全国范围内的金融风险防范提供可复制可推广的经验。在大力支持自贸试验区内的金融机构进行金融创新的前提下，将自贸试验区内的全部金融创新活动纳入监管体制，同时注重把握对金融创新活动的监管力度，使自贸试验区内金融机构的金融创新活动在合理的监管体制下得到健康、有序发展，使其更好地服务试验区内的实体经济，着力促进金融发展与实体经济发展的良性循环，避免过度金融创新导致经济虚拟化。

第三，随着保险业的不断发展，保险业在金融领域的重要性愈发突出，成为各国金融体系的重要组成部分❸，而再保险被称为保险的保险，能够在原有保险公司提供保险业务的基础上进一步分散风险，以风险管理为核心的再保险对维护国家经济安全、防范和化解全球金融风险有重要意义。在自贸试验区内，实施对标

---

❶ 顾海峰、张亚楠：《金融创新、信贷环境与银行风险承担——来自 2006 – 2016 年中国银行业的证据》，载《国际金融研究》2018 年第 9 期。

❷ 许多奇：《互联网金融风险的社会特性与监管创新》，载《法学研究》2018 年第 5 期。

❸ 李玉泉：《保险法学》，中国金融出版社 2020 年版，第 15 页。

国际的再保险监管制度，打造国际领先的营商环境，吸引境内境外再保险机构、业务、人才集中入驻，打造国际再保险功能区，为自贸试验区提供高效、有力的金融风险防范保障，也是自贸试验区应对金融全球化、防范和化解金融风险的重要路径。

五、结语

近年来，我国经济发展已经由高速增长转变为高质量发展，推动经济高质量发展也是我国自由贸易试验区建设过程中的主题。在强调经济高质量发展的新阶段，应当确保国民经济发展具有安全性、稳定性、高效性和协调性等特征，其中安全性是经济高质量发展的底线和核心❶。

为了确保我国在对外开放促进经济高质量发展过程中的安全性，在通过自由贸易试验区不断全面深化改革开放、探索高水平对外开放的进程中，坚守国家安全的底线，也是我国十年来自由贸易试验区改革开放的基本经验之一。金融开放作为我国自由贸易试验区的基本职能之一，其安全性更是不可忽视。安全稳定、高质量的金融体系是经济高质量发展的保障。党的二十大报告强调，"加强和完善现代金融监管，强化金融稳定保障体系，依法将各类金融活动全部纳入监管，守住不发生系统性风险底线"。防范系统性金融风险是我国金融开放过程中的底线。当代金融风险的系统性、复杂性使得对金融风险的防控需要政府、社会、市场等机制协同完成❷。笔者认为，再保险能够为防范系统性金融风险提供重要保障，在上海自贸试验区以及临港新片区内打造国际化的

---

❶ 舒展、范秋玲：《新发展格局下我国自由贸易试验区助推经济高质量发展再定位》，载《海派经济学》2023 年第 1 期。

❷ 参见靳文辉：《金融风险的协同治理及法治实现》，载《法学家》2021 年第 4 期。

再保险中心，无疑是符合经济全球化趋势、符合我国金融开放目标的重要举措。

在探索自贸试验区内金融监管模式的过程中，我们既要探索规则型开放模式，注重自贸区内金融监管政策与国际金融监管规则的有效衔接，又要充分注意金融开放、金融创新可能引起的金融风险，探寻金融开放与金融安全之间的平衡点，牢牢守住不发生系统性金融风险的底线。